广东省优秀社会科学家文库（系列一）

桂诗春自选集

桂诗春 ◎ 著

·广州·

"广东省优秀社会科学家文库"（系列一）

编委会

主　任　慎海雄

副主任　蒋　斌　王　晓　李　萍

委　员　林有能　丁晋清　徐　劲

　　　　魏安雄　姜　波　嵇春霞

"广东省优秀社会科学家文库"（系列一）

出 版 说 明

　　哲学社会科学是人们认识和改造世界、推动社会进步的强大思想武器，哲学社会科学的研究能力是文化软实力和综合国力的重要组成部分。广东改革开放30多年所取得的巨大成绩离不开广大哲学社会科学工作者的辛勤劳动和聪明才智，广东要实现"三个定位、两个率先"的目标更需要充分调动和发挥广大哲学社会科学工作者的积极性、主动性和创造性。省委、省政府高度重视哲学社会科学，始终把哲学社会科学作为推动经济社会发展的重要力量。省委明确提出，要打造"理论粤军"、建设学术强省，提升广东哲学社会科学的学术形象和影响力。2015年11月，中共中央政治局委员、广东省委书记胡春华在广东省社会科学界联合会、广东省社会科学院调研时强调："要努力占领哲学社会科学研究的学术高地，扎扎实实抓学术、做学问，坚持独立思考、求真务实、开拓创新，提升研究质量，形成高水平的科研成果、优势学科、学术权威、领军人物和研究团队。"这次出版的"广东省优秀社会科学家文库"，就是广东打造"理论粤军"、建设学术强省的一项重要工程，是广东社科界领军人物代表性成果的集中展现。

　　这次入选"广东省优秀社会科学家文库"的作者，均为广东省首届优秀社会科学家。2011年3月，中共广东省委宣传部和广东省社会科学界联合会启动"广东省首届优秀社会科学家"

评选活动。经过严格的评审,于当年7月评选出广东省首届优秀社会科学家16人。他们分别是(以姓氏笔画为序):李锦全(中山大学)、陈金龙(华南师范大学)、陈鸿宇(中共广东省委党校)、张磊(广东省社会科学院)、罗必良(华南农业大学)、饶芃子(暨南大学)、姜伯勤(中山大学)、桂诗春(广东外语外贸大学)、莫雷(华南师范大学)、夏书章(中山大学)、黄天骥(中山大学)、黄淑娉(中山大学)、梁桂全(广东省社会科学院)、蓝海林(华南理工大学)、詹伯慧(暨南大学)、蔡鸿生(中山大学)。这些优秀社会科学家,在评选当年最年长的已92岁、最年轻的只有48岁,可谓三代同堂、师生同榜。他们是我省哲学社会科学工作者的杰出代表,是体现广东文化软实力的学术标杆。为进一步宣传、推介我省优秀社会科学家,充分发挥他们的示范引领作用,推动我省哲学社会科学繁荣发展,根据省委宣传部打造"理论粤军"系列工程的工作安排,我们决定编选16位优秀社会科学家的自选集,这便是出版"广东省优秀社会科学家文库"的缘起。

本文库自选集编选的原则是:(1)尽量收集作者最具代表性的学术论文和调研报告,专著中的章节尽量少收。(2)书前有作者的"学术自传"或者"个人小传",叙述学术经历,分享治学经验;书末附"作者主要著述目录"或者"作者主要著述索引"。(3)为尊重历史,所收文章原则上不做修改,尽量保持原貌。(4)每本自选集控制在30万字左右。我们希望,本文库能够让读者比较方便地进入这些岭南大家的思想世界,领略其学术精华,了解其治学方法,感受其思想魅力。

16位优秀社会科学家中,有的年事已高,有的身体欠佳,有的工作繁忙,但他们对编选工作都非常重视。大部分专家亲自编选，亲自校对；有些即使不能亲自编选的，也对全书做最后的审订。他们认真严谨、精益求精的精神和学风，令人肃然起敬。

在编辑出版过程中，除了 16 位优秀社会科学家外，我们还得到中山大学、华南理工大学、暨南大学、华南师范大学、华南农业大学、广东外语外贸大学、广东省社会科学院、中共广东省委党校等有关单位的大力支持，在此一并致以衷心的感谢。

广东省优秀社会科学家每三年评选一次。"广东省优秀社会科学家文库"将按照"统一封面、统一版式、统一标准"的要求，陆续推出每一届优秀社会科学家的自选集，把这些珍贵的思想精华结集出版，使广东哲学社会科学学术之薪火燃烧得更旺、烛照得更远。我们希望，本文库的出版能为打造"理论粤军"、建设学术强省做出积极的贡献。

"广东省优秀社会科学家文库"编委会
2015 年 11 月

目 录

学术自传 / 1

第一部分　应用语言学与外语教学

我国英语教育的再思考——理论篇 / 3
我国英语教育的再思考——实践篇 / 15
语言和交际新观 / 39
面向交际的外语教学 / 53
此风不可长
　　——评幼儿英语教育 / 67
以概率为基础的语言研究 / 79
应用语言学的系统论 / 91
"外语要从小学起"质疑 / 104
外语教学法十项原则 / 110
我国应用语言学的现状和展望 / 125

第二部分　心理语言学与语料库语言学

不确定性判断和中国英语学习者的虚化动词习得 / 143
英语词汇学习面面观
　　——答客问 / 174
以语料库为基础的中国学习者英语失误分析的认知模型 / 192

第三部分　语言测试

从社会视角看中国考试的过去和现在 / 213
INTERVIEW 语言测试的回顾
　　——访谈录（何莲珍、亓鲁霞）文豪 / 241
对标准化考试的一些反思 / 258

附录　桂诗春主要著述索引 / 267

学术自传

◎ 桂诗春

我是新中国培养的第一代大学生。1950年在香港中学会考后，即回广州参加高等学校入学考试。当时并没有什么统一招考，不少学校的考试时间相同，所以只能挑选学校。我的选择多少有点盲目，主要是想离开南方远一点，多看一点祖国的大好河山。我选了华北高校联合招考中的北京大学和单独招考的武汉大学，结果都考取了。我去了武大，想不到三年后，又因为院系调整，回到广州的中山大学。最后在中大西方语言文学系英语专业毕业，留校任教。我学的是传统的英语语言文学，在中大工作的10年中教的也是英语课和文学课。这可以说是我的"正途"。"文革"后，我才转向应用语言学。

我把这叫作应用语言学之旅，因为：第一，我并没有受过语言学的严格训练，连语言文学专业的基础课语言学引论都没有修习过，也没有修习过更为专业的课程。确实是一个匆匆的过客。第二，在语言学的路上，景物繁多，应接不暇；但作为旅客却有比较大的自由度，可以驻留细看、仔细玩味，也可以游目骋怀、一览而过。第三，和任何旅途一样，我的应用语言学之旅也不是没有目的地的，由于工作的关系，我这一辈子都和英语教学打交道，因此，我的目的就是解决我国学生学习英语的问题。

是什么促使我的转向？1988年，我写过一篇回忆录性质的文章《应用语言学与我》（1988b①），归纳了我在外语学界的头30年："十年准备、十年荒废、十年开垦。"文章里面谈到了我转向的原因："在我从事外语教学的这个十年里②，我国英语专业教学逐步形成了一个模式，可用'文学道路'来概括。按照这个模式，一、二年级打语言基础，二年级开始

---

① 指同一年发表论文的先后次序，下同。
② 指从1955到1965年。

读简写本,三年级以后逐渐向文学原著过渡,并开设各种文学选修课。'文学道路'不失为一种模式,对培养英美文学专业人才来说,确应如此;就是不专攻英美文学专业的,也应多读几本英美文学大师的名作,这就等于学汉语的外国人也总应该接触一下《红楼梦》《水浒传》一样。但是把它作为学英语的'必由之路'却大可研究,因为我国需要的是各类英语专业人才,而不只是英美文学专业人才。主张这种模式的同志还有一种说法,'文学有后劲'。这自然有其道理,因为文学名著是语言范本,多接触一些所学语言的高级表现形式,自可提高语言素养。但是,真正的'后劲'来自语言基础;语言基础不稳,就无法接受这些高级表现形式。有的学生语言基础未打好,就上较多的文学选修课,到了毕业时,无非是多懂得一些英美文学事实;参加工作后,亦未见有多大'后劲'。因此,'文学道路'是否学外语的'必由之路'可作为一个科学研究的问题,展开讨论和争辩,通过多方面的实践去解决。但是到了1964年,在'左'的思想干扰下,'文学道路'却作为教改中的绊脚石而受到批判,把学生中的'外语聋哑病'都统统归咎于它,却也未见公允。'文革'以后,'文学道路'的案子被翻过来,理所当然;但我觉得,应该翻的是不应对'文学道路'实行粗暴的批判,但也没有必要把'文学道路'作为'必由之路'而全盘肯定。1964年,在北京召开了一次少数外语院校代表参加的外语教育改革座谈会,我也参加了。会上介绍了北方外语院系教改的情况:除了批判'文学道路'外,还介绍了听说法的教学试验。会上认为当时教改要以教学法为突破口。回广州以后,我们在中大也在一、二年级开展试验。在一年级还找了一个试验班试用 H. Palmer 的通过动作学英语的教学法试验。可是当时已处于'山雨欲来风满楼'的'文革'前夕,区区的教学法改革当然适应不了'文革'的'需要',很快也就夭折了。

"在十年动乱中,我和大多数知识分子一样,经历了一场噩梦,也无须细说。心灵中最大的创伤是幻灭感:以前种种,一笔勾销;以后种种,一片迷惘。在'文革'中,我虚度了从三十多岁到四十多岁那一段十分宝贵的岁月;也正是在这段时间里,在西方崛起了一门新学科——应用语言学。

"1973年,我有机会和几位英语教师一起应英国文化委员会的邀请访英一个月。当时'四人帮'尚未倒台,我们访英是为了实现中英文化交流协议的一个项目,并非是当局对我国英语教学的改革有些什么想法。我们在国外带回了一点书,也因为书的封面有'政治问题'而被上缴没收。而且回来后不久,就发生了'马振扶公社中学事件',并由此掀起'不学ABC,照样闹革命'的反对学习外语的高潮。我们出去的几位同志尽管颇有所感,但大都噤若寒蝉。

"1973年之行对我的'转向'起了决定的作用。出国前,我有机会通读了被视为第一本应用语言学教科书——M. A. K. Halliday(1964)等三人所著的 The Linguistic Sciences and Language Teaching,算是得到一些启蒙。到英国后,我们被安排在 Essex 的一个语言中心,然后英方请各地的一些名家来给我们讲学,如 Edinburgh 大学的语言学系主任 P. S. Corder,Essex 大学应用语言学系主任 P. Streven,英国小学外语改革规划的负责人 A. Spicer,英语教材编辑专家 L. Alexander,等等。另外,我们还到伦敦、剑桥的一些中学和英语训练中心参观。给我们印象最深的是英国的英语教学(对外国人),不但有理论,而且有实践。第二次世界大战以后,大英帝国已沦为二等强国,一些英国教师不无感慨地对我们说,'英国只剩下两件宝:协和号飞机与英语教学'。现在英法联合试制的协和号在和美国波音飞机的竞争中已败下阵来,大概英国人尚能夸耀的只有英语教学了。"

从英国归来后,我决定转学应用语言学,尽管当时的政治气候尚十分恶劣,而我已经步入中年了。我的抉择出于下面几点考虑:

第一,我对自己能否再搞文学信心不足。过去教文学史主要是靠苏联那几本外国文学史和英国文学史,那些文学史采用简单的、庸俗的政治划线的办法去对待复杂纷繁的文学事实,苦了我们这些教师先生。因为政治标准不稳定,于是今天翻这个案,明天翻那个案,后天又把前天翻了的案再翻过来……我怀疑这种模式,却又找不到可供替换的模式。另外,为了教文学史,又不得不硬着头皮去读一些我丝毫不感兴趣的作品,亦一大苦事。有的作品卷帙浩繁,像菲尔丁的《弃儿汤姆·琼斯传》,我没有兴趣,实难以卒读。但是世界上又恐怕没有几个人对文学史上的所有名家、名作都感兴趣。"文革"中投下的阴影仍然深深地笼罩着我们。我在1960年初期曾写过一篇论文《奥德赛主题初探》,企图根据恩格斯《家庭、私有财产和国家起源》中所阐述的观点来讨论荷马这部史诗的主题,认为史诗产生自原始公社制度解体的时代,其主题思想应该是歌颂希腊人为巩固新的社会秩序(一夫一妻制的家庭)而作的斗争以及这斗争的胜利。我自以为这是试用马克思主义观点去分析史诗，但在"文革"中却被批判为恶毒影射人民公社解体、反对"三面红旗"的大毒草。这些因素加在一起使我产生弃旧图新的念头。

第二，看到了应用语言学的强大生命力。根据 L. Kelly 的说法，语言教学有 25 个世纪的悠长历史。但是，语言教学一直以来都是经验性的、"自在的"教学活动。应用语言学的诞生使语言教学成为一门独立的、"自为的"科学，这既是一个广阔的天地，同时又具有很大的实用价值。另外，一些新兴的语言学科，如社会语言学、心理语言学、数理语言学、计算语言学等等，对我又十分有吸引力。这些学科的引进对我国母语教学和外语教学都会有促进作用。我们在英国一间综合中学的高中毕业班里听过一堂课，颇有感触。这是一堂英语课，老师上课先放几段录音给学生听，其中一段是女售货员的闲谈，一段是牧师的传道，一段是丘吉尔的战时演说，一段是教师的谈话。听完后，教师就引导学生们讨论，这几段话是什么人讲的，其职业、文化水平、年龄、籍贯等能否猜出来，他们讲话中有些什么语言特征、色彩可作为证据，学生们经过一段生动的讨论，终于都猜出来了，课后，我向任课教师请教。原来，在高中毕业班里，英国文学与英国语言分设两门课。他当即送了我一本语言课的教学大纲 *Language in Use*①，整个大纲共有 110 个单元，从各个角度去教怎样使用母语。Halliday 在大纲"前言"中指出，这是以伦敦大学普通语言学系为基地，组织了一批专家工作了 6 年的结果。这是一个应用语言学的实例。反观我国，中学的汉语教学，甚至大学的现代汉语课，都是语文不分，以文代语，好像中学生和大学生在汉语使用上已经不成问题，便把精力全放到文章分析上面。要改变这种状况，出路在于普及语言学知识，并把语言学研究的成果应用到语言教学改革中去。

第三，我也分析了自己的条件，有不利的一面，如过去接触自然科学，甚至行为科学比较少，数学基础特别差；但也有有利的一面，对英语教学的接触面较广，语言学与语言教学的书亦有所涉猎，而且对自己从中

---

① *Language in Use* 一直在网上流传到本世纪。Halliday 最近一次来广州还和我津津乐道此事，谈到当时的 Nutfield Foundation 有眼光资助几位语言学家来进行英国的语文改革，在中学中"语"和"文"并重。其实在中国，吕叔湘、张志公几位先生也有同样的看法，但是却没有受到这样的重视。

学以来逐步培养起来的自学能力，还有信心。至于我们学院，还有好几位同志一直从事语言学的教学和研究，条件比我还要好。

所谓"转向"者，并非单指个人研究方向的转换，而是指在中国建立起应用语言学这样一个学科，让我国广大的英语教学置于一个科学的地位。我在1978年11月9日《光明日报》发表了《要积极开展外语教学研究》，指出："我们当务之急是引进这个学科，组织我国广大教师用一分为二的观点吸收这个学科的精华，逐步建立以辩证唯物主义和历史唯物主义为指导、符合我国的应用语言体系。有一种思想需要廓清：教师要提高教学质量只要提高语言水平就足够了，不必讲究什么方法。其实，语言教学是一门科学，不是什么随心所欲的东西；怎样把教师所掌握的知识和技能传授给学生，是一门复杂的学问。"要取得这样的共识，也不容易，所以到了2004年，我在《中国外语》第1期所发表的《我国外语教育的根本出路》（桂诗春2004），还进一步讨论把应用语言学作为一门科学的深远意义。

要建立一个新的学科需要有一个契机，我们是在有意和无意之间抓到了这个契机：一是"文革"期间所实行的闭关锁国的政策使我们和国外的科学新发展隔绝，"文革"后百废俱兴，大家都有一种迎头赶上的迫切心情；二是经济发展需要大量的外语人才，而培养外语人才又需要一个科学观；三是中山大学英语专业的一批教师合并到广州外国语学院，那是一个比较新的学校，有比较大的空间去伸展拳脚。于是我们展开了一系列的活动（包括请外国专家来办英语语言学培训班，筹办语言学与应用语言学硕士点、博士点，有目标地购置和订阅学科所需的图书和杂志，派遣教师出国进修，创办《现代外语》杂志，编写和出版教材，召开国内和国际的应用语言学会议，建立学术联系），这也不必多说。我只想谈一点我个人的学术历程。

我是从应用语言学开始的，然后从狭义的应用语言学（以外语教学为研究对象）向广义的应用语言学（如心理语言学、语言学方法论、语料库语言学）逐步延伸，在旅途中留下了一些履痕鸿爪。大体都经历过相同的学习——思考——应用的过程。例如，在狭义的应用语言学方面，我首先接触的是上述 M. A. K. Halliday 三人的书，然后是 Corder 的《应用语言学导论》、四卷集的《爱丁堡应用语言学教程》。经过一段思考和整理资料的阶段，首先在当时（1981）的广州外国语学院的语言学和应用语言学硕士班里开出应用语言学导论的课程，并于1988年作为湖南教育出版社的《语言学系列教材》之一，出版书名为《应用语言学》。这本书从中国读者的角度出发，围绕语言的定义展开为语言本质的八个方面，介绍了理论语言学、语言哲学、语用学、心理语言学、社会语言学、神经语言学、实验语音学、语义学的一些基本知识，以及它们对外语教学的启发和应用。在上这门课时，我一开始就对学生说，这不仅是一门课程（应用语言学）的导论，而是整个硕士课程的导论。在理论探究的早期，我比较强调两个方面：一是应用语言学的性质，它不仅是人们所说的是一种"活动"、一个"过程"，而且是一项"系统工程"（1988a：5～6；1994a）。二是应用语言学的真谛在于给教师以启发，学习应用语言学不要追求简单的、直接的"应用"（1980）。但是，应用语言学毕竟是一门应用型的学科，获得启发后，再通过自己体验，结合实际去应用，天地就更为广阔。所以我们一边在引进和推广理论，一边还结合我国实际，进行外语改革。例如，李筱菊教授所进行的交际法试验，我所进行的中国学生英语词汇量调查（1982a；1985b），我所做的中国英语专业学生社会心理调查（1986a），在教育部和广东省教育厅领导下，我和李筱菊教授、李崴副教授所主持的英语高考改革（桂诗春、李筱菊、李崴 1986；1988）都可以算是应用语言学在中国的一些重要的实践，得失成败，自有后人评说。但对我们这些应用语言学者来说，重要的在于摆脱了对外语教改的思辨性的考虑和讨论，走向了尝试和实践的新天地。我尝试结合中国实际，提出我国要使考试现代化，必须实行"四化"——制度化、专业化、标准化和电脑化（1982b），并且摸索我国实现考试现代化的道路（1986b），包括建立题库（1991d），实现用项目反映理论来进行试题等值（1991c），澄清一些对标准化考试的误解（1995；1999c），等等。

　　心理语言学是在心理学和语言学边缘上产生的一门科学，也可以算是应用语言学的一个分支学科，因为它的研究对象是语言的习得、学习和使用的心理过程。在我的应用语言学之旅中，它和应用语言学一起成为吸引我的两大景观。从20世纪的80年代开始，我就给硕士生和博士生开设了心理语言学这门课程，前后差不多有20年，先后出过三本教科书——《心理语言学》（1985a）、《实验心理语言学纲要》（1991a）、《新编心理语言学》（2000）。其中，《实验心理语言学纲要》被教育部研究生工作办公室推荐为研究生教学用书。这三本书是每隔五年更新一次，主要原因是这个学科发展得很快。《心理语言学》是我国第一本全面而扼要地介绍心理语言学的研究对象、范围、成果的导论。《实验心理语言学纲要》强调心理语言学和认知科学的合流，介绍了不少认知心理学中关于语言的内容。《新编心理语言学》增加了心理词汇、意义表征、句子理解、语篇理解、言语产生等章节，介绍了这方面的许多新的研究成果，而且强调理论模型和研究方法。与此同时，我们又申报了"中国学生学习英语的心理语言学研究"课题，被列为国家哲学社会科学"七五"规划的重点研究课题，并受到国家教委的资助。研究成果有17项，结集为专集《中国学生英语学习心理》（1992c），其中有基础研究，如《中国英语学生的心理词汇研究》（桂诗春）、《中国学生词汇检索的语音编码问题》（桂诗春、李崴）、《句子短时会述的汉英比较》（桂诗春、李崴）、《原型理论初探》（亓鲁霞）；也有应用研究，如《中国学生的外语学习方式调查》（王初明）、《交际策略在外语交际中的运用》（陈思清）、《外语听力策略个案》（王初明、亓鲁霞）、《影响中国学生英语阅读理解的主要因素》（李绍山）、《外语阅读是语言水平问题还是阅读问题》（王初明、亓鲁霞）、《语义知识在句子处理中的运用》（沈三山）、《中国学生学习英语时句子的主题突出现象与母语转移》（陈建平）、《中国学生学习英语形容词次序的问题》（桂诗春）、《提示在语言测试中的意义和作用》（张权）、《中国学生学习英语词汇能力的测定》（曾永强）、《阅读测验中的速度参数》（季刚孟）、《PDP神经网络的应用》（李崴）等等。对于我们的这些研究，我作了初步的归纳：

第一，语言是人类认知的一个重要组成部分，语言处理是在认知的制约下进行的。认知的范围很广，从知觉、记忆、知识、情感、动机、策略、性格，直至思想、信念、文化，都足以影响英语学习的过程。必须在这些领域开展研究，才能摸索出一条具有中国特色的英语教学的路子，而不能急功近利，寄希望于找出一种××式、××氏英语教学法。

第二，认知是语言学习和使用的基础，英语和汉语也有共同的基础，有的已为人所认识，但还有许多未知的领域有待我们去探索。过去我们在这方面挖掘得不深。原因很多：或者是未注意到，或者是未能从认知科学的高度去考察，或者研究工具太落后。共同性是我们提高英语教学的重要依据，不能忽略。另一方面，英语和汉语又是语言体系很不相同的两种语言，这些语言体系的差异也有它们的认知根源，可以追溯到知识结构；信念体系、文化背景的不同，只有溯本求源，才能找出帮助中国学生克服干扰、促进转移的有效方法。表面的形式对比可以找出差异，但不能找出差异的根源。

第三，过程与效果。在英语教学中，我们追求的是教学的效果，但应该关心的是教学的过程。过程决定效果。以过程为研究目标，是"黑箱方法"或"灰箱方法"。"黑箱"理论是以对研究对象一无所知为出发点的，"灰箱"理论是以对研究对象已有部分的知识为出发点的。我们对英语教学过程的了解，两种情况都有。以过程为研究目标，意味着以人为研究目标，即学生和教师在英语教学中的表现。这些表现有外部的，有内部的，以内部的即心理的过程为主。

第四，意义和形式。在语言处理中，语言形式和意义紧密地联系在一起。意义在各个语言形式的处理层面上都会发生作用。语言形式和意义也不是一个先后的问题。它们往往是并行发展的、相互补充的。英语教学不能只停留在掌握语言的形式，而必须教会学生用各种语言形式来表达意义。

第五，规则和策略。语言的使用离不开规则，也离不开策略；教会学生掌握规则，是教师所熟悉的，但教会学生运用策略是一个新的课题。学生在语言的学习中，也运用各种策略，有成功，也有失败，但都和他们的认知有关，标志着他们的过渡语的发展阶段。教师必须了解他们的探索过程，教学才能事半功倍。

第六，语言信息和非语言信息。在语言交际过程中，语言信息和非语言信息都是同样重要的。但外语的学习和使用却往往是在语言信息的基础上进行的，"自下而上"和"从上而下"交互起作用。在语言信息同样多的情况下，非语言信息的作用才会显示其重要的作用；语言信息有一个起码的阈限，超过这个阈限，非语言信息才能补语言信息的不足。在教学中，怎样教会学生利用他们自己的非语言信息来提高其语言运用能力，是值得关注的问题。①

这个项目获得了国家教委人文科学与社会科学优秀成果二等奖、国家社科基金优秀成果三等奖。

---

① 《绪言》见《中国学生英语学习心理》，第1－23页。《绪言》在收录《应用语言学研究》（世界图书出版公司，2000）时，曾对个别词语做了修改，但保留原意。

对中国学生的英语学习心理过程的一些初步观察，激发了我们更多的学术兴趣，使之往两个方向发展：一个是继续考察外语教学的认知基础，这包括探讨应用语言学和认知科学的关系（1993），考察认知和语言（1991b）、认知与语言学习（1992a）、认知和语言测试（1992b），以及进一步从多维度的角度来讨论外语教学的认知基础（2005b）：（1）从应用语言学的中介作用、外语教学的组织、学习者的过渡语、语言迁移的角度来说明外语教学是一个过程；（2）从非线性、涌现性和不确定性判断的角度来说明外语教学是一个复杂系统；（3）从交际目的、教学重心向词汇转移和以语言形式为焦点的角度来说明外语教学是一种面向意义的活动。另一个是对语言学和应用语言学的研究方法的考察，这是有感于我国英语教师有实践，无理论，特别是缺乏科学的研究方法而提出的。它成为当时国家教委人文、社科研究"八五"规划的重点项目（由我和宁春岩教授负责）。我们首先是对研究方法发表了一系列的文章，如讨论应用语言学的研究方法（1988c）、外语教学研究和实验方法（1999a）、语言使用的研究方法（1994b）、语言学研究方法（1997；1999b），最后写成60多万字的《语言学方法论》（桂诗春、宁春岩1997）。编写本书的出发点，是现代语言学发展一方面由外层向内层深入，成为认知科学的一块基石；另一方面由本门学科向外延伸，与其他学科组成了社会语言学、心理语言学和计算语言学等。这些研究各自有其独特的方法，但国内向来未有专书介绍讨论。这本书试图从三条主线介绍现代语言学研究方法，分理论方法篇、描写方法篇、实验方法篇。理论方法篇着重介绍西方现代理论语言学的总体特征和具体特征，如对比研究法、理论逼近法、比较研究法、二元属性描写法、空范畴研究等。描写方法篇着重讨论语言学的人类学传统和定性研究方法，如语言描写方法的目标、原则、基本概念、模式、程序，语言要素的分布、语言形式的描写和分析、话语分析；社会语言学抽样方法、数据的收集、描写和分析等。实验方法篇着重讨论应用语言学和心理语言学的实验方法，如实验设计、各种单元和多元的统计分析方法等。这本书获得2003年教育部人文科学与社会科学优秀成果二等奖。

作为对语言学方法论研究的延伸，我们又开展了中国学习者英语语料库的研究。由我和杨惠中教授共同负责的"以语料库为基础的中国学生英语错误分析计算机系统"被接纳为国家社科基金"九五"规划项目。参加者有广州、上海、西安、河南等地的英语教授和博士20多人。该语料库运用了语料库语言学和计算机科学技术，建成了一个包括我国中学学习者、大学英语四级和六级、英语专业低年级和高年级学生在内的100多万个词汇的书面英语语料库（Chinese Learner English Corpus，简称CLEC），并对所有的语料进行语法标注和言语失误标注，获得了重要的数据。该项目的成果是《中国学习者英语语料库》（桂诗春、杨惠中2003）和《基于CLEC语料库的中国学习者英语分析》（杨惠中、桂诗春、杨达复2005）。前者论述了中国学习者英语语料库研究方法，包括如何建立CLEC、如何对CLEC进行统计分析以及如何对中国学习者言语失误进行分析，对研究中国学习者英语的特点具有开创性意义。除了正文外，《中国学习者英语语料库》还包括了我国第一次统计出来的中国学习者的词频排列表、拼写失误表、词目表、词频分布表、语法标注频数表、言语失误表。在某些方面，还把CLEC所获得的数据和英语本族语语料库（如BROWN，LOB，FROWN，FLOB）进行比较。后者则是根据语料库所提供的数据而对不同水平的中国英语学习者的英语及其失误所作的各种分析。语料库建成后在网上免费公开，为我国广大英语教师提供研究素材，已有约50篇论文公开发表。《中国学习者英语语料库》于2004年获得广东省哲学社会科学优秀成果奖二等奖。

以CLEC语料库为基础，我们较系统地观察了中国英语学习者的言语失误（2005a），提出其认知模型（2004a），并引进了以语料库为基础的新的研究方法——潜伏性语义分析（2003；2005c）。

我在外语教学界50年，后30年都在应用语言学的旅途中度过。让我引用我在另一本集子的序言中的一段话，作为本篇的结束语：

"最后的感触就像屈原两千多年前在《离骚》里所吟唱的那样，'吾令羲和弭节兮，望崦嵫而勿迫。路漫漫其修远兮，吾将上下而求索'。学问有如神话中的崦嵫，可望而不可即；也许快乐和满足不在于得到什么，而在于求索和攀登本身。我常常和我的学生说，'我不是什么教授、博导，最合适的帽子是'图书馆员'。① 也就是说，我的学问只限于多懂得

---

① 我绝对无意轻视图书馆员的工作；在信息时代里，强调信息自不待言。但是更重要的是关于信息的信息，这就是未来学家尼葛洛庞帝（N. Negroponte）在《数字化生存》（*Being Digital*）所谈到的一系列概念："数字化管家""关于比特的比特""少就是多"。我认为现代的图书馆员所干的就是关于信息的信息的工作。

一点书本知识。我也常对自己所受的训练不满，用两句话来与学生共勉：'书到用时方恨少，事非经过不知难。'所以我的自选集里有不少文章都是基于亲自动手的试验性研究，我不敢说这些试验性的研究有些什么'惊天动地'的发现，而只能说它们都是我亲身'经过'的；问心无愧，冷暖自知。"

参考文献

［1］Halliday, M. A. K., McIntosh, A., & P. Strevens. 1964. The Linguistic Sciences and Language Teaching［M］. London：Longman.
［2］桂诗春. 1980. 我国应用语言学的现状和展望［J］. 现代外语（4）.
［3］桂诗春. 1982a. 中国学生英语词汇量调查［A］//桂诗春（Ed.）. 应用语言学与中国英语教学［C］. 济南：山东教育出版社.
［4］桂诗春. 1982b. 开展教育学测量学研究，实现我国考试现代化［J］. 现代外语（1）.
［5］桂诗春. 1985a. 心理语言学［M］. 上海：上海外语教育出版社.
［6］桂诗春. 1985b. 我国英语专业学生英语词汇量的调查和分析［A］（Ed.）. 应用语言学与中国英语教学［C］. 济南：山东教育出版社.
［7］桂诗春. 1986a. 我国英语专业学生社会心理［J］. 现代外语（1）.
［8］桂诗春. 1986b. 标准化考试——理论、原则与方法［M］. 广州：广东高等教育出版社.
［9］桂诗春. 1988a. 应用语言学［M］. 长沙：湖南教育出版社.
［10］桂诗春. 1988b. 应用语言学与我［A］//李良佑，刘犁（Ed.）. 外语教育往事谈［C］. 上海：上海外语教育出版社.
［11］桂诗春. 1988c. 应用语言学研究方法：原理篇［J］. 外语教学与研究（3）.
［12］桂诗春. 1991a. 实验心理语言学纲要［M］. 长沙：湖南教育出版社.
［13］桂诗春. 1991b. 认知与语言［J］. 外语教学与研究（3）.
［14］桂诗春. 1991c. 题目反应理论在考试成绩等值上的应用［J］. 中国考试（3）.
［15］桂诗春. 1991d. 题库建设［A］. 题库建设：理论与实践［C］. 北

京：光明日报出版社.

[16] 桂诗春. 1992a. 认知与语言学习 [J]. 外语教学与研究（4）.
[17] 桂诗春. 1992b. 认知与语言测试 [J]. 外语教学与研究（3）.
[18] 桂诗春. 1993. 应用语言学与认知科学 [J]. 语言文字应用（3）.
[19] 桂诗春. 1994a. 应用语言学的系统论 [J]. 外语教学与研究（4）.
[20] 桂诗春. 1994b. 语言使用的研究方法 [J]. 现代外语（1）.
[21] 桂诗春. 1995. 对标准化考试的一些反思 [J]. 中国考试（3）.
[22] 桂诗春. 1997. 语言学研究方法 [J]. 外语教学与研究（3）.
[23] 桂诗春. 1999a. 外语教学研究与实验方法 [J]. 中山大学学报（社会科学版）（4）.
[24] 桂诗春. 1999b. 再论语言学研究方法 [J]. 山东师大外国语学院学报（1）.
[25] 桂诗春. 1999c. 标准化考试辩 [J]. 中国考试（5）.
[26] 桂诗春. 2000. 新编心理语言学 [M]. 上海：上海外语教育出版社.
[27] 桂诗春. 2003. 潜伏性语义分析的理论及其应用 [J]. 现代外语（1）.
[28] 桂诗春. 2004a. 以语料库为基础的中国学习者英语失误分析的认知模型 [J]. 现代外语（2）.
[29] 桂诗春. 2004b. 我国的外语教育根本出路 [J]. 中国外语（1）.
[30] 桂诗春. 2005a. 中国学习者英语言语失误分析 [A] //杨惠中，桂诗春，杨达复（Ed.）. 基于 CLEC 语料库的中国学习者英语分析 [C]. 上海：上海外语教育出版社.
[31] 桂诗春. 2005b. 外语教学的认知基础 [J]. 外语教学与研究（4）.
[32] 桂诗春. 2005c. 发掘语料库的潜能 [A] //何平安（Ed.）语料库的理论和实践 [C]. 哈尔滨：东北师范大学出版社.
[33] 桂诗春（Ed.）. 1992c. 中国学生英语学习心理 [C]. 长沙：湖南教育出版社.
[34] 桂诗春，宁春岩. 1997. 语言学方法论 [M]. 北京：外语教学与研究出版社.
[35] 桂诗春，李筱菊，李崴. 1986. 1986 年英语标准化考试总结 [A] //肖惠云（Ed.）. 英语标准化考试与中学英语教学 [C]. 广州：广东教育出版社.

［36］桂诗春，李筱菊，李崴．1988．英语标准化考试试验的回顾和总结［A］∥肖惠云（Ed.）．英语标准化考试与中学英语教学［C］．广州：广东教育出版社．
［37］桂诗春，杨惠中．2003．中国学习者英语语料库［M］．上海：上海外语教育出版社．

桂诗春自选集

第一部分

应用语言学与外语教学

我国英语教育的再思考——理论篇①

我在从教 60 年中曾撰写和编著过一些文章和书籍，履痕处处，不少和应用语言学、特别是专论我国英语教育有关（桂诗春 1988，1994，2004a，2004b，2005a，2005b，2006，2007，2012c，2012e，2013，1992b），记录了我当时的认识和心境。时代巨轮滚滚向前，在上一世纪末和本世纪初，各种科学（包括语言学和应用语言学）有了长足发展。现在看来，我对国英语教育现状和未来的认识实有待于补苴罅漏，张皇幽眇，以免谬种流传。

一、现代语言学中的一场旷日持久的争论

现代语言学始于 Saussure，1910 年前，出于建立共时语言学需要，他提出语言（langue）和言语（parole）两分法：前者是一种社会规范，而后者则是这种规范在个别人身上的体现。Chomsky1963 年提出其语言能力/语言运用两分法，也怀有同样目的，把语言研究的焦点定"在一个完全同质语言社区里的说话人/听话人"身上，而不涉及说话人/听话人在实际交际环境里的语言运用。此说一出，支持者有之，由此开拓了生成语言学的一片天下；反对和修正者有之，如 Hymes（1971）、Pawley（1983）、Widdowson（1989）、Sinclair（1991）、Skehan（1998）、Wray（2002）等。当初和 Chomsky 一起提出此说的 Miller（1975）不得不指出，对这几个词实际上不同人有不同理解。经过一番梳理，他觉得能力/运用的区别实有 8 个不同的版本或理解，从历史上看，Saussure 所提出的语言学（linguistic）角度，而 Lashley 和 Tolman 则在 20 世纪 30 年代提出认知（cognitive）角度。而 Miller 和 Chomsky 所提出可称为理性主义（rationalist）角度，相当于一个公理系统和它的各种实现，它覆盖了语言和认知差异，是理论化的一个进步。此后还有种种说法：如发展性

---

① 文章出处均可在本书"附录 桂诗春主要著述索引"中查到，不另注明。下同。

(developmental)和与此有关的情景性（situational）角度。还有批判性（critical）、方法论（methodological）和自主性（autonomous）角度。最后一个思考是计算机科学家和认知科学家 Pylyshyn（1973）提出的，他认为语言学和心理学各自有其目标和方法，对同样事物采取不同视野。一种能力理论可以看成是一部具有递归功能的机器，如果有一部可以运算这个功能的机器，就意味着有无数相同机器能做同样运算；理论家面临的问题是怎样找出最简单的机器。这意味着"在建立一种广泛心理学理论时，我们不必太着意能力理论的绝对形式"。

  Chomsky 区分能力和运用是为了撇开语言运用而专注语言能力。但语言运用婀娜多姿、千姿百态，使文学家和美学家为之倾倒，而且也令语用学家、历史语言学家（语言是人类进化的活化石）心醉不已。Chomsky 所关注的语言能力着眼于生物学源头，而他所不愿意涉及的语言运用则植根于社会文化中，这让我们更特别关注语言学习者的社会文化背景。语言学家 Hendriks（2014）认为，对语言可有两种看法：一种是把语言看成是语码（language as code），这是继承 Saussure 的经典看法，Chomsky 无非是把它发扬光大。主张生成语言学的学者仍然认为语码观是唯一有效的观点。

  语码观的一个重要含义是：说话和理解（编码和解码）是一个等值而又相反的过程，说话人把他想表达的意义以特定形式表达出来，而听话人则把这种形式解码以恢复意义。这种观点有两个重要含义：a) 形式和意义的关系取决于语法。b) 说话人和听话人的身份不同，对研究语法无甚意义。但在某种情况下，语法（句子结构）不一定能够决定其意义。Every linguist has read some book by Chomsky. 起码有两重意义。一是"Chomsky 写了每个语言学家都读过的某一部书。"而另一则是"每一个语言学家都读过 Chomsky 所写的不同的书。"

  另一种则是把语言看成是信号（language as signal）。信号观认为语言和形式的关系是灵活的、非固定的。听话人没有什么保证一定能懂得说话人所要传递的意义。要交际取得成功，说话人和听话人必须调协他们对形式和意义的选择。这是把语言作为信号的核心观点：说话人对一个特定意义提出一些信号，但它们有不同形式。意义和形式的关系并非固定，所以听话人必须用几种方式中的一种去解释。这么一来，发出信号和解释信号并非一个相反过程。一个饭店服务员对另一服务员用一句不甚规范的句子来指"顾客"：The ham sandwich is waiting for his check.（火腿三明治在等待他结账。）这种用法要求听话人对一个特定形式赋予几个不同意义。如果听话人不如说话人那样灵活，他就会把火腿三明治理解为顾客。信号和语码不同，它（即所谓歧义句）的解释依赖于语境。像句子的句法特征、使用词语的语义特征、句子的语调和语境所提供的不同提示（或信号），这些信息源对听话人，可能或不可能与说话人相互一致。这种观点的要义是：a）形式和意义的关系并非完全由语法所决定的；b）为了要对一个特定语境里的形式和意义的选择进行解释，必须把说话人和听话人的身份区分开来。可见语码观和信号观在这两点上完全对立。但从语码的观点看，不管怎样解释信号，首先要经过语码处理过程，然后才能进行信号的语用分析。Newmeyer（2003）认为，心理语法对语言使用有贡献，但是使用、频数等等，并不体现在语法身上，所以语法是语法，使用是使用。如果我们只注意到使用，就无法发现人类的语言机能。他没有直接谈到语法/使用区分是否就是能力/使用的区分这个更为根本的问题。

信号观实际上是一种语言运用的理论（Performance Theory）。语言作为信号的假设在语言学几个领域里都不少见。在心理语言学里，Bates 和 MacWhinney（1989）提出以提示作为基础的竞争模型，MacDonald 等人（1994）、Trueswell 和 Tanenhaus（1994）提出以制约为基础的句子处理模型。Bates 和 MacWhinney（1987：163）指出，在他们的句子处理竞争模型里，有所谓直接影射原则，形式和意义/功能的影射使用各种来自语义、形态、句法和语调的提示，"并不需要形式和意义有一对一的关系"。语言作为信号的假定也是心理学家 Herb Clark（1996）研究的核心。他认为，语言使用是一种说话人和听话人联合行动的方式。说话人和听话人通过一个信号系统的协调来配合他们行动：规约（如一语习得）、明示的一致性（如明示的学习环境）、突出性（如三明治的例子）和领先性。更值得关注的是，Ellis, N. 和 Larsen‑Freeman, D. 主编的《语言是一个复杂适应性系统》（2009），书中首先由 10 位语言学家和应用语言学家[①]共同署名、用"五味组"的名义发表的一个题为"语言是一个复杂适应性系

---

① 他们是 Clay Beckner, Richard Blythe, Joan Bybee, Morten H. Christiansen, William Croft, Nick C. Ellis, John Holland, Jinyun Ke, Diane Larsen‑Freeman, & Tom Schoenemann, 来自 University of Michigan, University of New Mexico, Cornell University, Indiana University, University of Edinburgh 和 Santa Fe Institute.

统"（Complex Adaptive System，CAS）的立场声明书，这是在以研究复杂性著称的 Santa Fe 学院召开的一次题为"语言习得和进化的继续研究"工作会议的文集，以纪念 Language Learning 创刊 60 周年。其实 Larsen - Freeman 较早一点（1997；2008），de Bot 等人（2005）都提出过复杂系统的看法，不同的是还多加了"适应性"，这很可能是呼应 2002 年那场关于语言机能（是"适应观"还是"功能变异观"?）的争论①。这样一来，CAS 既体现了现代系统科学，也继承了 19 世纪以来的达尔文主义。立场声明书首先指出：语言具有一个基本社会功能。人类交往过程和一般领域认知过程一起塑造了语言的结构和知识。认知科学研究最近研究指出，语言的使用型式强烈地影响它是怎样习得、使用和变化的。这些过程并非相互独立，而是同一复杂适应系统（CAS）的不同角度。CAS 的动态使用及其经验有几个重要特征：

（1）这个系统包括多个执行人（言语社区里的说话人）的相互交往。

（2）这个系统是适应性的；说话人行为建筑在过去交往，而现在和过去交往又是将来行为的基础。

（3）一个说话人的行为是从感知结构到社会动机之间的相互竞争因素的结果。

（4）语言的结构是从经验、社会交往和认知机制的相互作用的型式中涌现出来的。把语言看成是 CAS 的好处是，它对不相关语言现象提供一个统一说法。这些现象包括下列几种：语言组织在各个层面上的差异；语言行为的概率性质；执行人内部和言语社区之间的不断变化；从语言使用中执行人的相互作用中涌现的语法规律性；对基本非线性过程的阶段性过渡。我们对 CAS 观如何显示语言研究许多领域中的共同性都可做出概述，包括认知语言学、社会语言学、一语和二语习得、心理语言学、历史语言学、语言进化。可以看到，CAS 以语言使用为基础，而语言使用强调共享合作行动或联合行动。它采取基于使用的理论②（usage-based theory），并提出建立基于使用的语言习得和语言变化的模型。

在基于使用的理论框架里，语法发展来自语言使用，语法化过程是经过很多言语事件重复的结果；在其中，一些元素的系列作为神经肌动的常

---

① 见桂诗春（2012e）。
② 也可称为"以使用为基础的理论"，在本文里，两者互用。

规而变得自动化，导致语音的缩略或意义的变化。意义变化来自于重复而产生的习惯和语境的效应。重要的语境效应来自共同发生的元素以及成为结构意义的一部分，需经常做出推断。例如，英语中把将来表达式 be going to 语法化，开始时仅是表示主语要去一个什么地方或做什么事情。在莎士比亚时代英语里，这个结构并无甚特性，在吟游诗（850,000 个词）里只出现 6 次。但在现代英语里则使用频繁。在一个英国英语小语料库(350,000个词）却出现 744 次。频数增加是由于功能改变，而重复使用也是一个主要原因。例如，它失掉了空间移动意义，而具有"想做什么"意义，这个意义在早期使用中只能是推断的。由于使用频数增加，语音溶化和缩略就变成现代的（be）gonna，它原先组成部分已不易看出。语言使用促进了语言变化和语言习得，所以语言能力/语言运用之分就显得多余，Larsen-Freeman（2008）说，"从复杂理论的角度来看，语言没有什么东西是静态的。没有必要把语言运用和语言能力区分开来。"其实 Bates 和 MacWhinney（1989）在更早时也说过，"能力模型和运用模型没有必要直接相关，……在原则上，某一运用模型可以和各种能力模型相容，而某一种能力模型也可以和各种不同运用的特征相容。"他们因此提出和功能/认知语法更为相容的竞争模型。这种模型可以作为语言使用的跨语言研究的框架。这是一个运用模型，来自语言学和心理语言学的功能主义传统。

二、BV 的提出和它所引起的思考

CAS 的立场声明书提出基于使用的观点，摆脱了生成语言学的羁绊，对语言习得展开了认真观察，这种观点认为我们在交际中通过"无所不在的、总是塑造语言的人际间交际和认知过程而学习到结构"。（Slobin 1997）在儿童语言习得研究里，这些观点变得越来越有影响，它们把内在语言习得机制的传统生成假设，即连续性假设完全翻过来，而且自上而下地把规则支配过程代之以数据驱动、对语言系统性的涌现特征，见 Goldberg（2006）和 Tomasello（2003）。我们感兴趣的 L2 习得（包括外语学习①），输入和交往历来都是其核心：当学习者对语言刺激进行在线

---

① 二语习得（Second Language Acquisition）和外语学习（Foreign Language Learning）其实是有区别的，为了比较一语（L1）和二语（L2），我们现把二语习得统称为 L2，它包括外语学习。

处理时，共同发生的型式及其概率塑造了 L2 的过渡语①。开始时，这些结构出现了互相排斥，然后被范畴化、概括化和最后组合化，虽然在 L1 语里可能会表示为储存在不同层面的抽象化形式。L2 的发展系列反映了语言输入，包括 Zipf 的形符/类符频数结构概述、提示可靠性和提示突出，及其对话语理解的影响。L2 结构对三个决定因素（频数、近现型和语境）都十分敏感。

过渡语有些什么重要特征？Andersen（1984）根据他对皮钦语化②（pidginization）的观察，提出了过渡语结构里一对一的原则（The one to one principle of interlanguage construction），他认为，在语言习得中存在两种对抗而又有联系的力量：本族语化（nativization）和去本族语化（denativization）。本族语化是一些过程的组合，个别语言学习者通过它们建立正在习得的母语的内部表征来逐步同化其正在发展的 L2 内部表征；而去本族语化则是学习者在语言习得的输入处理过程中对其独特和癖好内部语言表征进行逐步重建。就目标语（即 L2）而言，本土化离开它，而去本土化则趋向它。他相信"一对一原则在跨语言结构中比别的原则更有影响力，作为过渡语结构的第一步，尤为有效，它引领着一个起码的功能性过渡语系统的建立。而且我还相信这个原则在超过过渡结构的起始阶段里仍然有效和重要。"

Klein & Perdue（1997）从另一个角度提出了基本体（Basic Variety, BV）的问题③。他们提出成人 L2 习得（在课堂外）通常都可以发展成一种结构完好、有效而简单的语言形式——基本体。他们对 40 名学习者的 L2 跨语言历时研究（1981—1988），注意到所有学习者都发展起一种相对稳定的 L2 语言系统来表达自己：

- 似是取决于数量不多组织原则的相互交往。
- 具有大部分（不是全部）结构独立于目标语组织来源的特点。
- 就多数交际目的而言，都是简单、多样和高度有效。

他们注意到，对 1/3 的学习者来说，L2 习得都在这个结构层面上结

---

① Interlanguage 也有"中介语"的译法，但计算机科学里"中介语"还有另一种含义。
② pidgin 也有人称为"洋泾浜语"，在语言频繁接触的地区，几种不同的自然语言成分混杂而成的语言，词汇量很少，语法也极其简单，一般只限于口头使用。
③ 也有人称之为 basic language，但容易使人理解为计算机的一种编程语言 BASIC。

束,即石化;除了细微差异外,他们仅是增加其词汇量而又更流利地使用BV。这是就 BV 本身而言,如果我们扩充视野,可看到成人 L2 习得和儿童 L1 的差异,Slobin(1993)谈到了几点:

● 和年轻学习者所具有的优点(临界期、弹性、死记学习能力)相比,成人带着不同程度的"生物缺陷"开始学习 L2 的。

● 他们的交际需要比学龄前儿童的更为复杂而重要,而他们的交际工具不适应于完成这些任务。

● 在他们学习怎样交际时,不能依靠外部世界提供庇护。

● 他们不能不通过为了其他目的而发展起来的过滤器来处理目标语,来感知并产生 L2 语音形式,并影射到 L2 感觉系统。

● 他们需要在一个不同于宗主社会的规范和期望的社会组织内学习使用语言。

那么,就 BV 本身而言,它有些什么特征呢?现以 Klein & Perdue 为主,结合别的论述,归结如下:

(1)学习者在习得过程中经历过一系列 BV,每一种 BV 在某一时间的内部组织及其向 BV 的过渡,都有系统性,但是简单先于复杂。

(2)在所有 BV 中,都有一套数量有限、不同类型的组织原则,一个 BV 的话语的实际结构取决于这些原则的相互作用。相互作用有不同类别,取决于各种因素,如学习者的母语(即源语言)。在成人 L2 里,他们最大限度地使用这些有限的手段。

(3)BV 并非一种"真正语言"(目标语)的不完整模仿,它们本身就是一个系统,代表了相对稳定的语言习得状态,从定义上说没有失误,具有特定词库特征,而且有其特定组织原则。

(4)如果所有 BV,包括其最后一种,是人类语言能量的表现,那么对这种能量的研究不应该从其最复杂表达式开始,而应该从那里回到其最简单的形式。

BV 的组织结构是怎样的?

首先是词库(The lexical repertoire)。其基本形式是词项,并没有任何屈折变化,对格、数、性、时态、体态、主谓一致性并都没有标志。这些词项典型地以不变式的方式出现,相当于目标语的词干、不定式或主格。BV 的词库可以有两方面的差别——大小和来源。在正常情况下,词汇都会在习得过程中增加,但因人而异。词汇主要来自目标语,但有些是从母语中转借而来，因人而异（如 store 在普通话一般称为"商店"，而在广东话里却有"士多"之说）。BV 词库包括一些名词性和动词性的词项，一些形容词和副词，其代词系统包括说话人、听话人和第三者，用于所指和前指。对无生命的物体的前指代词并不多见。有几个量词，一个否定式和几个过度概括词汇意义的介词。有一些限定词，但未成系统。换句话说，词库的词项多数为"开放性"，少量为"封闭性"。那么母语和目标语有些什么规律性的交互作用呢？

（1）词项的语音形式，学习者的母语影响十分巨大，但对我们目前研究意义不大。

（2）词库和结构原则的边缘地带，明确地表现为词语构成，更准确地说，表现为头词和补语的等级复合词的相对次序。一般来说，BV 这个次序倾向于名词—名词复合词，而不是屈折构词方法。例如，中式英语 people mountain, people sea（人山人海）不但是一部电影名字，而且被网上英语俚语词典所收录。又如，一个中国英语学习者在作文里写道：This year is Hong Kong return back to China.（今年香港回归中国。）这都是按 L1 的词序来排列 L2 词项。近年来，随着中国出国学习人数大量增加，中式英语越来越多，如 horse horse tiger tiger（马马虎虎），play–play（开开玩笑），no head no tail（没头没脑），no money no talk（没钱没得谈），my stomach is hungry（我肚子饿），his age is young（他年轻），his brain is clever（他很聪明），……

（3）怎样用词来表达空间关系。这要看目标语而定，如果是德语和法语，其表达法就不同于英语。如果是中国学习者学习英语，则往往会在介词短语方面出现问题。

其次是话语组织（utterance organization）。在已有词库基础上，BV 怎样把它们组合在一起以产生话语呢？其结构取决于三种不同制约（或称为组织原则）。

（1）短语制约（phrasal constraints），在其组成部分里的形式及其相对次序之间存在绝对性制约。这些制约相当于狭义的"句法"，它们在无需参照语义或语用因素情况下，限制把更为基本单位组成更大单位的方式。所以，如果一个动词（没有屈折变化的词干）管辖两个主项，动词就往往放在它们之间。例如，NP1–V 和 NP1–V–NP2。NP1 不一定是主语，而 NP2 也不一定是宾语。

（2）语义制约（semantic constraints），对主项的格的作用作出有关制约。这些规则把主项的语义特性联系起来；对语境控制力最强的词一般放在前面。

（3）语用制约（pragmatic constraints）：与连续语篇的信息组织有关的制约。与特定的语用功能相关的规则，像聚焦在话题的结构、信息的介绍和维护等等。在 BV 中，聚焦的元素通常在后面。

最后是时间和空间表达式。在一种成熟的语言里，它们复杂而多样：有副词、介词、格标识、姿势和移动动词，以及其他足以表达复杂信息的手段。试比较英语 The second suspect from the left pulled this little gun out from under the chair behind the table over there 和汉语"左边第二个嫌疑人从那边桌子后的椅子下拔出他的小枪"，就可以看出一些移位的问题，如 from the left（"左边"移前），from under the chair（"从椅子下"的"下"移后），behind the table over there（"那边"移前，"后"移后）。就 BV 而言，空间关系就牵涉到主题（theme，在句中为"第二个嫌疑人"）、关系项（relatum，在句中为"拿出小枪"）和空间关系（spatial relation，如句中的 behind，under，to the left 等）。就空间关系而言，主题和关系项的空间关系在各种语言里差异较多，它们的关系是一个词汇选择（往往来自目标语）问题，因此有很多空间表达式的变异，构成学习和使用中种种难题。如维度性的（dimensional，垂直的高低，横向的左右，弧向的前后），拓扑性的（topological），主题取代了关系项（或关系项的邻居），最中立的拓扑关系可称为 AT - PLACE：主题多少是和（with）关系项有关，如 People sit at tables（人们围桌而坐）。

BV 的语言学依据。Klein（1998）在提出 BV 的同时还就二语习得研究的贡献指出，最近 25 年来，二语习得研究取得了巨大进步，体现了一个学科的崛起，有理由为之骄傲。但是，二语习得研究在语言学里仍然处在低端，"'偏离目标的视野'虽然也有些道理，但是却不能基本上和独立地对更深刻地理解人类语言机能的结构和功能有所帮助"。在 Klein 看来，BV 多少反映了人类语言机能的原则，而且它对实现交际目的高度有效。而且它正好和 Chomsky 的"最简方案"的思想吻合①。Larsen -

---

① Hendriks 在提出把语言作为信号的观点时也提出优选论（Optimality Theory，OT）是其理论基础。

Freeman（1998）同意 Klein 所说的，"有些时候，目标语视野也是重要的，因为它不但提供教学输入，而且有助于了解学习者在做什么，但是把学习者语言作为一个系统本身，而不是一些少于真正语言的东西来研究，也有很大价值。"不过她认为，她和 Klein 分道扬镳的地方在于，他把寻找学习者语言的内部逻辑和 L2 习得等同起来，而她对 L2 习得的范围理解得更为宽广。她主张采取一种动态的系统论的方法，也就是从多学科角度来研究 L2 习得。

但是生成语言学则觉得，这些种种理解仍没有能够回答 Chomsky 所提出的 Plato 问题，即所谓逻辑问题：儿童为什么在缺乏足够输入的情况下能够发展语言。

参考文献

［1］Andersen, R. 1984. The One to One Principle of Interlanguage Construction［J］. Language Learning. 34（4），77-95.

［2］Bates, E. & B. MacWhinney. 1989. Functionalism and the Competition Model［A］. In MacWhinney, B. & E. Bates (Eds.), The Crosslinguistic Study of Sentence Processing［C］. New York：Cambridge University Press.

［3］de Bot, K., M. Vespoor, & W. Lowie. 2005. Dynamic Systems Theory and Applied Linguistics：The Ultimate "So What"?［J］. International Journal of Applied Linguistics. 15（1），116-118.

［4］Ellis, N. & D. Larsen-Freeman (Eds.). 2009. Language as a Complex Adaptive System［C］. Michigan：Language Learning 59 Suppl 1.

［5］Hendriks, P. 2014. Assymetries between Language Production and Comprehension［M］. The Netherlands：Springer.

［6］Hymes, D. 1971. On Communicative Competence［A］. In Pride, J. B. H., J. (Ed.), Sociolinguistics［C］. Harmondsworth：Penguin.

［7］Klein, W. 1998. The Contribution of Second Language Acquisition Research［J］. Language Learning. 48（4），527-550.

［8］Klein, W. & C. Perdue. 1997. The Basic Variety (Or：Couldn't Natural Languages Be Much Simpler?)［J］. Second Language Acquisition.

(13), 301-347.

[9] Larsen-Freeman, D. 1997. Chaos/Complexity Science and Second Language Acquisition [J]. Applied Linguistics. 18 (2), 141-165.

[10] Larsen-Freeman, D. 1998. On the Scope of Second Language Acquisition Research: "The Learner Variety" Perspective and Beyond—a Response to Klein [J]. Language Learning. 48 (4), 551-556.

[11] Larsen-Freeman, D. & M. Cameron. 2008. Complex Systems and Applied Linguistics [M]. Oxford: OUP.

[12] Miller. G. 1975. Some Comments on Competence and Performance [J]. Annuals of the New York Academy of Sciences. 1975, 201-204.

[13] Newmeyer, F. 2003. Grammar Is Grammar and Usage Is Usage [J]. Language. 79 (4), 682-707.

[14] Pawley, A. & F. Syder. 1983. Two Puzzles for Linguistic Theory: Native-Like Selection and Native-Like Fluency [A]. In Schmidt, J. R. R. (Ed.), Language and Communication [C] (pp. 191-226). London: Longman.

[15] Pylyshyn, Z. 1973. The Role of Competence Theories in Cognitive Psychology [J]. Journal of Psycholinguistic Research. 2 (1).

[16] Sinclair, J. 1991. Corpus, Concordance, Collocation [M]. Oxford: Oxford University Press.

[17] Skehan, P. 1998. A Cognitive Approach to Language Learning [M]. Oxford: Oxford University Press.

[18] Slobin, D. 1993. Adult Language Acquisition: A View from Child Language Study [A]. In Perdue, C. (Ed.), Adult Language Acquisition: Cross-Linguistic Perspectives [C] (Vol. 2). Cambridge: Cambridge University Press.

[19] Slobin, D. I. 1997. The Origins of Grammaticizable Notions: Beyond the Individual Mind [A]. In Slobin, D. I. (Ed.), The Crosslinguistic Study of Language Acquisition: Vol. 5, Expanding the Contexts [C] (pp. 265-323). Mahwah, NJ: Lawrence Erlbaum Associates.

[20] Tomasello, M. 2003. Constructing a Language [M]. Boston: Harvard University Press.

[21] Widdowson, H. 1989. Knowledge of Language and Ability for Use [J]. Applied Linguistics. 10 (2), 128–137.

[22] Wray, A. 2002. Formulaic Language and the Lexicon [M]. Cambridge: Cambridge University Press.

[23] 桂诗春. 1988. 应用语言学与中国英语教学 [M]. 济南：山东教育出版社.

[24] 桂诗春. 1992a. "外语要从小学起"质疑 [J]. 外语教学与研究 (4).

[25] 桂诗春. 1994. 应用语言学的系统论 [J]. 外语教学与研究 (4).

[26] 桂诗春. 2004a. 我国外语教学的新思考 [J]. 外国语 (4), 2–9.

[27] 桂诗春. 2004b. 我国的外语教育根本出路 [J]. 中国外语 (1).

[28] 桂诗春. 2005a. 中国学习者英语言语失误分析 [A] // 杨惠中，桂诗春，杨达复 (Ed.). 基于 CLEC 语料库的中国学习者的英语分析 [C]. 上海：上海外语教育出版社.

[29] 桂诗春. 2005b. 外语教学的认知基础 [J]. 外语教学与研究 (4).

[30] 桂诗春. 2006. 英语词汇学习面面观 [J]. 外语界 (1).

[31] 桂诗春. 2007. 不确定性判断和英语学生的虚化动词习得 [J]. 外语教学与研究 (1).

[32] 桂诗春. 2012a. 对中国英语教育的大环境的一些思考 [A] // 桂诗春. 桂诗春英语教育未了集 [C] (pp. 80–84). 北京：高等教育出版社.

[33] 桂诗春. 2012b. 此风不可长——评幼儿英语教育 [J]. 中国外语 (2).

[34] 桂诗春. 2012c. 面向交际的外语教学 [J]. 现代外语 (2).

[35] 桂诗春. 2012d. 语用域意识与二语习得 [A] // 桂诗春. 桂诗春英语教育未了集 [C]. 北京：高等教育出版社.

[36] 桂诗春. 2012e. 语言和交际的几种新观 [J]. 外语教学与研究 (5).

[37] 桂诗春. 2013. 多视觉下的英语词汇教学 [M]. 上海：上海外语教育出版社.

[38] 桂诗春 (Ed.). 1992b. 中国学生英语学习心理 [C]. 长沙：湖南教育出版社.

[39] 桂诗春，杨惠中. 2003. 中国学习者英语语料库 [M]. 上海：上海外语教育出版社.

我国英语教育的再思考——实践篇

在前篇里,我们对能力/运用争论——运用理论——以使用为基础的观察——BV 的提出做了简单概述,其目的无非是开拓我国英语教学界的视野,共同考虑其现状和未来。在本篇里,让我们先回顾一些新发展,然后结合实际讨论一些值得再思考的问题。

一、新格局

(一) 英语国际化

按照 Crystal (2003) 在其《作为全球性语言的英语》(第二版) 的说法,英语国际化从 20 世纪 90 年代开始,在互联网和现代交通发达促进人员流动的推动下,全球一体化("地球村")的形成,出现了全球性语言的需要。由于历史上的原因,英语脱颖而出,它的国际地位不断受到公众承认。Allen 等人 (1994) 统计了英国皇家学会所发表的哲学学报从 1665 年到 1990 年引用资料所使用的英、法、德、拉丁和其他语言的情况,结果如图 1 所示。

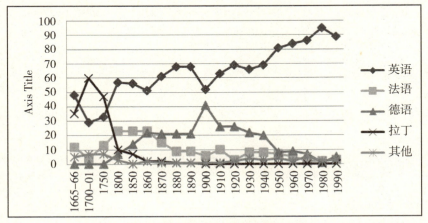

图 1　哲学学报引用资料所用语言

Kachru (1988) 把英语的使用者区分为 3 个环,内环 (the inner circle),

包括英国、美国、加拿大、澳大利亚和新西兰等国家作为母语而使用的英语，约有3.2亿～3.8亿人；外环（the outer circle），包括印度、新加坡、菲律宾、南非等国作为L2或官方语言而使用的英语，约有3亿～5亿人；扩展环（the expanding circle），包括中国、日本、波兰、俄罗斯等国家，约有5亿～10亿人。在前两环里，英语曾经发生过或仍然有影响的约有75个国家或地区。

Crystal把英语称为"全球性语言"（English as a Global Language），随着这个问题的开展，又出现了各种不同名称，如作为国际通用语的英语（English as a Lingua Franca或Lingua Franca English，LFE），作为国际语言的英语（English as an International Language，EIL），甚至作为学术国际通用语的英语（English as Academic Lingua Franca，EALF）。Allen等人就是从国际通用语的角度来比较欧洲几种语言在不同时段的引用率，英语在20世纪80～90年代的引用率最高。

英语国际化隐含着一个认识，就是原来内环的英语变体再也不能占统治地位，许多变体都会应运而生，Crystal称之为"新英语"（New Englishes），而从1978开始发行的《国际英语》（World Englishes）更成了推动英语国际化的主力军，1992年成立国际英语国际协会（International Association for World Englishes，IAWE）。

（二）本族语者与非本族语者

这是英语国际化所诱发的一场讨论，本族语者（Native Speakers，NS）的说法出自语言学家Bloomfield（1933），他在《语言论》里讨论到言语社区时指出："一个人学会说的第一种语言就是他的本族语，他就是这种语言的本族语者。"有NS，自然就有其对立物——非本族语者（Non-Native Speakers，NNS）。其后，Chomsky多次使用了这个概念，并提出NS是句子可接受性的"仲裁者"。辞典学家Paikeday[①]（1985）却认为，NS

[①] Paikeday是《纽约时报》"每日词典"项目的主持人，他自认NS说法困惑了词典编纂者25年，他向当时驰名英美的40多位语言学家进行调查，问题是："谁碰到过一个NS?"其结果综合成一句话，就成了该书的名字《NS已经死亡》。Chomsky是其中一个重要对话者，他坚持自己原来的立场，NS的意义在于他是语法性的重要"仲裁者"，对自己母语独有直觉力天性。NS就是"特定语言的熟练使用者"。"就具体所获得的语言或方言而言，'本族'与'非本族'习得有些什么差异，这问题简直是无的放矢。""每一个人都是他（或她）在心灵/大脑里'成长起'的特定语言的NS。"

的"本族"（native）一词十分含混，"语言和方言不同，它独立于它的习得者，换句话说，语言的存在并非依赖于个别说话人。众所皆知，语言存在于社会，没有社会就没有语言。"Moussu & Llurda（2008）更从3个不同角度来看 NS/NNS 两分法之不合理性：

（1）每一个人都是特定语言的 NS，不能按他们是否具有这个特性来区分说话人，如果按英语来断定他们的 L1，那是以盎格鲁为中心的不公平。

（2）从全球英语的角度看，世界上有许多本地化的英语变体，如外环的很多国家和地区说英语的人不能被看成是 NNS，只有说英国或美国的英语变体的人才是 NS，那是误导。

（3）NS/NNS 的区分缺乏语境化，它否定了语言教学和其地方环境的相互依存关系，有些个案研究说明，有的人自己也说不清属于哪个语言群体，难以列为 NS 或 NNS 的范畴。

Davies（2003；2004）从应用语言学角度看，"NS 概念仍是有歧义的，也只能如此；因为它既是神话，又是现实"。说它是神话，因为一些社会语言学家（如 Ferguson）认为，把本族语看成是语言数据唯一真实而可靠的来源不符合实际，世界上多数言语交际都不是在使用我们自己的母语的场合下进行的，而是使用第二、第三或第 n 种语言，它们都是用这样或那样方式习得，视场合而采用的。说它是现实，因为它牵涉到认同感，它往往决定人们选择使用哪一种语言，而且他们往往是这种语言的拥有者，虽然他们之间也有不少差异。总之，NS/NNS 不像男/女性别那样泾渭分明。Cook（1999）谈道："在语言学里，不管是按种族、阶级、性别或任何其他特征来区分，我们很难期望人们会遵循一个他们非所属的群体的规范。……今天几乎所有教师和研究者都同意：这些群体比较有区别，但不是缺陷。"……"我们应该把 L2 使用者看成是理所当然的，真正的 L2 使用者，而不是 NS 的模仿。"既然很难要求所有二语（外语）学习者都达到本族语水平，那么退而求其次又是什么呢？又出现了不少引起争议的、界限不清晰的说法，如接近本族语者（near native-speakers）、像本族语者（native-speakers like）、中断本族语者或天赋说话者（interrupted native speakers，or heritage speakers）、高级二语学习者（advanced L2 learners）等等。为什么要那么多的心思来对待 NS/NNS 之差异，这和英语国际化有密切关系，谁能够从事英语教学？我们将在后面继续探讨此问题。

(三) 拥有权

这也是英语国际化引申出来的问题。Crystal 举过一个例子：一个日本公司经理准备在新加坡一间酒店和德国人与沙特阿拉伯人接触，讨论多国贸易，没有一个三方翻译系统，就不可能谈下去。他们不能各自说自己的母语，必须依赖一种全球性语言。那么谁是这种语言的拥有者（ownership）？Graddol（1999）对英语 21 世纪的发展作了前瞻并提出一个惹人深思的问题：在 21 世纪里，很多人[①]都会把英语作为一门外语而学习，他们需要教师、词典和语法书，但是他们还会不会把 NS 作为用语的权威规范呢？Widdowson（1994a）在第 27 届 TESOL 年会上专门就"英语的拥有者"作大会发言，讲得较透彻，他回顾过去英国人把"标准英语"作为质量标杆，意味着权威；但是，自然的本族语天赋并不能维护它的权威性。所谓标准英语其实就是为了制度性目的（如教育、管理、商业等）而建立的书面语变体。书面语比较稳定，足以维护制度稳定性。标准英语不是简单交际手段，而是表示认同感、规约性和价值观的象征性拥有。Halliday（2006）还专门写了《书面语、标准语和全球语》，认为它们的三角关系显示一种语言之外的过程，是社会文化发展的结果，至于语音和形态—句法的变化则属于历史语言学的问题。标准语就是"民族性的"。而全球语超越民族界限，成为别的语言说话人的第二语言，它必然保留他们民族表达式的某些特征。为什么只是谈书面语？这是因为英国标准语都是从不同的方言派生出来的，远非一致。RP 或称 BBC 英语，在英国本土，说 RP 的只有 200 万人，约 2%。它还具有浓厚等级或地区烙印，有的人在不同场合会采取带方音的或较为标准的语音。BBC 英语也仅用于国际台，各地方台也不使用，因为听众觉得缺乏亲切感。它的各种变体有双重特点：既是一种交际手段，又是代表了各种社区的传统和价值稳定性（即文化）。那么哪种文化才有权宣称它"拥有"标准英语？标准英语绝非一个欧洲离岸小岛的人民所独有的。英语成为一个国际语言意味着没有

---

① 按 Graddol 估算，到 2050 年把英语作为 L2 的人数将会从 2.35 亿升到 4.62 亿，而把英语作为 L1 的人数反而有所减少，从 20 世纪 50 年代到 2050 年由占全球人口的 8% 减为 5%，只有 4.33 亿。这样的估算不无问题，因为按人口调查，以英语为母语的人数在 3.5 亿到 4 亿之间。这倒不是过高估计把英语作为 L2 的人数，而是在有些广泛地使用英语作为 L2 的国家并没有提供统计数字。

哪个民族能够监管它。它在世界上如何发展，和英国、美国或任何地方的NS无关。英语NS应该以他们语言成为国际交往手段而感到骄傲和满足。如果英语能够为不同社区交际服务，从逻辑上看，就意味着它必须是有差异的，但又不能是差异到互相都不了解的变体。对国际社会来说，它必须稳定成一些标准形式以便于交往。Widdowson（1994b）在另一个场合就把英语作为一门外语（English as a Foreign Language，EFL）。他说："通常的情况是，EFL的老师把自己看成是英语老师，而英语刚好是这门外语，按照这个定义，英语是高大无比的，而说英语的人则是有特权的。但是我们也可以把EFL看成是外语，而这门外语刚好是英语。我们注意的焦点是语言的外来性（foreignness），而不是其本族语性（nativeness），是哪些东西使语言成为外来的，怎样才能把它作为一门外语教来得更有成效。"这样一来，我们所关注的不仅是"英语作为一门外语"，而且是英语作为一种国际通用语的问题。我们既要熟悉目标语，但又要和它保持一定距离，针对学习者情况来组织教学。

（四）最终目标

最终目标（ultimate attainment）也是国际化英语所引申出来的另一个问题。既然国际化英语并非内环英语NS独有，那么外环和扩展环的英语使用者又应该怎样估算其最终目标呢？因为它和L1说话人不同，既非与生俱来，也有高低之分。按照Bley-Vroman（1989）说法，母语发展和成人外语学习过程基本上不一样，我们特定领域习得系统并不能回答母语学习逻辑问题[①]，其结果也不一样，儿童最后都能学到母语，但外语学习却存在很多差异。Bley-Vroman归结为8个特点：缺乏普遍有保证的成功，普遍的失败，成功、道路和策略的差异，目标的差异，年龄和熟练的相

---

① 按照Chomsky所说，儿童所接触的语言数据不足以让他们自己决定其最后获得的语言知识，他们所有的经验和最后达到能力形式的差距就是语言习得的逻辑问题。要解决这个差距必须有一个内在的通用语法。Bley-Vroman认为：抽象地说，成人学习一门外语，其逻辑问题也是一样的，都受到数据限制。但所遇到的问题，如外语学习在成功率以及其产生的系统、动机、组织状态均不相同。外语学习者在其学习前已经具有一种语言的知识和一个普遍抽象解决问题技能的系统。据此，他提出"根本性差异假说"，认为L1所存在的逻辑问题，在L2习得里并不存在。Lydia White（1990）则持相反意见，她认为不能根据L1和L2的差异，就去判断通用语法是否存在，L1习得中所建立的通用语法可能会影响到L2习得。她也承认L2习得是否使用通用语法的问题仍然没有解决。

关，石化，不定的直觉，课授的重要性。Birdsong（1992；2004）认为，"最终目标的数据对正在进行的 L2 习得主流研究是无价的，因为它们提供 L2 习得的界限，提供了独一无二的视野，从最近 L2 习得观点来看，其语言能力上限和单一本族语上限无法比较。"其实，在某种意义上说，就算是 NS 本身，他们对自己的母语的上限在哪里，也是不清晰的。Widdowson 承认，他每天看报，都发现有无数来自技术、法律、经济事务的词语是他不懂的。这些词语是否标准英语？从英语词典历史的角度看，17 世纪以来，最早出现供 NS 使用的词典都是为了查阅难词。最终目标的考虑应有几个方面：

（1）必须从现实（即我们所处的语言社区）出发来决定最终目标。

（2）最终目标必须是清晰的、可触摸的、能测量到的，而不是空泛的"努力方向"。

（3）达到最终目标的手段和途径。Bley-Vroman 提出而又被 Birdsong 所首肯的是：二语习得研究的最基本问题是其达到最后目标的差别是否意味着其采取手段（即学习过程）的差别？

二、值得思考的几个问题

（一）我国英语教育的定位

（1）按照 Kachru 的"三环说"，我国属扩展环，英语是作为一门外语而教学。它包括了不同社会和文化背景的国家和地区，这些地方的英语学习者所经历的二语习得（或外语学习）的过程自然有所不同。Leather & VanDam（2003）把语言习得分为 4 种：一语习得，早期二语习得，授课型二语习得，成人移民二语习得。我国英语教育应属于授课型二语习得（Instructed L2 Acquisition）。Kachru（2011）曾经比较在 20 世纪末亚洲的两个大国（中国和印度）的英语使用者情况，中国在校把英语作为外语而学的人数约为 2 亿，使用英语者则难以估计，笔者估计一共也有 3 亿左右[1]，而在印度则有 3.3 亿人在不同程度上掌握印度英语。但印度属于外环，英语仍为其官方语言之一，如印度的英语报刊种类很多，约占

---

[1] 在 20 世纪末，一般估计是中国英语学习和使用者人数在 2 亿～3 亿，但考虑到中国人口增长率为 5000 万左右，随着教育的普及，入学人数也呈增加趋势，故取其上限。

37.49%。英语在我国是第一外语,由于人口众多,这意味着中国的英语学生和教师都是 NNS。我国既是一个英语学习者的大国,也是一个英语教师的大国。

（2）与此密切相关的是中国属于非英语社区,中国还没有哪个社区以英语为母语。它并非像我们母语那样,是赖以生存和进行人际交往的民族认同的语言;作为一种常态,英语只是我们在学校里的一门课程,每周接触英语时间只有几个课时,课堂以外就很少接触到它,虽然不是完全没有机会接触到英语,如广播、电影、报纸、广告等。因为教育发展不平衡,而英语教师的素质不一,授课情况各异,学生的英语水平存在很大差异。

（3）这些学生在学习英语前已经通过一语习得学过母语,其母语和他们的社会认知和文化一起成长;换句话说,他们都是带着母语的模型来学习第二种语言的,他们（甚至其老师）的英语基本上都属于 BV,虽然在掌握语言方面,程度上有所不同。

（二）规范问题

它跟最终目标与我国英语教育定位紧密相关,可和 Kachru "三环说"联系起来探讨：从内环角度看,是提供规范变体（norm-providing varieties）,在外环里,则是发展规范变体（norm-developing varieties）,而在扩展环里,则是依赖规范变体。中国属扩展环,其规范是来自外部的（"exocentric",如美国或英国）。与此相关的是辨识"失误"（相对于"创新"）和全球英语中的可理解性①（intelligibility）问题,见 Bolton（2006）。在国际英语背景下探讨可理解性,其实是指说不同英语的说话人的语音能否为对方所了解。Larry Smith & Nelson（1987）归纳了一些共同看法：在最近 200 年以来,世界上一部分说英语者并不为世界上另一部分说英语者所理解；NS 再不是英语课理解性的主要裁判；NS 并不总是比 NNS 更容易理解;可理解性并非以说话人或听话人为中心,而是两者之间的相互交往；一个听话人越是积极参与和另一个人或各种英语变体接触,就越有可能理解该人或变体；听话人的期望特别重要,如果一个人越

---

① 可理解性也有不同的说法：相互理解性（mutual intelligibility）或国际理解性（international intelligibility）。

是希望理解说话人，他更有可能理解他。和可理解性接近的还有两个同义词，易懂性（comprehensibility）和可诠译性（interpretability）。他们建议对这三个词略作一些层次上的区分：①可理解性：词和话语的辨认；②易懂性：词和话语的意义（表述性言语行为）；③诠译性：词/话语背后的意义（施为性言语行为）。Jenkins（2000）从另一个角度提出她的范式，通过实际调查 NNS 发音后提出，国际通用语的英语有一个核心（称为 Lingua Franca Core），例如/t/和/d/，/f/和/v/，/s/和/z/。/t/和/d/都没有什么差别，暗元音/ɪ/也是容许的。在元音方面，长短并无区别，如 seat 和 sit，cooed 和 could，cart 和 class，cot 和 caught；在不送气的辅音前的元音会缩短，在送气的辅音前会延长，等等。语音范围比较狭窄，Seidlhofer（2014）根据她的 VOICE，专门观察其使用形态和语法的使用情况，如动词第三人称现在时丢了 -s，who 和 which 关系代词混乱使用，省去或多用定冠词或不定冠词，错用附加疑问句（如把 shouldn't they? 说成 isn't it? 或 no?），插入多余代词（如 We have to study about…），超用某些语义上有高概括力的动词（如 do，have，make，put，take），用 that 字句代替不定式结构（如 I want that），过于明晰（如把 black 说成 black color），等等。这意味着在讨论规范问题时语音成分不容忽视。

（1）应不应该有个规范？我们学习的是一门外语，不是母语，回答当然是肯定的。有一个规范比没有要好，"不以规矩，难成方圆"。有一个规范可以限定我国编制的各种英语的教学大纲、考试大纲或课程标准、能力量表等等，欧洲委员会（即过去的"欧洲共同体"，现在的"欧盟"）经过 20 多年实践，最后在 2001 年建立 CEFR（COMMON EUROPEAN FRAMEWORK OF REFERENCE FOR LANGUAGES：LEARNING, TEACHING, ASSESSMENT，欧洲语言能力等级共同量表），见杨惠中等（2015）。CEFR 是针对欧洲各种语言，并非哪一种特定语言而提出的，其奠基思想是多元语言体系（plurilingualism）①，并进一步发展为多元文化体系（pluriculturalism）。它认为"从这个角度看，语言教育的目的已经被深刻地修正，它再不是'掌握'一二甚至三种语言，每一种都是孤立的、以

---

① CEFR 指出它所提出的 plurilingualism 有别于 multilingualism，后者指的是在一个社会里多种语言共存。而前者则强调一个人在文化环境里的语言经验从其本族语向整个社会、向别人的语言扩展，建立一种共同享有的交际能力。

'理想的 NS'作为最终目标的模型；而是发展一个所有语言能力都包括在其中的语言库（linguistic repertory）。"CEFR 分为 3 等（A：基本使用者，B：独立使用者和 C：流利使用者），每等分为 2 级（A1 开始学习，A2 初级；B1 中级，B2 中上级；C1 高级，C2 非常高级）。CEFR 建议采用面向活动（action-oriented approach）的方法，即我们提到的基于使用的理论，其目的是发展学习者的普遍能力（general competence），这包括陈述性知识（savoir）、技能和知道如何做（savoir-faire）、学习能力（savoir-apprendre），以及个性倾向、态度（savoir-être）等以什么作为规范？目前我国还没有这样一个从理论到实践上根据我国实际统管全局（包括语音、词汇、语法和语用）的规范。实际上，我国的教师和教材编写者并没有多少变体意识，只要是 NS 所写和所说的都是学习规范，而与此有关就是真实性（authenticity）的问题，CEFR 认为"真实"指的"只是为了交际目的没有教学意图而产生的笔头或口头的文本"。

（2）以什么作为规范？我国属于英语扩展环，从历史原因和使用型式的角度来看，扩展环的英语仍然依赖于内环英语，视之为规范。有一个规范比没有要好，而采取一个有历史传统的变种（如英国英语）比一个历史上复杂而又受多种语言影响的变体（如印度英语）要好。这个规范较符合我国实际。Cummins（1979；2000；2008）提出一些能够触摸到的基本人际交往需要技能（basic interpersonal communicative skills. BICS）和认知/大学语言轮廓（cognitive/academic language profile，CALP）的具体要求。BICS 指人与人在日常生活里的社会交往语言技能，强调会话的流利性；CALP 则是指学生用口头和笔头方式来了解与表达那些和学业成就有关的概念。总的来说，就是上述的 EALF（见 Björkman，2013），较符合我国并无英语社区的国情。从中小学开始，我们主要的培养目标应该是 BICS，到大学后也许还要视情况有所补充，但主要是 CALP（英语专业学生除外）。当然，BICS 和 CALP 是否两种截然不同的东西，还是它们有些什么共同之处，有待研究。但是，规范往往也不是在现实中必须或可能做到的，一个明显的例子就是语音，我国许多英语老师自己的英语发音还带有难以克服的方音，他们却认为学生的规范英语发音应该是英国的 RP，或美国的通用发音。形态/句法的问题也并不少见，语音则是区分各种不同本族语体的重要特征。①

（3）规范是否一成不变？随着社会的发展和网络的延伸，语言变化很快。这首先表现在新词新义上面，然后又带动习惯用语的变化，有一日千里之势。要决定哪些是应该教给学生的规范，还应有一个共时标准，即使用频数，就是上面提到的基于使用的理论。在扩展环里的规范虽有所本，但随着文化交流需要，也有所创新，视其使用情况，逐步融入内环的英语里，如"茶"（最早为 cha，后来跟着厦门方言 te 而发展为 tea），wok（圆底锅，来自广东话），paper tiger（纸老虎）。中国人使用汉语和英语的规范也在变化，有自然形成的，如 dama（大妈），chengguan（城管），geilivable（给力），We two, who and who?（咱俩谁跟谁?）；也有官方统一的，如 new normal（新常态），tiger in the road（拦路虎），four-pronged comprehensive strategy（四个全面战略），cracking down on both tigers and flies（老虎苍蝇一起打）。这些变化有一个融合过程，取决于使用频率。

（4）规范应否统一？我国经济和教育发展很不平衡，即使制定一份统一的"国家标准"，也会出现一些难以解决的问题：后进地区怎样实施？英语课从小学 3 年级开始，需要大量师资的问题不解决，统一标准怎样才能执行？有些人把这些标准作为一个努力方向而提出。这样一来，标准就是有弹性的，难以实施和检查，犯了大纲编写的大忌（Mager 1975）。我国虽然没有英语社区，或包括英语在内的双语社区，但也是一个多民族国家，像内蒙古、新疆、壮族自治区那样的地方也属于双语社区②，英语也就是第三种语言，那么按 CEFR 的观点（8.2），每一种语言的目标和进步不一定是相同的（如内蒙地区除蒙古语外的汉语和英语）。我们应该做的是，首先当然是如杨惠中等建议的那样，制定统一的语言等级量表，把教育和测试统一起来，不能各搞一套，然后才能研究这个语言等级量表应否对各个地区、各种语言应有不同要求。如上海市制定的大学英语教学参考框架（2013）编写得不错，也符合本文想法，但对别的外语是否也这样要求？它对别的地方的大学是否也可适用？另外，对处在过渡语不同

---

① 实际上，我国从未就语音做出规范，北方多强调美国英语，南方多强调英国英语，而实际上教师和学生的语言都受不同地区方言的影响，如/n/和/l/不分，丢掉尾辅音，潮汕地区把词尾的 n 念成 ng，等等。

② 按我国传统的区分，方言（如福建、广东、海南等）还是属于汉语，因为它们的文字是统一的、互通的。只有文字不一致的才算为语言。

阶段中国学习者的BV在课堂里进行实证性观测十分有必要。测试也是一种手段，但测试项目数受种种限制，往往只关注分数和过关，不一定能够反映全部情况。

（三）以使用为基础的课堂教学

（1）首先是对外语课堂教学的认识和理解问题。韩愈说"师者，所以传道、授业、解惑也"。外语教师也不例外，外语的"道"无非就是外语知识（包括语音、语法、词汇、语用等等）。怎样传授呢？简单化的做法就是靠教师动嘴皮、满堂灌。其实，从复杂理论（见Larsen-Freeman，2008）来看，知识也是一个过程，把语言习得过程看成是一个自动化的静态能力是一个失误，行为总是按特定时间而集合成的，我们没有什么理由可以把它分解成一些"重要的"、无时间性和永久性的核心，它始终是当时当地的运用。所以，在外语教学里，重要的不是传递知识本身，而是传授知识过程的运用。如果只限于建立一个心理语法或词汇，我们则要探讨怎样把它们激活。

（2）其次是传授知识可以是一次性的（当然也可以是重复的），但是知识过程的运用却必须反复进行，这才是"授业"①，即做一个好的课堂教学组织者。这在中国尤为重要，在我国，课堂以外很少有接触英语的机会。笔者也曾旁听过一些英语基础课，发现在课堂上说英语最多的是教师本身，而学生则是带着耳朵听。这还牵涉到我国外语教学的一个常为人忽略的问题，因为教师缺少，有的地方不得不采用大班上课，甚至电视教学。外语课是一种技能训练课程，没有足够训练，学生怎么不患"聋哑病"？要治"聋哑病"，与其说加强听说，还不如说提供更多的听说机会，如小班教学，或增加学生接触和使用外语的机会和场合，等等。因为缺乏这些机会和场合，中国学习者往往缺乏语体意识，多数人区分不了口语和书面语的区别，只要把书面接触到的东西说出来，就是口语，或反过来，把口语学到的表达方式写下来，就是书面语（桂诗春2012b）。

（3）进一步考虑我们应该怎样从复杂系统的角度来看语言的课堂教学，Larsen-Freeman提出了4点，值得我们考虑。

---

① 按我对韩愈那句话的理解，"传道"强调的是静态的道理和学问，而"授业"则强调动态过程，如怎样实行道理和做学问。

1) 一切都有联系。语言教学课堂强调人类和社会组织各个层面上的联系,从个人心灵到语言学习的社会政治语境,而且跨越时间广度,从课堂活动的每一分钟到终生学习。语言学习首先必须经过学习者大脑,然后在班里通过小组活动,联系在一起,在教师指导和帮助下,逐步向培养目标前进,而这又受教学大纲或课程标准和最终的教育制度所制约。学校里每一班本身也是个复杂系统,包括各个层面上的人(教师、级主任、教务长、校长、家长和监护人)、物(校舍、设备)和经费。所有这些都构成一个互有联系的复杂系统。

2) 甚至当它在固定时,语言是动态的。语言作为一个独立整体,是一种规范性假想(normative fiction),但它只存在于特定语言社区的语言使用的流动中。就语言教学课堂而言,这意味着我们作为目标语而学习的目标,再不能停留在简单形式上。要么就是把它作为语言的静态或固定而保存,要么就是把作为活的语言的动态系统而教学。所以,Larsen-Freeman 在 2003 年提出 grammaring 的说法(把语法看成是"听、说、读、写"一样,都是一种动态技能,所以有一个后缀-ing)。

3) 相互适应(co-adaptation)是一种核心动态。在语言教学课堂里,互相适应是一种特别重要的变化类型。在诸多连接主义系统里,一个系统的变化会引起别的系统变化。在语言课堂里,教师和学生、学生之间、教师或学生和学习环境之间都是相互适应。相互适应在不同时间段里,会引起稳定行动(包括语言行动)型式。在中国,课堂教学是提供学生学习和使用外语的最好场所,学生在课堂里实际上是沉浸在一个充满着意义、而又和外界相连的环境。当学生和环境交往,这些意义便逐步涌现,需要他们使用语言资源来实施。所以,语言的课堂教学应该以内容为基础,故有 CLIL(Content and Language Integrated Learning)的说法。①

4) 教学就是管理学习的动态。

---

① 这使我想起和英国著名教材编写专家 L. Alexander 的一段交往,他在 20 世纪 70 年代曾对中国英语教师代表团(我是成员之一)专门介绍教材编写的情况,我在中间休息时问他:"你的《新概念英语》在中国很受欢迎,请问新概念'新'在哪里?"他回答道:"它再不是新的了,体现我的新思想的是 Mainstream。"这正是他当时讲话里介绍的。这本教材按主题组成,只有一小段文字,然后要求学生读了这段文字后,展开讨论,教材提供了进行讨论所需的单词、短语和句子。但是 Mainstream 似乎并没有引起我国教师的注意。中国教师还是觉得《新概念英语》很就手,有课文、注释、词汇和语法学习等等。

（四）英语教师的培养和观念更新

我国需要大量英语老师，英语教师可以分为两类，一类是来自英语国家的本族语教师，可称为 NEST（native English speaker teachers），另一类是 NNEST（非英语本族语教师），主要是中国自己培养的。围绕着谁是最好的英语教师，曾有过一场热烈争论。Reves & Medgyes（1994）在英国文化协会帮助下对在 16 个非英语国家中从事英语教学的教师做问卷调查，共有 216 人参加，问卷有 23 个问题，其中 18 个是针对两者的，有 5 个是特别针对 NNEST。问题遍及个人背景，实际教学环境，如学生的年龄、水平、班级大小和每周的教学负担等。在调查中，不到 10% 是 NEST，91.7% 都是 NNEST。2/3 人都有 5 年以上的教学经验，有一半教师每周教学负担多于 20 课时，班级大小也有差异，在 25～40 之间。2/3 的学校并没有 NEST，1/3 的学校雇用 NEST 和 NNEST，2/3 的教师认为 NEST 和 NNEST 的教学行为有差异。认为教学比较成功的，NEST 和 NNEST 各占 1/4，有一半人认为他们无甚差别。一半人不知道 NEST 和 NNEST 之间有什么有组织的合作。在针对 NNEST 的问题里，只有 10% 的人曾经待在英语国家一年以上，约有 49.5% 的人从来没有到过英语国家，其余的曾经去过一年和少于一个月。

调查中最有意义的部分是 NEST 和 NNEST 的比较。例如：

（1）在英语使用方面，NEST 的语言流畅、自然，无甚障碍，而 NNEST 则通常注意英语的正确性和形式特征，缺乏流利性，对语义细微关系认识有限。他们通常超用语用域的形式，而不熟悉口语。

（2）在语言教学行为方面，NNEST 对语言项目所出现的语境不熟悉，倾向于在缺乏语境下孤立地教学，一般采用较有控制的、小心翼翼的教学方法，较为投入和负责，比较严格。他们对英语反而比 NEST 有较深刻的洞察力，并且能够针对学生需要进行教学。而 NEST 则比较灵活，有创新性，但没有那么投入和负责，对学生往往有不切实际的要求。在具体教学方面，NNEST 见识较广，强调准确性、形式、语法规则、书面文字、正式语用，孤立地教授语言项目、爱使用有控制的活动、使用一本教科书、常依赖课堂测试、使用 L1、依赖翻译、给予更多课外练习、对目标语的文化提供信息不多。而 NEST 则见识不那么广，强调流利性、意义、语言使用、口头技能和口语语体，结合语境来教项目、主张自由活动、喜欢使用小组或对子练习、使用较多的教学材料、并不或很少使用 L1、不依赖翻译、提供较多目标语的文化信息。要想让 NEST 执行按汉语写成的教学大纲或能力量表的规定比较困难。

3）NEST 和 NNEST，谁更为成功？

在调查中，40.3% 的人选了"两者"，并未显示孰优孰劣。所获数据显示并没有过高地估计 NEST，因为 91.6% 的被调查者都是 NNEST。这可以从语言教学行为比较中看出，NEST 和 NNEST 各有所长，亦各有所短。NEST 可以保证课堂里使用的英语是地道的，特别是教师和学生的口头交际。NEST 善于在学校里建立"英语"环境，以促进学习动机。NEST 教语言，不教语言知识，更不愿意跟着教材跑。有人指出，他们较适合于教高年级学生，而且必须是受过 EFL（英语作为外语）或 ESL（英语作为第二语言）训练。从我国具体情况出发，要聘用大量 NEST 根本不可能，还会导致教学大纲无法完成，至于那些私立学校用 NEST 来招揽学生，多半是噱头，因为很多 NEST 都没有上面提到的那种训练，他们来中国多半是出于旅游或其他目的。

核心问题还是培养我国自己的 NNEST。那么，作为 NNS 的我国绝大多数英语教师应该采取什么对策呢？首先是观念更新，即 Seidlhofer（2001）提出的"填补概念缺口"，即从更广义的社会政治和其他问题的角度来看英语教学，过去我们习惯的"正确性""规范""失误""权威"那样的概念应该代之以"转变性教学""学习者为中心""意识"和"自我反映"；在语言计划和教育政策方面的单一文化、单语、单一模型、单一中心都应改为多文化、多语、多模型和多中心。这些发展的最重要效应就是：过去认为只有 NS 才是"英语拥有者"的说法受到彻底质疑。但要真正把英语作为国际通用语来进行教学，还需要有很多研究，其中一项重要项目就是发展语料库，所以她正在致力于开发 VOICE。而对扩展环的老师，她就提出双重标准的问题，（见 Seidlhofer，1999）教师应该做到双代理（double agents）、双语式（double talk）、双思考（double think）、双生命（double life）①。双代理，指 NNNS 和其教育对象均为同文同种，

---

① double 在英语使用中往往带有贬义，如 double agent 是"双面间谍"，double talk 是"模棱两可的话"，double think 是"前后矛盾的看法"，double life 是"双重人格的生活"。Seidloher 故意反其道而行，以表示在扩展环里的 NNS 所能做的特殊贡献。

可充分发挥我们了解自己学生需要、学习策略和语言使用的特点（如按照一对一原则来使用词汇），特别是在使用NS所编写的教材里会碰到一些文化冲突。他们既是另一种语言和文化的促进者，又是尊敬传统文化的导师。双语式，指教师一方面要教授"真实的"英语，另一方面又必须使学习者的学习过程做到真实，帮助学习者在课堂里学到的语言"真实化"，应用于实际环境。双语式说明把英语作为一门外语和把英语作为L1根本不同，因此教师必须具有协调两者的双思考，这就是在语言/语用能力和教学能力之间取得平衡。最近，有两方面发展使这种平衡出现困难：一是计算机文本分析使我们认识到，我们使用的传统语法和教科书和语料库研究所获取的数据不一致；二是我们比20年前了解到许多NNS所使用的语言变体和英语作为国际语言的情况，特别是在外环里使用英语变体越来越被承认。所有这些认识导致教师必须首先考虑按照特定环境要求来教英语这个科目，而不是考虑英语是否本族语的问题。这样一来，我们所关注的不仅是"英语作为一门外语"，而且是英语作为一种国际通用语的问题。我们既要熟悉目标语，但又要和它保持一定距离，针对学习者情况来组织教学，这就意味着双生命。所以，与其说EFL，还不如说是FL(E)，以表示英语作为国际通用语（Lingua Franca English, LFE[①]）。

在LFE越来越拓宽的情况下，我国英语教学应如何进行呢？Berns等5位学者在第13届国际英语世界大会上作了一个联合发言（2007），指出LFE虽然与内环和外环的英语变体一样，也应属于一种英语变体，但还未能和它们成为合法变体。像语音带有方音影响，形态/句法问题也不少见，对这样的行为，有人（如Firth，1996）从语用学的立场出发，只要对话双方都理解，就采取"得过且过（Let it pass）"的原则。这个原则主要是针对会话分析，而非书面文字的。在中国聘请的"外教"，若请他们改学生作文，也会有人执行这个原则：可能他们认为中国学生无非就是LFE使用者，不必过于要求；也可能他们早已习惯LFE，通通接受；也可能他们缺乏教师资格的训练，语法感不敏锐。不管从哪一个角度看，当我们观察实际课堂教学，就会发现，从教学方法到认识都存在很多不确定性。欧洲是世界上教育比较发达的地方，欧盟就面临着如何教学英语的问题，对在新世纪里怎样建立教育规范，意见也很不一致（见 Modiano，2009）。

---

① LFE 也有另一种说法，即 EIL（English as an International Language）。

我国学生从小学3年级一直到大学都在学习英语，学习年限跨度甚大，而需要的英语教师数量巨大，这些教师的主体是NNS，他们经历过同样的学习过程，了解学生的特点、需要、学习方式和受母语的影响，容易有的放矢，这是NS所不具备的优点，但也很容易掉入一个"陷阱"，不自觉地重复自己学习英语的经验和做法。而他们所接受的英语教育都是在20世纪里进行的。当时的英语传播不如这个新世纪，基本上都是按当时的NS的"规范"来学习英语的。所以，NNS英语教师都应按Seidlhofer所说的双思考，不断提高我们的语言/语用能力和教学能力。

（五）怎样检测英语使用能力

一谈到检测，人们很容易把它和测试联系起来，其实最基本的是老师在课堂上的观察，他们和学生在一起，最容易了解学生所学到的语言能力，包括他的变化、进步和停止不前，甚至退化（包括石化、未能巩固而丢失），并据此来采取各种措施，从基于使用的理论出发，频数最为关键。一个词语必须5～10次在不同场合里出现，才能得到巩固（见桂诗春，2013：286），靠死记硬背并不解决问题。问题在于不少英语老师平时不注意观察，不知道学生问题所在，到考试前就大施应试教育；还有些考试利益相关者不管领导指示，在小学到中学的各个阶段都组织统一考试，为应试教育推波助澜。

至于正规的、统一的考试，我国一般都根据教学大纲（或课程标准）的规定命题，并没有另立考试大纲。教学大纲的问题在上面讨论到最终目标时，已有所讨论，不再重复。

三、我国英语教学社会认识和舆论导向

（一）对本族语教师的盲目崇拜

对NS的盲目崇拜。上面提到Reves, T. & P. Medgyes对NS和NNS的比较研究，特别是教学方式的区别。他们的互补性显而易见，这个比较并没有涉及伦理上的问题。实际上，"师德"才是决定教学成败的关键。而从理论上说，作为一种国际通用语的语言并非任何一群说话人所特有的；NEST和NNEST都有很负责或很不负责的教师，不能一概而论。Llurda（2009）还谈到"NS教师的衰败和没落"，指的是NS在传统上都

是缺省的语言教师,理当承担对别的语言说话人教授一种新语言的任务,从语法、翻译法、自然法、听说法、交际法,都强调教师的语言流利性和使用语言的能力。但到了20世纪末,我们才认识到NNS也可以像NS一样,成为好的语言教师,只要他们能够很好地掌握语言,加上足够的训练和教授语言的能力。成功的教学来自两个因素的平衡:一是对语言的掌握,二是教授语言的训练和能力。其实NS和NNS的区别仅是限于语言教学,在其他科目(如物理或数学)的教学方面,也无此要求:粗通或精通英语与否并不妨碍他们成为好的物理或数学教师。倒是一些NS自以为英语是他们的母语,无需做什么准备,忽略了语言教学也是一门科学,不注意提高课堂教学艺术,被讽喻为"背包客"(backpackers)①。在我国这样人口众多的大国,需要各种层次的英语教师,根本不可能聘请很多NS,仅有一些和高级住宅捆绑在一起的"贵族学校"(甚至幼儿园)标榜聘任一些NS教授英语,这些NS的来源地不明(有内环的、有外环的),说的是各种变体的英语,他们自己都说不清楚是什么口音,上课既没有统一的大纲和教材,只是在课堂上带着学生讲几句话或唱歌、玩游戏。

(二) 外语学习越早越好

学习英语越早越好。这是一个学术上富有争议而又和各种利益链紧密相连的问题,既产生各种误解,又制造不少"神话";它和出国风、移民潮、早期留学热捆绑在一起,加重了社会和教育的不公平。笔者(1992;2012a)曾结合我国情况具体讨论过这个问题,在此就不重复。不妨补充一些新资料。Muñoz(2006)鉴于过去研究往往忽略了面向自然法的环境因素,即它和正规方式学习环境的差异。在西班牙政府支持下,启动了一个为时9年的Barcelona年龄因素(Barcelona Age Factor,BAF)研究计划。计划不仅观察起始学习的效果,还观察一段时间内整个学习过程,着重在学习效率,而不是最终目标。试验在西班牙Catalan国立学校里进行,英语是多数学校的第一外语,但对学生而言,则是第三种语言(Catalan和西班牙语)。观察对象分为5组,主要两组各为8岁与11岁(按我国学

---

① 笔者则在20世纪70年代到英国访问,参观了许多语言学校培训英国NS到国外当英语教师的突击训练班,一般只有半年,学的就是语音、语法等课程,其深度相当于我国大学英语系的一年级。

制即小学3年级和5年级），其他3组为参照组：拟起始时间在2～6岁的学习者、14岁学生、在18岁才开始学英语的成人。数据收集分3次（经过200、416、726授课小时，平均每周2～2.5小时），总共有1928名受试，个别被试授课时间多一些，不是因为增加课外补习，就是因为重读一个年级。测试项目包括听写、完形填空、听力、语法、写作、口头叙述、口头会谈、语音模仿和身份扮演。测试均经过效度和信度检验。研究核心是比较从8岁（A）和从11岁（B）开始英语的学生哪些较好，检测6个项目（完形填空、听写、听力理解、接受性会谈、产出性会谈、语篇连贯性）的结果显示：年纪大的B组除接受性会谈外，均优于A组。见下图2。

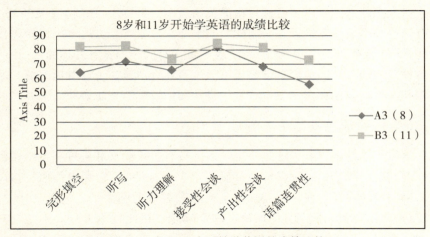

图2　8岁和11岁开始学英语的成绩比较

（三）重死记硬背，轻使用

从心理学角度看，记忆是人赖以生存不可缺少的因素，也是支撑学习的必要手段，没有记忆就不可能有传承，人类也不可能进化。从BV的角度来看，学习一门外语首先就是建立目标语的词库。这就导致人们采取依赖背单词手段，甚至千方百计寻找背单词的灵方妙药。有些出版机构巧立名目出版并无任何新意的书，还有一些教授背单词的所谓"全国团队"考试前在全国巡回讲学，蒙骗学生和家长。

（1）记忆是一种正常心理活动过程，任何人都可以凭个人记忆和使用,逐步熟悉到掌握一种乃至多种语言。语言虽是学校里一门学科,它和历史、地理不一样,既有知识(包括规则)成分,又是一种技能,而技能主要靠训练,开口动手。就语言而言,主要是靠相互交际,这是基于使用的理论,它特别强调交流者的合作。

(2)那么学习英语是否就不用记,或者说有没有一些方法呢?那又不能绝对化。学点英语词汇的构词法,懂得一点词根、前缀和后缀的意义,这可说是"词族法",对增加词汇量有一点作用,但这样增加的词汇必须反复使用才能巩固。Antibiotics(抗生素,在 BNC① 的频数为 491),其词根 biotic(生命学,在 BNC 则为 61),它们都应该属于同一词族,易于记下来的是 antibiotics,而其老祖宗 biotic 却不易记得住。还有一种企图建立词形和发音的联系(自然的或人为的),可称为"联系法",我国邝其照编写的第一本英汉词典,就是采取这样记音(粤语)方法。这些方法难以持久。记得快,也忘得快。更重要的是,记下来的这些词语,离开了使用,也不能一次性学会,邝著词典其实是采用一种原始标音法。Ebbinghaus 在自己身上做过一些元音——辅音——元音单音节试验,发现:①学习的分量是练习的简单函数,成线形关系,练习(重复)的次数越多,学习(记忆)得越好;②如果我们学习后第一天重复和第二天重复比较,第一天需要 7 秒,第二天需要 12 秒,这说明分布式学习比集中式学习的效果要好。据此,他提出遗忘曲线:保持和遗忘是时间的函数,因为输入信息经过人的注意过程,首先保存在短时记忆里,如果短时记忆里的东西不及时复习,就会遗忘(桂诗春 2013)。新中国成立后,俄语一度取代英语,成为第一外语。当时有一个突击俄语运动,笔者在 20 世纪 50 年代毕业留校,也自动参加过此运动,选的是政治类。根据 Ebbinghaus 所说,上午突击俄语单词,下午自学俄语语法,一周后就记住了约 2000 个单词,便凭着词典和语法,去选读《真理报》,居然也能略懂。以后就凭这点知识去读专业(英国语言和文学)书籍,还参与了两部《英国文学史》一些章节的翻译。其中一部"文革"后才出版的;出版前,出版社要求译者再校对一遍。谁知道我的俄语能力被"文革"消磨殆尽。笔者的亲身经历是,强记单词并不难,难的是要经过 10 倍,甚至 100 倍的时间去使用和巩固它。

---

① BNC 为 British National Corpus,英国国家语料库。

（3）这样一来，是否记忆和语言学习没有什么关系呢？那又不是。其一是如上所说，人们的反应速度随着练习次数按幂级提高，就是幂法则（The power law of practice）：记忆无非是靠重复，一个词需用在不同语境里出现5～10次，才能记住，这可以说是语境化学习。而背词表（死记硬背）则仅是非语境化学习，并非合作性行为。其二是英语有不少所谓"词汇短语"或型式化语言（见 Nattinger，1992；Wray，2002）。据 Pawley & Syder（1983）分析，本族语者说话之所以流利，是因为他们的词汇里有些许多现成的短语，可信手拈来。如：I'm very sorry to hear about _____.（表示同情）I'd be happy/glad to _____.（表示同意一个请求）Nice weather today，Cold，isn't it?（关于气候的打招呼语）。OK，I see what you mean；OK，I've got it.（表示同意对话人所说的）。Your blood pressure is 140 over 60.（你的血压高压为140，低压为60）。Cleared to land.（对飞行员说，道路安全，可以着陆）。这些现成表达方式成千上万，对外语学习者来说都应该完整地记下来（即死记硬背），并在交际中尽量使用它们，避免在使用 BV 时，依赖母语模型去硬拼成一些不地道的说法（即上文谈到的一对一原则），费时费力，还结结巴巴，不能流利说话。这才是"英语聋哑病"的症结所在。

参考文献

[1] Allen, B., J. Qin, & F. Lancaster. 1994. Persuasive Communities: A Longitudinal Analysis of References in the Philosophical Transactions of the Royal Society [J]. Social Studies of Science. 24, 279 – 310.

[2] Berns, M., J. Jenkins, M. Modiano, B. Seridlhofer, & Y. Yano. 2007. Perspectives on English as a Lingua Franca [A]. In Hoffmann, T. & L. Siebers (Eds.), World Englishes—Problems, Properties, and Prospects [C]. Amsterdam: John Benjamins Publishing Company.

[3] Birdsong, D. 1992. Ultimate Attainment in Second Language Acquisition [J]. Language. 68 (4), 706 – 755.

[4] Birdsong, D. 2004. Second Language Acquisition and Ultimate Attainment [A]. In Davies, A., & C. Elder (Ed.), The Handbook of Applied Linguistics [C] (pp. 82 – 105). MA: Blackwell Publishing Ltd.

[5] Björkman, B. 2013. English as an Academic Lingua Franca: An

Investigation of Form and Communicative Effectiveness [M]. Boston/ Berlin: Walter de Gruyter, Inc.

[6] Bley-Vroman, R. 1989. What Is the Logical Problem of Foreign Language Learning? [A]. In Gass, S. & J. Schachter (Eds.), Linguistic Perspectives on Second Language Acquisition [C]. Cambridge: Cambridge University Press.

[7] Bloomfield, L. 1933. Language [M]. Chicago: University of Chicago Press.

[8] Bolton, K. 2006. World English Today [A]. In Kachru, B., Y. Kachru, & C. Nelson (Eds.), The Handbook of World English [C] (pp. 240 – 270). Oxford: Blackwell Publishing Ltd.

[9] Cook, V. 1999. Going Beyond the Native Speaker in Language Teaching [J]. TESOL Quarterly. 33 (2), 185 – 209.

[10] Crystal, D. 2003. English as a Global Language [M] (2 ed.). Cambridge: Cambridge.

[11] Cummins, J. 1979. Cognitive Academic Language Proficiency, Linguistic Interdependence, the Optimal Age Question and Some Matters [J]. Working Papers on Bilingualism. (19), 121 – 129.

[12] Cummins, J. 2000. Language, Power and Pedagogy: Bilingual Children in the Crossfire [M]. Clevedon: Multilingual Matters Ltd.

[13] Cummins, J. 2008. Bics and Calp: Empirical and Theoretical Status of the Distinction [A]. In Street, B., & Hornberger, N. H. (Ed.), Encyclopedia of Language and Education, [C] (Vol. 2). New York: Springer Science + Business Media LLC.

[14] Davies, A. 2003. The Native Speaker: Myth and Reality [M]. Clevedon: Multilingual Matters Ltd.

[15] Davies, A. 2004. The Native Speaker in Applied Linguistics [A]. In Davies, A. & C. Elder(Eds.), The Handbook of Applied Linguistics [C] (pp. 431 – 450). M. A.: Blackwell Publishing Ltd.

[16] Firth, A. 1996. The Discursive Accomplishment of Normality: On "Lingua Franca" English and Conversation Analysis [J]. Journal of Pragmatics. 26 (2), 237 – 260.

[17] Graddol, D. 1999. The Decline of the Native Speaker [A]. In Graddol, D. & H. Ulrike (Eds.), English in a Changing World [C]. Oxford: The English Book Centre.

[18] Halliday, M. 2006. Written Language, Standard Language, Global Language [A]. In Kachchru, B. (Ed.), The Handbook of World Englishes [C]. Oxford: Blackwell Publishing Ltd.

[19] Jenkins, J. 2000. The Phonology of English as an International Language [M]. Oxford: Oxford University Press.

[20] Kachru, B. 1988. The Sacred Cows of English [J]. English Today. 4 (4), 3-8.

[21] Kachru, B. 2011. Asian Englishes Beyond the Canon [M]. Hong Kong: Hong Kong University Press.

[22] Larsen-Freeman, D. & M. Cameron. 2008. Complex Systems and Applied Linguistics [M]. Oxford: OUP.

[23] Leather, J. & J. Van Dam. 2003. Ecology of Language Acquisition [M]. Dordrecht; Boston: Kluwer Academic Publishers.

[24] Llurda, E. 2009. The Decline and Fall of the Native Speaker Teacher [A]. In Wei, L. & V. Cook (Eds.), Contemporary Applied Linguistics [C] (Vol. 1 Language Teaching and Learning, pp. 37-53). London: Continuum International Publishing Group.

[25] Mager, R. 1975. Preparing Instructional Objectives [M] (2 ed.). Belmont, California: Fearon Publishers.

[26] Modiano, M. 2009. Eil, Native-Speakerism and the Failure of European Elt [A]. In Sharifian, F. (Ed.), English as an International Language: Perspectives and Pedagogical Issues [C] (pp. 58-81). Bristol: MULTILINGUAL MATTERS.

[27] Moussu, L. & E. Llurda. 2008. Non-Native English-Speaking English Language Teachers: History and Research [J]. Language Teaching. (40), 315-348.

[28] Muñoz, C. (Ed.). 2006. Age and the Rate of Foreign Language Learning [C]. Clevedon: MULTILINGUAL MATTERS LTD.

[29] Nattinger, J., & DeCarrico, J. 1992. Lexical Phrases and Language

Teaching [M]. Oxford: Oxford University Press.

[30] Paikeday, T. M. 1985. The Native Speaker Is Dead! [M]. Toronto: Paikeday Publishing Inc.

[31] Pawley, A., & F. Syder. 1983. Two Puzzles for Linguistic Theory: Native-Like Selection and Native-Like Fluency. [A]. In Schmidt, J. R. R. (Ed.), Language and Communication [C] (pp. 191 – 226). London: Longman.

[32] Reves, T. & P. Medgyes. 1994. The Non-Native English Speaking Efl/Esl Teacher's Self-Image: An International Survey [J]. System. 22 (3), 353 – 367.

[33] Seidlhefer, B. 2014. Research Perspectives on Teaching of English as a Lingua France [J]. Annual Review of Applied Linguistics. 24, 209 – 239.

[34] Seidlhofer, B. 1999. Double Standards: Teacher Education in the Expanding Circle [J]. World Englishes. 18 (2), 233 – 245.

[35] Seidlhofer, B. 2001. Closing a Conceptual Gap: The Case for a Description of English as a Lingua Franca [J]. Internation Journal of Applied Linguistics. 11 (2).

[36] Smith, L. & C. Nelson. 1987. International Intelligibility of English: Directions and Resources [J]. World Englishes. 4 (3), 333 – 342.

[37] White, L. 1990. Second Language Acquisition and Universal Grammar [J]. Studies in Second Language Acquisition. 12 (2).

[38] Widdowson, H. 1994a. The Ownership of English [J]. TESOL Quarterly. 28 (2).

[39] Widdowson, H. 1994b. Pragmatics and the Pedagogic Competence of Language Teacher [P]. Paper presented at the Proceedings of the 4th International NELLE Conference, Hamburg.

[40] Wray, A. 2002. Formulaic Language and the Lexicon [M]. Cambridge: Cambridge University Press.

[41] 上海高校大学英语教学指导委员会. 2013. 上海市大学英语教学参考框架（试行）[M]. 北京：高等教育出版社.

[42] 桂诗春. 1992. "外语要从小学起"质疑 [J]. 外语教学与研究

(4).

[43] 桂诗春. 2012a. 此风不可长——评幼儿英语教育[J]. 中国外语(2).

[44] 桂诗春. 2012b. 语用域意识与二语习得[A]//桂诗春. 桂诗春英语教育未了集[C]. 北京：高等教育出版社.

[45] 桂诗春. 2013. 多视觉下的英语词汇教学[M]. 上海：上海外语教育出版社.

[46] 杨惠中，朱正才，方绪军. 2015. 尽快制定统一的中国语言能力等级量表[A]//杨惠中，桂诗春. 语言测试社会学[C]. 上海：上海外语教育出版社.

语言和交际新观

通过语言起源来考察人类起源是一个从古希腊时代开始就争论不休的问题。Darwin《物种起源》的发表引起一代人的积极反应，但是考古学的化石记录无法提供关于语言能力的证据，只能停留在思辨性讨论阶段。巴黎语言学会于1866年禁止接受这方面的论文，伦敦语言学会也随之响应（1872年，Darwin发表《人类的起源》前一年）。一个世纪后，这个挥之不去、激荡人心的课题，终于经美国人类学协会和纽约科学院连续在1972和1975年召开题为"语言和言语的起源和进化"的讨论重获关注，把被扑灭的火种重新点燃。Pinker & Bloom（1990）的路标性文章在著名的《行为与脑科学》杂志上发表，被认为是激起对人类语言起源科学兴趣的催生剂。根据Christiansen & Kirby（2003）在ISI知识网上的统计：在1981—1989年每年发表的关于"语言"和"进化"的论文平均数是9篇，在该文发表后，1990—1999年为86篇，2000—2002年为134篇。他们主编的这本书覆盖了来自人类学、考古学、生物学、认知科学、计算语言学、语言学、神经生理学、神经心理学、神经学、哲学、灵长类学、心理语言学和心理学等领域的专家，共有17篇文章。本文用通俗的语言介绍这些不同学科对人类语言起源的研究成果。当然，在一篇文章里介绍这些异彩纷呈的内容实难做到，只能简单介绍几种看法，为笔者另一篇文章《面向交际的外语教学》（桂诗春2012）做点铺垫。"新观"云者，盖因笔者身居斗室，见闻孤陋，觉得有点新鲜而已。

一、一场关于语言机能的论争

（一）适应观还是功能变异观

Pinker & Bloom（1990）的文章并没有提出语言机能（language faculty）的问题，而只是提出语言进化的达尔文的适应观（adaptationist）——强调自然选择在语言进化中的作用。和他们站在一起的有Dennet, Dawkins, Lieberman, Bates等学者，他们反对Gould, Chomsky, Lewontin,

Piattelli–Palmarini 等人的功能变异观（exaptationist）——认为语言是某些物理法则以未知的方式（例如"大爆炸"）作用于大脑的结果，是人类进化过程中的副产品。Chomsky（1998，2001）对此有详细论述。由 Hauser 等人（2002）所引起的关于语言机能的一场重要的讨论（简称为 HCF）其实是适应观和功能变异观之争的延续，不过他们转而提出"产生语言的心灵/脑机制的语言机能"这个更为核心的问题。

（二）广义语言机能和狭义语言机能

HCF 认为语言机能可分为广义和狭义两种：广义语言机能包括感觉—肌动系统和概念—意图系统，也包括狭义语言机能。广义语言机能的同族物（homologue）存在于所有非人类的动物，但 HCF 强调的是机体内部机制（Organism Internal），而生态、物质、文化和社会都归为外部环境。狭义语言机能则是人类独有，其核心特征是递归。HCF 的文章马上得到 Pinker & Jackendoff（2005）的回应（简称 PJ）。他们也赞同这种区分，但却认为 HCF 的假设和 Chomsky 早期关于语言是人类独有的一种复杂能力的理论有所不同，如今他们认为语言所特有的东西并不多，不同的仅是那么一点对认知能力的小修正。所以 HCF 的文章被认为是 Chomsky 一次重大的"撤回声明"（a major recantation）。PJ 的批判集中在他们概括为"只有递归的假设"（recursion-only hypothesis），他们认为这个假设忽略了语法中很多非递归的因素，如概念结构（例如本质、多部分的工具、父属关系、罗曼蒂克恋爱、道义责任的概念、"星期"的概念等等），言语感知（处理连续性、信息众多的语流），言语产生（如声音模仿能力），语音（把无意义的声音组成词素，再组成词和句子），词语（复合词、派生词、庞大的词汇、概念的范围和准确性、学习性），句法（递归外还有非递归的人类独有的语言现象，如主谓语一致性、格等）。但 HCF 认为，PJ 文章所举的语言事实只是广义语言机能，而不是狭义的语言功能。这倒是有点令人费解，难道狭义语言功能就不是语言吗，何况他们从一开始就认为它是人类独有的。如果都属于广义语言机能，那还有什么狭义语言功能呢？

（三）还有没有人类独有的语言

HCF 和 PJ 都没有过多地讨论语言和交际的问题。HCF 的广义语言功能实际上指"交际",而狭义的语言机能则指人类独有的"语言"。他们指出:"在探索语言进化问题时,急需把语言看作交际的问题和交际中的基本计算(例如递归)的问题区分开来。""这些抽象计算机制不同于交际,因为后者既针对抽象计算的接口,也针对感觉—肌动和概念—意图接口。"HCF 最后还说:"如果有人假定递归可演化成为解决其他计算问题(如航行、数目量化或社会关系)的手段,可能别的动物也具有这种能力。"PJ 对 HCF 的科学求实精神表示敬佩,但既然递归已非人类独有,那么狭义语言机能(语言)就无安居之所,是语言非人类独有的,还是需要重新定义"语言"? Dessalles(2007)曾指出,世界上语言很多,且差异很大,在考虑语言机能及其起源之前,我们应对语言差异性进行全面的评估。

二、梳理毛发与闲聊假设

(一)语言是为了什么而进化的

Dunbar(1996;2010)的研究发现,语言并非为了交换工具性知识(如怎样做工具、怎样在狩猎中协同动作、怎样告诉别人从 A 到 B……)而进化,虽然语言能够很好地传递信息,但是它本身并不能特别说明传递的是什么信息,除非我们能够证明语法结构是怎样设计成为促进工具性信息的交换的。他注意到物种在远古的蛮荒世界里必须结为群体才能生存,需要一种黏合(bonding)群体的手段,在灵长类动物(如猿猴)身上有一种"最原始的感情"(primordial emotions),就是梳理毛发(grooming)①。这种经验既是一种身体上的感觉,又是一种社会性的交往。梳理毛发把群体结成联盟的黏合剂,在大脑的海马区产生脑啡肽和多肽,起到镇静的作用。梳理毛发占了一个猴子的大部分时间,大概占了一天 10% 的时间,有些物种则高至 20% 的时间。但是,梳理毛发和保持物种的生态平衡(如觅食、喂养、走路、自卫)却存在矛盾:在梳理毛发上花的时间越多,联盟就越巩固,而群体却难以生存。狒狒和黑猩猩的典型

---

① 其实,生物学家和动物学家早就注意到不同动物(从低级到高级)系统发生的各种梳理毛发行为,因此有所谓梳理毛发变体(allogrooming)(Wilson 1975;1980)。但 Dunbar 却延伸到群体的观察,并推断到语言的起源。

群体数目是 50～55，它们用于梳理毛发的时间已经到了极点。照此类推，现代人要把梳理毛发看成是巩固社会联系的主要手段，就必须每天花 40% 的时间，等于多服一剂麻醉剂。要克服这样的困境，就需要语言。语言演化成有声的梳理毛发（vocal grooming），得以维系更大的群体。因为语言首先可同时对几个人说话，增加人们互相联系的速度，其次可以让人们在一个更大的社交网络里交换信息。"闲聊"（gossip）于是作为一种群体的社交活动应运而生，它不但是人们对承诺做出至关重要的宣示，而且交换关于第二或第三方的信息，延伸人们社会知识的圈子。

（三）语言发展的几个阶段

Dunbar 设想，语言进化起码经历过三个阶段，随着群体数目增长的需要而变得越来越复杂。第一个阶段是传统保持接触的呼叫，这是远距离的梳理毛发。这些呼叫没有什么内容，就像我们生活中公式化的召唤。这大概在 500 万年前，大猩猩开始退化，退居到森林边缘，需要落到地上站起来行走，这样既凉快，又能更好地寻找食物。第二个阶段是随着群体数目的增加，有声的毛发梳理开始越来越多地补充物体上的毛发梳理，这大概在直立人（Homo erectus）出现的

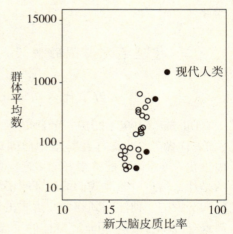

注：按每个灵长类的群体平均数和新大脑皮质的关系作图，右上角的黑圈为现代人类，其他黑圈为类人猿，空心圈为猿猴。

200 万年前，开始强调把有声毛发梳理当作物种黏合的机制。第三个阶段在 40 万～50 万年间，非洲出现智人（Homo sapiens），随着群体数目的增加，声音开始获得意义，而其内容也变得社会化：闲聊的时代随之到来。人脑也是从这个时候开始出现两半球不对称，管辖语言的左半球开始比右半球大。语言是从像音乐发声那样的非言语形式演化而来的，可称为合唱（chorusing），它可以起到社会黏合的作用。但是还没有达到"抽象概念"的地步。更晚一点，约在 20 万年前，这些新的改进才可以完成复杂的符号文化（包括礼仪和宗教）的功能。

（三）大脑体积和群体数目的关系

Dunbar 和 Leslie Aiello 一起通过计算群体数目来解决考古学家和解剖学家的争议。他们认为可以通过调查和计算灵长类的大脑体积、群体数目、梳理毛发型式、我们怎样使用语言、我们谈论一些什么、会话群体数目来了解这些不大相关的事实。人类的大脑相对于身体重量的体积，比哺乳类的大 9 倍。大脑组织的增长和维护要付出代价的。大脑只占身体重量的 2%，但是却消耗了我们所吸收食物能量的 20%。一个有机体之所以有一个更大的脑，是因为它特别有此需要，这可称为生态假设。Dunbar 把观察范围扩大到其他动物，20 多个物种，认为梳理毛发是一种联合性的行为，而且发现它的频数和新皮层体积之间有很高的相关，说明群体数目的增加，即要有更大的梳理毛发集团以保护群体不受骚扰。在化石记录里，首先出现了一种新的类型，那就是现代人所属的人"类"，群体数目第一次超出现代灵长类的上限，而且以几何级增加，一直到在 10 万年前左右，达到 150 人。当然，关键的问题是，群体数目是在什么时候跨过需要语言的门槛？据估算，到了 25 万年前，群体数目已经在 120～130 的区间，而梳理毛发时间也达到 33%～35%（大大超过 30% 的阈限），这就形成出现语言的契机。我们还可以把时间向前推到 50 万年前左右，那时群体数目为 115～120，而梳理毛发时间为 30%～33%，所以 Dunbar 的结论是，我们的物种到了智人阶段，才开始出现语言。

（四）Dunbar 数

在此基础上形成了著名的 Dunbar 数（Dunbar's number）。150 个人的数目有些有趣的特征，它刚好是一对夫妇经过 4 代繁殖后代的数目。从族谱上看，祖母的祖母是部族所能保存的活记忆。那么农业社会又如何呢？考古学家对近代农业村落的调查发现，在公元前 5000 年，每个村落的典型人数是 150 人。英国教会最近所做的研究，最后的结论是一个教区的理想人数是 200 人以下，这样的数目大到可以支持一个教堂的活动，小到每一个人都认识其他的每一个人，能够成为一个可以互相支持的社区。各个国家的军事建制，都是以连作为一个独立单位，在"二战"中，每个连的人数稳定在 170 人。在规模大的社会里，我们的社交网络并没有比狩猎和采集世界的社交网络要大很多，这是因为人类大脑在某一特定时间只能支持某一特定数量的关系网。一个150人的群体组合型式可以有几个圈子，最核心的圈子只有3～5个人，即汉语所谓的"三五知己"。在这个基础上是15人的圈子，然后是30人的圈子。如果我们仔细地观察这些重叠的圈子，就可看到一个明显型式：它们都是以3位为基数的系列（5，15，50，150）。

三、合作性交际

（一）一个疑团

Tomesello（1999；2003；2008）也从社会和文化的角度来考虑问题，但是无论在研究方法（主要是观察人类近亲的猿猴行为）和观察的角度（着重在姿势语）上都不同于Dunbar。他首先提出一个人类进化的历史疑团：我们的祖先在600万年前和大猩猩分手后经历过200万年才演化成人属（Homo），然而经过20万年却演化成智人（Homo sapiens）。分手后未见有些什么不同于大猩猩的认知能力的迹象，但在最后的100万年的1/4时间里，却为什么突然出现物种独有的认知能力？这全赖于"文化传递"（cultural transmission），它可充分利用同种（cospecifics）的现存知识和技能，大量节省时间和精力。文化传递是积累性的。一般是某些个人或群体发明或创造了某些原始的文化成品和社会实践，然后别的使用者加一些改进，然后经过几代人的稳定使用，把它确定，再由别的人进一步修正。如此反复提高，故Tomesello称之为"齿轮效应"（ratchet effect）。这种效应的产生得益于人类集合其认知资源来进行三种文化学习：模仿性学习、传授性学习和协同性学习。这都源于一种基本的社会认知，有机体能够了解别人都像他们一样，具有同样的意图和心理状态，这样他们就不但能够向别人学习，而且通过别人来学习。通过别人来学习，意味着认同别人的意图和心理状态。这是至关重要的，因为文化成品的典型代表是工具使用，而社会实践则是语言符号；前者指向人们要解决的问题，而后者则指向代表它们的交际环境。

（二）符号性交际

文化传递和文化学习必须通过语言符号来了解使用工具和社会实践的

意图含义——它们是"为"什么？而"我们"（工具和符号的使用者）又用它们来干什么？这是人类交际的基础结构（infrastructure）。人类和动物的不同点是，动物不能告诉（包括使用非语言的手段）其他动物什么东西，而人类却能够用姿势（gesture）①［包括指向（pointing）和示意动作（pantomiming）］来进行交际。用姿势来交际就是符号性交际（symbolic communication）。指向和示意动作是人类独一无二、首先出现的交际形式。Kita（2003）就把指向说成是"语言、文化和认知的会合点"。但是自然的姿势是比较弱的交际手段，因为所传递的信息较少，它必须依靠语境。表面看来，语境对交际起了重要的作用，其实更重要的是我们常常称之为了解意图（mindreading 或 intention reading）的认知技能在起作用。这牵涉到交际双方的共享经验或知识。建立共同的概念基础（common conceptual ground），包括联合的注意、共享的经验和共有的文化知识，是人类交际极为重要的方面。人类交际动机具有合作性的特性，一是互相设定共同的概念基础，二是互相设定合作的交际意图。人类合作交际始自大猩猩的意图交际（表现为姿势），但是又比意图交际复杂得多，因为人类合作交际的基本社会认知基础结构，不但包括了解别人交际意图的技能，还包括共享意图的技能和动机。共享意图技能体现为递归性的了解意图（例如，在某些社会接触里，它可以生成联合目标和联合注意），共享意图动机包括帮助和共享（体现为提出请求、提供有用信息通知别人、共享情感和态度），合作的相互假定（或规范）和递归性了解意图生成 Grice 交际意图并应用到合作动机上面。人类要进行非言语的交际，使用指向姿势来吸引别人的视觉注意，使用示意动作姿势来引起别人的想象。

（三）语言交际的语法维度

人类语言交际的语法维度包括以一般认知能力、共享意图和模仿为基础的语言结构规约化和文化传递，以适应上述三个共享意图动机的功能需要，并由此导致请求语法（grammar of requesting）、通知语法（grammar of informing）和共享与陈述语法（grammar of sharing and narrative）。请求语

---

① gesture 在英语中指使用身体任何一部分的动作（特别是头部和手）来表示意义，包括范围甚广，如眼睛、站姿和坐姿等，因为手姿最丰富，所以也有人用它来指"手势"。

法牵涉到"我和你在此时此地"的请求功能,大猩猩和早期人类都具有这种语法。通知语法的功能和所指在时间上和空间上的移置需要有一种语法装置,从而①通过当前联合注意框架来找出不在目前的所指,②在语法上标出参与者的身份,③区分请求交际动机功能和通知交际动机。为了标出通知语法的时间以说明事件先后和跟踪事件中的参与者,我们也需要有另一些语法装置:共享与陈述语法。总的来说,历史上的语法是通过语法化(grammaticalization)或句法化(syntacticization)来实现的,其目的是把那些松散的、羡余句子结构,如 He pulled the door(他拉门)和 it opened(它开了)组合成 He pulled the door open(他拉开了门)这样的结构。这些语法化或句法化能够在相当短的时期内带来语言结构的重大改变。在个体发育方面,Tomesello 对儿童学话也做了很多观察,发现儿童开始接触的是具体话语,而无需学会抽象的句法结构,他们已经具有一些内在的语言机能。最早建立的是一些动词"岛"来表示他们的交际意图,在和成人交际中逐步发现一些语言使用的型式,导致一些各种语言范畴和图式的建立。而功能则在概念上把它们黏合在一起。原始人类在某特定的历史阶段,用某些和大猩猩一样的方式(类似现代黑猩猩的姿势和发音)来进行交际,然后,由于一些我们尚不知悉的原因,一群人的个体成员开始作为有意图的行动者互相了解,其注意和其他关于外部世界的心理状态得以跟随、操纵和共享。这就促使了在相互理解的基础上的一套交际行为的规约化(符号化)。这个特殊的人群就是现代人类。这个图景的一个明显的含义是:符号性或语言交际并不需要特定的适应,适应的仅是一种特别的社会认知——根据自己来了解别人,而符号就应运而生。

四、语言源于姿势说

这种说法相当流行,但远非一致。Tomesello 主张姿势说,而 Dunbar 则反对。最早提出此说的是 18 世纪的法国哲学家 Cardillac,而在 20 世纪则是人类学家 Hewes(1973),其后 Corballis(1991;2002),McNeill(2000),Armstrong(2007)均有专门的论述。为了讨论问题的方便,有必要先区分这几个词语和概念:一个是"语言"(language),语言指"有声语"或"言语",本文里所使用的意义,为了强调和比较其特点,也用"有声语";一个是"姿势语"(gestural language),即 Tomesello 所说的

"符号性交际";一个是"手语"(sign language),指聋哑人的语言;最后一个是"口语",即会话。

(一) 语言的前身

语言的前身(precursors)的说法认为,在人类进化历史中,语言既非上帝所创造,也不是在某一特定时刻冒出来的。Corballis认为,我们现在的语言是经过200万年逐步发展而来的,首先是牵涉到身体,特别是手、臂和眼睛的动作的姿势语,其间不断增加有声的陪伴,最后有声语才在我们祖先进化到智人阶段(约17万前)时占了统治地位。所以,语言的前身实际上指姿势语。Armstrong认为以下几方面证据会合在一起支持在人类的系统发育中姿势语先于有声语:①关于人类及其现存近亲的行为的灵长目动物学(即生理基础)证据;②人类骨骼进化的古生物学证据;③大脑中关于语言能力的底层组织的神经学证据。

1. 生理基础

人类有视觉和听觉(以及支持它们的神经和认知系统),而且能进行跨感觉联系(cross-modal association),以形成更高级的概念和形象。跨感觉联系是一种高级的能力,它使我们建立和使用语言符号,它和大脑皮层的下顶叶及周围地区有关,大脑的这个区域在人类进化中发展得十分迅速。这个功能区又称为顶/枕/颞区(parietal/occipital/temporal area, POT)。和其他灵长类动物一样,人类是面向视觉的:我们的祖先最早适应在树上生活,抓不到树枝,就会摔死;他们靠昆虫和水果为生,也需要手的灵活性和眼/手调节。这都是灵长类动物适者生存的路标。视觉是收集关于远距离物体的体积、形状、位置等可靠信息的唯一方法。人类光靠听觉来收集的信息是有限的。如果我们在风和日暖的日子里走近悬崖,谁的危险最大,是聋子还是瞎子?如果听觉作为一种收集信息的手段是这样低下,为什么用它来支持我们最重要的交际和信息手段——语言呢?所以,从生理基础的角度看,人类应该首先利用其视觉系统来进行交际。

灵长类动物也可以发声,据说Gelada狒狒有22种不同的呼叫。但它们不能再分解和重组,而且是不自觉的、没有触发的环境或合适的情感状态就不能产生。这些不能自觉控制的呼叫只能用作提出警告或占领地域、求偶。黑猩猩、大猩猩、狒狒在视野外也可以交换呼叫,但那不是人类的会话,因为会话要求"问"和"答",是不一样的。

2. 人类骨骼进化的古生物学证据

那么，人类的姿势语和有声语是怎样进化的呢？为什么有声语姗姗来迟呢？这是因为我们的发音器官和控制它的大脑机制需要有一些变化，才能使有声语成为可能。其中的一种变化和舌头控制有关。在哺乳动物里，舌下神经通道通过颅骨底部（basicranium），以表示喉的位置：喉的位置低，咽才能得以张开，才能发出各种元音。哺乳动物和非人类灵长目动物比人类的要高。化石证据表明，在南方古猿阿法种（australopithecines）和能人（Homo habilis）身上的舌下神经通道体积和现代大猩猩的差不多。起码要到 30 万年前，相当于早期尼安得特尔人（Neanderthal）才具有像人类的言语（一些元音，如 [i]，[u] 和 [a] 可能还发不出），相当于现代人类的婴孩阶段。完全发达的发音器官应该是在尼安得特尔人以后，人类按另一条路线发展之间（约 17 万年前）。在这以前，姿势语流行于从南方古猿阿法种到直立人（Homo erectus）之间约 100 万～200 万年。直立人的一个鲜明特点是双脚行走，它可以把手解放开来，用于有别于制造工具和狩猎的其他用途。

3. 神经学的证据

灵长类动物却强于用手操纵。Rizzolatti 等人（1998）发现，在猴子的前运动神经皮层，有些神经元在动物用手臂抓物时会有所反应，这些神经元被称为"镜像神经元"（mirror neurons），它们把看到的姿势映射到产生的姿势上面，起到交际的作用。这些镜像神经元可能成为姿势语进化的基础。最足以说明的有声语是人类进化历史中比较晚的事实是 FOXP2 基因的发现。

这个基因在人类和黑猩猩分家以后经历过相当广泛的发展，这种变化有利于有声语言，大概是在 10 万～20 万年前，相当于现代智人（Homo sapiens）阶段才稳定下来。这是在基因图上最后使有声语言成为人类语言中有效和主要频道的一个基因。在这个基因出现时，人脑已经取得现代的体积和形式，我们可以设想在它出现前已经具有相当发展的姿势语，而 FOXP2 的变化使它得以过渡到有声语言。Kendon 认为这种过渡具有一种"功能的连续性"，"通过姿势和言语的结伴产生同时存在的会话，以表达话语的意思"。还有一个众所周知的事实是：人脑中管辖语言的区域和手的区域非常接近，往往一些脑溢血病人中风后出现语言障碍症，同时右半身（或右臂）出现偏瘫。

（二）有声语和姿势语的一元性和双重性

这取决于我们怎样去定义它们。Kendon（2000）指出，语言学家（如Saussure，Whitney，Bloomfield，Bolinger，Pike，Chomsky）都没有强调语言必须是有声的，而按Studdert - Kennedy（1987）的说法："一个姿势是一个基本单位，是一种达到某种目的的调协动作的等价类（equivalence class）。"他也没有对姿势和信号（词语）之间做出任何区别。这个定义对所完成的功能来说是中性的。于是有声语、手语和姿势语是合而为一，而又有基本的差异。这是我们对姿势语理解的第一层意义。

第二层意义则是把"姿势"理解为所有的有声语、手语和有意义的日常姿势的总和，都是发音姿势（articulatory gestures）的表现。它们之间也是有差别的。例如，有声语和手语由不同的发音系统产生，通过不同的渠道传递，而且由不同的感觉系统接受。这种理解首先认为有声语应有其前身，除非我们认为语言从一种不可解释的"大爆炸"开始，我们就必须寻找其进化的前身。其二是有证据表明视觉的姿势是个体发育中的语言的前身。这两者的发展道路可表现为通过仪式化工具性的动作转变成为符号性的动作。其三是语言学家所说的语法化过程，词汇词素逐步发展成为语法词素，或词汇词素与另一词汇（或语法）词素组合。

（三）作为姿势的有声语

既然视觉的姿势在语言发展中起了这么关键的作用，为什么人类的语言以有声语为主，而手语则又只用于某些特殊人群？其实，在整个进化历史进程里并不存在只使用单一的交际方式。Darwin（1871）谈道："有声语言是人类独有的，他在姿势和脸部肌肉活动的帮助下，和低级动物一样使用呼叫来表示意思。"既肯定语言是"有声的"，但也注意到姿势的辅助作用。现代灵长类动物既是积极的发音者，也是积极的姿势使用者。而人类在发音的同时也使用姿势。姿势和语言的进化联系是十分紧密的，生来就盲的人虽然没有见过姿势，但在和别人说话时也会用姿势。而视觉和声学姿势在早期人类中都同样起作用，不同的仅是它们传递信息负荷有差异。在语言的进化早期视觉姿势起了关键作用，但同样明显的是自然选择在某一时期选中了声觉姿势，因为它在听觉社区里更适合于在语言交际中向环境扩散。虽然信息负荷的平衡点发生了转移，但是视觉姿势在整个人类交际系统中仍然起着重要的作用，而且仍然存在于手语和有声语中。Dwight Bolinger 就提出"一个包括语调在内的姿势综合体"的说法，说明这个综合体反映了古代就有一个姿势和语言的混合系统。为什么有声语最后占了上风，有很多原因：言语消耗的能量较少，可以把手解放出来使用工具，对新手展示其他手动技巧，在黑暗中更为有效，可以超越不透明物体，不需要直接的注意，等等。

五、归纳和说明

上面介绍的几种新观点从不同学科角度探索语言起源的问题，可谓异彩纷呈。大家都有其不同的出发点和切入点，虽有不少共同点，但是差异性更大，只能看成是一些科学假设，也不必追求一致，但对我们探讨语言和交际不无启迪作用。

Christiansen 等归纳了大家都同意的几点：一是充分认识到研究语言进化必须同时从多学科的角度进行，不同领域的研究者参与语言进化的合作研究急需加强；二是大家都对使用数学和计算机模型的方法来探讨语言的起源和进化怀有浓厚兴趣；三是要了解语言进化必须首先了解语言是什么，大家都比较同意在语言出现前必须在人类谱系中有一个预适应阶段，但是这是什么，却无一致意见，不少人主张其候补应为使用符号的能力；四是对人类基因的研究具有良好的前景。

上述各种看法有一点比较一致，即语言和交际的起源和发展都离不开文化。文化既可以用来指人类不同历史阶段或不同的民族、种群所创造的精神文明和物质文明的总和，也可以指一群人的生活方式。语言和交际都是在一定的文化中展开的。Lumsden & Wilson（2005），Boyd & Richerson（2005；2005）Bowles & Gintis（2011）都有过充分讨论，限于篇幅，我们并没有在这里展开。

上述观点和看法来自各家各派，都是从本学科的角度来讨论问题，属于基础性研究，并非着眼于应用，至于他们的研究在什么程度上和哪些方面可以应用在什么领域，还有待摸索。在摸索过程中，应该集思广益，取长补短，不必急于听从一家之言，而是"风物长宜放眼量"。例如，Chomsky 派提出的语言机能问题，那是就科学而言科学，它虽然和母语习得有密切关系，但从来都没有说可以用于二语习得，别人攀附应由他自己负责。

参考文献

[1] Armstrong, D. & S. Wilcox. 2007. The gestural origin of language [M]. Oxford: OUP.

[2] Bowles, S. & H. Gintis. 2011. A cooperative species [M]. Princeton, New Jersey: Princeton University Press.

[3] Boyd, R. & O. Richerson. 2005. The origin and evolution of cultures [M]. Oxford: OUP.

[4] Chomsky, N. 1998, 2001. Language and problems of knowledge [M]. Cambridge, Massachusetts: The MIT Press.

[5] Christiansen, M. & S. Kirby. 2003. Language evolution [M]. Oxford: OUP.

[6] Corballis, M. 1991. The lopsided ape [M]. Oxford: OUP.

[7] Corballis, M. 2002. From hand to mouth: The origins of language [M]. Princeton, NJ: Princeton University Press.

[8] Darwin, C. 1871. The descent of man, and selection in relation to sex [M]. London: John Murray.

[9] Dessalles, J. 2007. Why we talk: The evolutionary origins of language [M] (J. Grieve, Trans.).

[10] Dunbar, R. 1996. Grooming, gossip, and the evolution of language [M]. London: Faber and Faber Limited.

[11] Dunbar, R. 2010. How many friends does one person needs? [M]. Cambridge, Massachusetts: Harvard University Press.

[12] Hauser, M., N. Chomsky, & W. Fitch. 2002. The faculty of language: What is it, who has it, and how did it evolve? [J]. Science 298.

[13] Hewes, G. W. 1973. Primate communication and the gestural origin of language [J]. Current Anthropology 14 (1/2): 4–24.

[14] Jackendoff, R. & S. Pinker. 2005. The nature of the language faculty and its implications for evolution of language (reply to Fitch, Hauser, and Chomsky) [J]. Cognition 97.

[15] Kendon, A. 2000. Language and gesture: Unity or duality [A]. In D.

McNeill (Ed.), Language and gesture ［C］. Cambridge, UK：Cambridge University Press,

［16］ Kita, S. 2003. Pointing：Where language, culture, and cognition meet ［M］. Mahwah, New Jersey：Lawrence Erlbaum Associates, Publishers.

［17］ Lumsden, C. & E. Wilson. 2005. Genes, mind, and culture：25th anniversary edition ［M］. New Jersey：World Scientific Publishing Co. Pte. Ltd.

［18］ McNeill, D. (Ed.). 2000. Language and gesture ［C］. Cambridge, UK：Cambridge University Press.

［19］ Pinker, S. & P. Bloom. 1990. Natural language and natural selection ［J］. Behavioral and Brain Sciences 13：707 – 784.

［20］ Pinker, S. & R. Jackendoff. 2005. The faculty of language：What's special about it? ［J］. Cognition (95)：201 – 236.

［21］ Richerson, P. & R. Boyd. 2005. Not by genes alone：How culture transformed human evolution ［M］. Chicago：University of Chicago Press.

［22］ Rizzolatti, G. & M. Arbib. 1998. Language within our grasp ［J］. Trends in Neurosciences 21 (5)：188 – 194.

［23］ Studdert-Kennedy, M. 1987. The phoneme as a perceptuomotor structure ［A］. In A. Allport, D. MacKay, D. Prinz & E. Scheerer (Eds.), Language perception and production：Relationships between listening, speaking, reading and writing ［C］. London：Academic Press, 67 – 84.

［24］ Tomesello, M. 1999. The cultural origins of human cognition ［M］. Cambridge, Mass. ：Harvard University Press.

［25］ Tomesello, M. 2003. On the different origins of symbols and grammar ［A］. In M. Christiansen & S. Kirby (Eds.), Language evolution ［C］. Oxford：OUP.

［26］ Tomesello, M. 2008. Origin of human communication ［M］. Cambridge, Massachusetts：The MIT Press.

［27］ Wilson, E. 1975, 1980. Sociobiology ［M］ (The Abridged ed.). Cambridge, Massachusetts：The Belknap Press of Harvard University Press.

面向交际的外语教学

一、语言和交际

什么是语言？最简单、最流行的说法是"语言是一种交际工具"。

把语言看成一种交际工具是一种语言观：我们的语言观往往影响甚至决定了我们怎样对待所面临的教学任务。见 S. Pit Corder（1973）。

这牵涉到四个问题：在什么条件下学习语言？教什么语言？怎样教语言？怎样用语言？这些问题互为因果。19 世纪晚期在欧洲掀起的那场外语教学改革运动是在现代帝国主义往亚、非和太平洋地区扩展，同时各地人民也在科技发展的促进下要求加强交往的情况下发生的，传统的古典语言教学让位给现代语言教学，因为在实际使用中它们已经派不上什么用途。跟着而衍生的一连串教学方法的更迭（从当初的直接教学法、听说法、视听法、情景法到 20 世纪的交际法、沉默法、自然法、启示法等等）都是针对怎样教会学生使用语言这个交际工具或手段的。

那么"语言"和"交际"又是什么呢？这两个概念也需要澄清：就"语言"而论，既可以指抽象的、隐含的、看不见听不着的"语言系统"或"语言知识"，也可指一般语言使用者的具体的、明示的、看得见听得着的话语。Saussure，Chomsky，Widdowson 分别把前者称为"语言"（法语为 langue，英语为 language）、"语言能力"（linguistic competence）和"用法"（usage），把后者称为"言语"（法语为 parole，英语为 speech）、"语言运用"（linguistic performance）和"使用"（uses）。表面上看，这种区分泾渭分明，但实际上两者又难舍难分，故 Widdowson（1978：3）说："为了达到某种交际目的，我们一般需要使用我们的语言系统的知识。[但是] ……我们并非简单地表明语言的抽象系统，而是同时把它作为有意义的交际行为而实现。"语言和交际应该是一个统一体，故 Hymes（1971）提出"交际能力"（communicative competence），以别于 Chomsky 的"语言能力"。Canale & Swain（1980）更进一步把它区分为语法能力

(grammatical competence)、社会语言能力（sociolinguistic competence）、语篇能力（discourse competence）和策略能力（strategic competence）。他们还把交际定义为：一种社会交往的方式、具有不可预测性和创造性、发生在语篇和社会文化的情景里、有目的性、使用真实材料和看结果来决定交际是否成功。这其实是对交际特点所作的描述，并非一个言简意赅的定义。Ellis（1999）指出："交际是一个被误解的学科，这个术语引起像电话、计算机、电视、亲密关系、互联网、收音机、公开演讲那样诸多形象。它们都有这样或那样的交际性，其重要的特征是使用符号来构成和解释现实。"所以，communication 在汉语里往往有不同的含义和译法：交际、交往、交流、沟通、交通、通讯、传播、传理等等。

很多出版物（包括百科全书、手册、期刊、丛书和专著）往往把语言和交际相提并论。因为凡生物体，都有其交际系统，语言也是一种交际系统，却是人类独有。把语言和交际连在一起，表明它是一种人类独有的交际手段。人类的语言中又分为有声语和书面语、聋哑人的手语、各种辅助语［如姿势语（gesture）、眼睛接触、时位语（chronemics）、触觉语（haptics）、近体语（proxemics）等］和符号（如图画、表格、插图、电报用的摩斯语、密码、旗语、交通标志等），而交际又分为人际间（interpersonal）的交际、个人自我（intrapersonal）的交际（即内部语言或思维）、跨文化（intercultural）交际、实物（object）交际（如服饰、发型、建筑等）。为了覆盖这么多的内容，Anderson（1972）提出，交际的最广泛的定义是一种共享信息的活动，而《大英百科全书》则把它定义为"人际间使用共同符号系统交换意思"。

值得注意的是，从 20 世纪 70 年代开始，人类起源的许多新发现掀起研究语言和交际的热潮。Dunbar（1996）指出："最近 10 多年来，我们对人类进化的背景、我们的近亲猿猴的行为有了很多了解，比以前 1000 多年来所了解的还要多，这种植根于达尔文生物学的进化观集中在我们一直所忽略的语言问题。"多学科的发展引发了研究者的不同兴趣和关注点（如进化人类学、进化生物学、进化心理学、社会生物学等）。有的人，如 Boyd & Richerson（2005；2005）提出基因和文化共同进化，Bowles & Gintis（2011）从社会生物学角度，着重探讨人类怎样演化为合作性物种。Lumsden & Wilson（2005）讨论了心灵、基因和文化共同进化的观点，Deacon（1997）则提出语言与大脑共同进化。Pinker & Bloom（1990）、

Hauser 等人（2002）和 Pinker & Jackendoff（2005；2005）围绕语言机能的讨论，特别是 Dunbar（1996；2010）关于语言发展成为维护群体联盟的黏合剂和 Tomesello（1999；Tomesello 2008）关于文化传递和合作性交际的新观，都对我们重新思考语言和交际、它对改进我国外语教学提供了很多启发：语言（或交际）和基因、大脑、认知、智能、意识、文化、群体、社会都是紧密不可分的。

二、面向交际的外语教学

那么，外语教学应该怎样按照这些新理念来定位呢？交际法的极力推广者 Widdowson（1978）写了一本甚有影响的专著，书名反映了他的基本思路——《作为交际的语言教学》。但不到两年（1980），他又连续在两次国际会议上发表了其修正的版本——《作为交际和为了交际的语言教学》（收录在 Widdowson，1984）。他首先对照了两种不同的提法："作为交际"把注意力集中在要教的内容，焦点在所教语言的交际性。而"为了交际"则强调重心从交际内容转移到那些用语言来达到交际目标的活动，焦点在学习目标。两种提法体现了不同的教学方向：前一种参照语言交际特点来组织教学内容，如编写意念和功能教学大纲；后一种则不同，它关心怎样在实际交际过程中使用这些孤立开来的意念和功能，如果不会使用，学生则只会把它们看成是句型那样，作为知识而保存。Widdowson 最后认为，"为了交际"是教学的根本目的，而"作为交际"的教学必须自动地触发"为了交际"的语言使用。我的看法是，用两个不同的介词来体现不同的理解，容易为人所忽略。还不如把"为了交际"改为"面向交际"（communication-oriented）。其一，这可以把一般性外语教学（把交际作为目标）和特殊性外语教学（把语言作为一个学科）区分开来，因为有的外语（如古希腊语、拉丁语、梵语）教学不一定很强调其交际功能；其二，摆脱一些人的误解，以为仅是交际法（the communicative approach）是强调交际的，其他的教学方法就可以不必那样。其实，方法（途径）和目标不能等同起来，不管采用哪一种外语教学法都必须"面向交际"，只不过在方式上（例如口语交际、书面语交际、手语等等）可有所侧重。

三、树立正确的交际观，调整我国外语教学的整体布局

进化心理学家 Dunbar 从人类进化的角度来考察语言和交际的进化：物种要在充满危险的蛮荒世界生存和发展（从狩猎和采集到农业社会、工业社会），必须结成群体，复制自己，繁衍后代，"物以类聚，人以群分"是物种进化的必然结果。猿猴中的"梳理毛发"（grooming）现象，是灵长类动物（如猿猴）的"最原始的感情"（primordial emotions），它是群体结成联盟的黏合剂；它在大脑海马区产生脑啡肽和多肽，使猴子放松和产生愉快感。但是，梳理毛发却和扩大联盟产生矛盾：它需要用一天10%的时间来和同伙梳理毛发，群体数越大就需要花更多时间，这就影响群体的生存。狒狒和黑猩猩的典型群体数是 50～55，其梳理毛发时间已达极限，否则就影响生态平衡（包括觅食、喂养和走路）。如果按猿猴的公式算，现代人把梳理毛发看成巩固社会联系的主要手段，则一天要花40%的时间。他们面临着一个可怕的选择，要么就是承受群体数目增加所造成的无情生态压力，要么就是承受时间预算在他们所能维持的群体数目上所施加的严厉上限。要克服这样的困境，语言和交际应运而生。语言演化成一种有声的梳理毛发（vocal grooming），得以维系更大的群体，语言既可同时对几个人说话，即同时"梳理"几个人，又可让我们在一个比猿猴更大的社交网络里交换信息，闲聊（gossip）成为远距离的梳理毛发。它不但宣示我们对别人的承诺，而且还交换第二方或第三方的信息，延伸到我们社会知识圈子。我们过去较强调语言的信息交换功能，而往往忽略了它从一开始就具有的黏合（bonding）功能（它预设了信息交换的交际目的），这也是社交功能。

那么，我们应当怎样考虑从教学计划和教学大纲上调整外语教学的布局？对大多数外语来说，我国并没有相应的语言社区（如英语、俄语、法语、西班牙语、阿拉伯语等等），所学的语言也没有起到像 Dunbar 所说的那种黏结群体的作用。这种功能只能由母语来完成，外语还很难代替。从一个群体学习母语以外的另一种语言来说，可能有几个不同的层面：一是为了生存（to survive），能够在使用基本的语言手段在目标语的社区里维持生计（正常的衣、食、住、行）；二是为了社交（to socialize），能够和说另一种语言的群体进行某种程度的接触（包括生活、社交、闲聊），

接受和传递一般社会性信息，参与社交网络；三是为了满足专业（职业）需要（to meet professional needs），接受和传递有关信息（如商业营销、企业管理、文牍办事、金融买卖以及高等学校的读书、听课、讨论和报告）。

这几个层面不完全是从下而上的等级，视乎语言环境的需要而定。但我国外语教学的安排往往从第一个层面（中学或大学低年级）直接进入第三个层面。第二层面的内容往往受到忽略。有一位英语专业二年级学生按照教师要求写一篇给楼上邻居的抱怨信，对他的吵闹影响休息表示不满。这篇短信的开头和结尾非常客气，但内容却从不满到用粗口谩骂到威胁，显得语体上很不相称。（桂诗春 2008）我自己也有一次亲身经历。一位脾气不好的外教有一次对工作安排有意见，因而破口大骂，我想回敬几句，却怎样都找不到一两句合适的话。后来回想，怎么我学了几十年英语却连几句骂人的话都讲不出来？我也碰到一些在国外念书的中国留学生，他们往往结群而居，用母语来维系群体。回国后，其英语交际能力只限于第三层面，结果有些"海归"博士用英语给学生上课，往往是内容丰富，但语言却不甚地道。这都和第二层面的交际有关。例如，怎样抱怨、怎样抚慰、怎样表示不满、怎样博取同情、怎样散布小道消息等等，只有生活在使用这种语言的群体里，把这种语言作为接触群体的手段，才能学到。我国各级外语教学如何定位，应该重新审视。语言能力的发展和交际的内容紧密相连，目前我们强调要加强学生的听说能力，但是听说能力主要用于第二层面上的交际。

我国外语教学忽略第二层面教学的根本原因，是它牵涉到"语用域"（register）① 的教学。Halliday 等人（1964：87–94）曾把语用域定义为"按照使用而区分出来的一种语言变体"，而且指出："从错误的语用域选择项目，把不同的语用域项目混淆在一起，是一种语言的非本族语者最常见的错误。"我国既缺乏培育语用域意识和使用的环境，又没有在教学大纲中给以足够的重视。根据 Dunbar 的论述，社交是语言的不可或缺的交际功能。目前我国所制定的大纲（课程标准）大都走国外的意念/功能教学大纲的路子，以语言技能为纲，规定一些目标和任务（具体化为"能做"什么）。Widdowson（1984：215–228）指出，这都是"作为交际"，

---

① "语用域"（register）是英国人的说法，在美国通常叫做"风格"（style）。

容易把所规定的意念/功能项目作为知识而传授，结果是新瓶旧酒或贴上新标签的旧瓶旧酒。

我们不妨参照一个针对本国人而制定的英语教学大纲以获得启发。因为本族语者的语言技能已基本解决，我们可以看看语言技能以外，他们还需要学些什么？刚好手边有一个以 Halliday 为首制定的大纲《使用中的语言》（Doughty et al. 1971），这倒是一个完全从交际需要出发制定的，曾在英国中学中试用①。大纲共有 110 个单元，分三大部分，10 个主题：

```
I   Language—Its nature and function ［语言——其性质与功能］
    A. Using language to convey information ［使用语言来传递信息］（13 单元）
    B. Using language expressively ［有表情地使用语言］（9 单元）
    C. Sound and symbol ［声音和符号］（10 单元）
    D. Pattern in language ［语言型式］（13 单元）个人
II  Language and the individual man ［语言与个人］
    E. Language and reality ［语言与现实］（9 单元）
    F. Language and culture ［语言与文化］（11 单元）
III Language and social man ［语言与社会人］
    G. Language and experience ［语言与经验］（13 单元）
    H. Language and individual relationship ［语言与个人关系］（10 单元）
    J. Language and social relationship ［语言与社会关系］（11 单元）
    K. Language in social organization ［在社会组织里的语言］（11 单元）
```

这个教学大纲为本族语学生编写，其指导思想是教本族语者进行交际时需要掌握的一些东西，在教学方法上采用讨论式，让学生观察和归纳怎样使用语言来进行得体的交际（例如，怎样去凭口音来辨别说话人的身份、地区和职业？怎样用语言来保持社会距离？什么时候应该保持沉默？等等）。Halliday 在大纲的《序言》里指出："应该坚持，语言的掌握不仅是说出自己意思的能力，而是怎样去表达意思的能力。我们每一个人都有这种能力，并靠它来生存。但是，我们往往并没有意识到，或未能完全认

---

① 作者于 20 世纪 70 年代曾作为中国访英的英语教师代表团成员访问过英国南部的一间综合中学，并旁听其高中毕业班的一堂英语课，使用的就是这个教学大纲，感到很有新意，课后曾向任课老师请教，并承蒙当即赠予该大纲。

识到它的可能性的深度和广度。"他所说的"怎样去表达意思"就是正确使用语用域的问题。我们的教学对象是把英语作为外语而学习的中国学生，这个大纲当然不能照搬，但其指导思想不无参考价值。首先，当然要具备语言技能，然后才能谈得上使用语言来进行有效的交际。

四、合作性是交际的核心

Tomasello 观察了人类进化的历史，认为我们的祖先在 600 万年前和大猩猩分手后经历过 200 万年才演化成为一个新属，人属（Homo），又经过 20 万年演化成智人（Homo sapiens）。分手后未见有些什么不同于大猩猩认知能力的迹象，但在最后的 100 万年的 1/4 时间里，却突然出现具有物种独有的认知能力。在短时内发生如此大的变化全赖于文化传递，因为它可节省时间和精力，充分利用同种（cospecifics）的现存知识和技能。Boyd 和 Richerson（2006）也指出，合作性（体现为相互支持）是人类交际系统有别于其他物种交际系统的主要特征，因为人类大脑已经发展到可以支持更大的社会网络，使人群能够相互检察和处罚那些不合作者。利他主义可取代自私。文化传递必须通过语言符号来了解使用工具和社会实践的真正意图的含义，这是人类交际的基础结构（infrastructure）：能够用姿势，包括指向（pointing）和示意动作（pantomiming）来进行交际。婴孩都能理解指向姿势。指向和示意动作是人类独一无二的、首先出现的交际形式，但它们信息量较少，要靠语境来了解交际意图。这牵涉到交际双方的共享经验或知识，建立共同的概念基础（common conceptual ground），包括联合的注意、共享的经验和共有的文化知识。人类交际动机具有合作的特性：一是互相设定共同的概念基础，二是互相设定合作的交际意图。这在动物王国里是独一无二的。人类的合作行为往往是以复数主语"we"为标志的：共同的目标、共同的意图、相互的知识、共享的信念等等，都发生在各种合作动机的语境中。这些联合的行动发生在一些有组织的交往中，如金钱、婚姻、政府等行为，因为我们都要有相同的信念和行动，也就是我们所说的"游戏规则"。共享意图是人类合作交际的基础。

那么，人类的合作交际是怎样从大猩猩交际系统中进化而来的呢？Tomasello 提出三个基本过程：一是互助主义（mutualism），答应请求。可用来解释承诺要求和用通知信息来提供帮助的动机。互助主义协作是合作性交际的自然的家园,由此而产生"请求语法"(grammar of requesting)。二是直接和间接的互惠(reciprocity)。可用来解释互助主义以外的用通知来提供帮助的动机(提供帮助是为了提高名誉)。由此而产生"通知语法"(grammar of informing)。三是文化族群选择(cultural group selection),可用来解释共享的情感和态度。由此而产生"共享和陈述语法"(grammar of sharing and narrative)。

这几个过程都牵涉到了解交际双方的交际意图。Widdowson 指出,交际是语篇过程的一个函数,只有建立了语篇,交际才能发生;而权宜使用一些意念和功能不可能建立语篇。最足以表示合作性交际性质的是"意义的诠译、表达和磋商"(Savignon 1991;2002)。在交际中,表面的话语和真正的意图往往不完全是一样的,同样一句话(如"门是开着的"),在不同的场合里往往有不同的意图,可以是邀请("请进来吧",或"请走吧"),也可以是请求行动("请把它关上"或"请把窗户也打开"),也可以是通知免除("都离开吧,不要再让房间黑咕隆咚的")。要听懂对方的话,必须了解其交际意图,而不仅仅是原话。我们在交际中往往接触到很多言语、体态语和符号,但是我们关心的并不是这些表面的"语言",而是"它们究竟是什么意思"。我们尽量去弄清楚说话人的真正意图,即走进其内心世界,所以这种交际意图是 mindreading。但是,交际意图是分级的,Descarte 说的"Cogito, ergo sum"(我思,故我在)是一级意图状态。而人类交际一般可以理解到三级意图,像 I suspect (1) that you wonder (2) whether I really understand (3) what you mean (4) 是四级意图,就容易搞错。这就是所谓"心智理论"(Theory of Mind,简称 TOM)的问题,即了解别人是怎样想的,怎样把信念、意图、恐惧和希望传递给别人。处在昏迷状态的人、多数昆虫和无脊椎动物可能均处于零级意图状态,而 3 岁左右的小孩也尚没有心智活动,所以他们不会说谎。要学生真正掌握合作性交际,关键在于让他们使用语言来参加交际活动,在活动中建立心智理论,才能真正弄清楚交谈者的交际意图。这在课堂(特别是人数过多的大课堂)教学里不容易做到,诉诸语言实验室之类的教学手段,也难以解决问题,因为机器缺乏"人性",只有零度意图(见 Dunbar 1996,第五章)。

五、培养语言使用能力是主要目标

在课堂教学的环境里，以形式为焦点和以意义为焦点的活动，始终是一个令人关注的问题，因为两者相互联系和依存。2002 年在 Illinois 大学召开过一次"二语习得中的形式和意义连接"的会议。会后出版了专集，并请 Larsen – Freeman（2004）作一总评。她认同编者所指出的，光是形式和意义的连接，并不能说明语言的各个方面，所以强调学习者需要知道关于形式的三个方面：它（其形态句法和语音形式）是怎样形成的？其意思（语义）是什么？在什么时候和为什么使用它（语用学）？她（2003）认为语言有上述三个维度，习惯上人们把它们分为自下而上的等级系统。她认为，应该用圆扇形图，以表示几个子系统的相互联动。例如，house 是一个双元音，它还有其拼写形式，后面是不发音的 e。它的意义是"用于给人类居住的建筑物"。但是，了解它的形式和意义并等于能够适宜地使用。学习者还必须把 house（房子）和 home（家）区分开来，应该懂得什么时候选择 house，而不是使用它别的同义词（如 dwelling, domicile, residence, habitat, abode），还应该知道 house 和 flat, apartment, pad, digs, condominium 有些什么区别。这三个维度是分别学习的，有些技巧更适合于教某一个维度。例如，角色扮演更适合于教语用，但却不一定适合于意义或形式。其实，强调语言的使用能力，在母语教学也有此必要（见上述《使用中的语言》），和我国语言学家吕叔湘、张志公等的主张不谋而合。

培养三维的语言使用能力实际上涉及语言和思维、语言和文化①的关系。Whorf 提出的语言关联性（Linguistics Relativity）假设认为，文化通过语言影响了我们的思维和我们对经验世界的区分。支持他的强式（语言决定世界观）的人已经不多，但是语言的几个维度和文化确有不同程度的联系，也是比较一致的看法，所以培养语言使用能力不得不考虑文化

---

① "文化"的概念十分广泛，对它的定义也很多。一般来说，它可以用来指人类不同历史发展阶段或不同民族、种群所创造的精神文明和物质文明的总和，如新石器文化、青铜文化、龙山文化、玛雅文化、希腊文化、盛唐文化、西方文化、穆斯林文化、东亚文化、汉语文化、日本文化等等，这是广义的或大写 C 的文化。狭义的"文化"或小写 c 的文化，指的是一群人的生活方式或思维方式，如嬉皮士（hippies）文化。

的因素。Varner & Beamer（2005：40ff）指出，"语言并不是中性的语码和语法规则，我们每发出一次讯息时都在作出各种文化选择。"

（1）语言形式，不管历时还是共时的，都和文化有密切联系。语言形式（口语或书面语）是一种编码方式，各个民族的编码方式不同，形成了不同的类型，汉语的口语有声调，书面语用象形文字，而许多西方语言却没有声调，只有语调，书面语则用拼音文字。很多民族都把颜色分为七种，但也有分为两种和三种的。Carroll（1973：128-129）指出，和本族语相比，我们所学的目标语中有些现象是趋同的（convergent），如汉语和英语都要看"语序"；有些现象是趋异的（divergent）。一般来说，学习外语的人要特别注意那些趋异现象。例如，英语的动词有时态，而汉语没有，只有时间词；英语中有很多介词短语、动词词组，构成异于汉语的习惯用语，这都是中国学生的学习难点。

（2）不同语言的意义系统和文化的关系也非常密切，这包括词的中心意义（denotation，明指意义、外延）和附加意义（connotation，暗含意义、内涵）。英语的 dinner 指的是"在中午或晚上吃的主餐"，中国人多在晚上吃主餐。有些住在英国老百姓家里的中国留学生在星期天往往会以为 dinner 是"晚餐"（在英语是 supper），因而误了吃饭时间。英语的 teacher 在汉语中是"教师、老师"，但是在英语里，teacher 是一个职位，不是一种"称谓"，不能用来称呼人。在汉语里，我们常常把职位当称谓，如"陈老师""李出纳""马高工""严老总"，甚至扩展到广播、电视，把被采访的人统统称为"老师"。dragon（龙）在中国人心目中表示"威严"，而在英语里却是"凶猛"；"黄色"在汉语表示"色情"和"淫秽"，如"黄色书刊""黄色文学"，但英语却没有这种意思，它的 yellow pages 往往是指电话簿用黄页表示的分类广告；red（红色）在汉语里有"革命""政治觉悟高"的意思，在英语里却是表示"危险"，所以我们的"又红又专"（both red and expert）在英语国家很难理解。又如，我国在购房中常说的"两房一厅"中"厅"是什么？较接近的说法是 living room（类似的"饭厅"为 dining room）。在英语里就变成"三房"了。有些出口产品的商标往往因为其附加意义而影响其销路。如"白象"（White Elephant 在英语指"多余的负担"）牌电池，"红灯"（Red Lantern 使人想起"红灯区"）牌收音机，"飞鸽"（Flying Dove，需要保护的软弱小动物）牌自行车，"金鱼"（Golden Fish，使人想起"滑不唧溜"）牌的手纸，等等。

（3）语言使用就更为灵活多变，往往视使用的场合而定，这就是Leech（1974）所说的语境论（contextualism），它的两个口号是"行动中的语言"（Language in Action）和"作为使用的意义"（Meaning as Use）。语境的作用体现为：①消除歧义或信息中的多义现象；②标志所指（this，here，now 等）或别的表达式的固定意义（如 John，we[①]，it，the man）；③提供说话人所省略的信息（如 Janet! Donkeys! = Janet! Drive those donkeys away!）。Herbert Clark（1996）不但从书面语和口语的不同角度讨论了语言使用的环境（arenas，活动场所），而且还讨论了活动参加者怎样在不同的层面上（layers）上参加语言活动。例如，甲、乙、丙三人在某时某地碰在一起。甲说，"我的姐姐昨晚告诉我一个故事"，然后他们就围绕虚构的故事开玩笑。第一个层面是任何会话中对话双方的基本面，第二个虚构的层面则是在它的基础上展开的。人们是怎样在语言使用的活动场所里进行活动呢？在较高的抽象层次上，他们磋商买卖、聊天和相互了解；在较低的层次上，他们提出主张、请求、做出承诺和道歉。Clark 归纳语言使用的几个基本点：语言基本上用作社会目的，语言使用一个物种的联合行动，语言使用总是牵涉到说话人的意思和听话人的理解，语言使用的基本环境是面对面的会话，语言使用经常有不同的层面，语言使用的研究是一门认知和社会科学。

在我国要实现形式、意义、语用三结合的课堂教学是有难度的。Stern（1992）曾经指出，要实现语言使用能力的培养必须有四个条件：①和本族语者接触；②具有使用目标语的环境；③有真正使用目标语的机会；④学习者的个人参与。我国人口众多，幅员广阔，我国外语教学面临着一个重大的瓶颈问题：一方面，我国并没有学习和使用语言的社区，外语教学主要靠课堂上进行，而在中小学外语教学时间又不断提前，教学要求（加强听说能力实际上是加强语言使用能力）不断提高；另一方面，我们的师资队伍在思想上和业务上却不适应要求。思想上不适应，因为我们很多老师往往把语言形式的操练和有意义的交际活动混淆起来；老师们以为我们教什么，学生就学到什么，并会付诸使用，但实际上学生到现实环境却用不出来。业务上不适应是因为教师受到环境的影响、考试的误导

---

① 英语中的 we 同时兼有汉语"我们"和"咱们"两个概念。

（如把英语教学当作应试教育），本身既不是本族语者，没有受到严格的训练，交际能力本来就不强。提高听说能力首先应该在教师培训方面进行，教师本身的交际能力差就难以培养出交际能力强的学生。

参考文献

［1］Andersen, K. 1972. Introduction to communication theory and practice ［M］. Menlo Park, California：Cummings Publishing Company.

［2］Bowles, S. & H. Gintis. 2011. A cooperative species［M］. Princeton, New Jersey：Princeton University Press.

［3］Boyd, R. & O. Richerson. 2005. The origin and evolution of cultures［M］. Oxford：OUP.

［4］Boyd, R. & P. Richerson. 2006. Solving the puzzle of human cooperation ［A］. In S. Levinson & P. Jaisson（Eds.）, Evolution and culture：A fyssen foundation symposium［C］. Cambridge, MA：The MIT Press.

［5］Canale, M, & M. Swain. 1980. Theoretical bases of communicative approaches to second language teaching and testing［J］. Journal of Applied Linguistics 1（1）.

［6］Carroll, J. 1973. Linguistic relativity and language learning［A］. In J. Allen, P, B. & S. Pit Corder（Eds.）, Readings for applied linguistics ［C］. London：OUP.

［7］Clark, H. 1996. Using language［M］. Cambridge, UK：Cambridge University Press.

［8］Corder, P. S. 1973. Introducing applied linguistics［M］. Harmondsworth：Penguin Books.

［9］Deacon, T. 1997. The symbolic species：The co-evolution of language and the brain［M］. NEW YORK：W. W. NORTON & COMPANY.

［10］Doughty, P. S., J. Pearce. & G. Thornton. & Schools Council. Programme in Linguistics and English Teaching. 1971. Language in use ［M］. London：E. Arnold.

［11］Dunbar, R. 1996. Grooming, gossip, and the evolution of language ［M］. London：Faber and Faber Limited.

［12］Dunbar, R. 2010. How many friends does one person need?［M］.

Cambridge, Massachusetts: Harvard University Press.
[13] Ellis, D. G. 1999. From language to communication (Second edn. [M]). Mahwah, New Jersey: Lawrence Erlbaum Associates, Inc.
[14] Halliday, M. A. K., McIntosh, A. & P. Strevens. 1964. The linguistic sciences and language teaching [M]. London: Longman.
[15] Hauser, M., N. Chomsky. & W. Fitch. 2002. The faculty of language: What is it, who has it, and how did it evolve? [J]. Science 298.
[16] Hymes, D. 1971. On communicative competence [A]. In J. B. & Pride, J. (Ed.), Sociolinguistics [C]. Harmondsworth: Penguin.
[17] Jackendoff, R. & S. Pinker. 2005. The nature of the language faculty and its implications for evolution of language (reply to Fitch, Hauser, and Chomsky) [J]. Cognition 97.
[18] Larsen-Freeman, D. 2003. Teaching language: From grammar to grammaring [M]. Boston: Heinle & Heinle.
[19] Larsen-Freeman, D. 2004. Reflections on form-meaning connection research in second language acquisition [A]. In B. VanPatten, J. Williams, S. Rott & M. Overstreet (Eds.), Form-meaning connections in second language acquisition [C]. Mahwah, New Jersey: Lawrence Erlbaum Associates, Publishers.
[20] Leech, G. 1974. Semantics [M]. Middlesex: Penguin Books.
[21] Lumsden, C. & E. Wilson. 2005. Genes, mind, and culture: 25th anniversary edition [M]. New Jersey: World Scientific Publishing Co. Pte. Ltd.
[22] Pinker, S. & P. Bloom. 1990. Natural language and natural selection [J]. Behavioral and Brain Sciences 13: 707-784.
[23] Pinker, S. & R. Jackendoff. 2005. The faculty of language: What's special about it? [J]. Cognition (95): 201-236.
[24] Richerson, P. & R. Boyd. 2005. Not by genes alone: How culture transformed human evolution [M]. Chicago: University of Chicago Press.
[25] Savignon, S. 1991. Communicative language teaching: State of the art [J]. TESOL Quarterly 25 (2).

[26] Savignon, S. 2002. Communicative language teaching: Linguistic theory and classroom practice [A]. In S. Savignon (Ed.), Interpreting communicative language teaching: Contexts and concerns in teacher education [C]. New Haven: Yale University Press.

[27] Stern, H. 1992. Issues and options in language teaching [M]. Oxford: OUP.

[28] Tomesello, M. 1999. The cultural origins of human cognition [M]. Cambridge, Massachusetts: Harvard University Press.

[29] Tomesello, M. 2008. Origin of human communication [M]. Cambridge, Massachusetts: The MIT Press.

[30] Varner, I. & L. Beamer. 2005. Intercultural communication in the global workplace [M] (3rd edn.). New York: McGraw Hill.

[31] Widdowson, H. 1978. Teaching language as communication [M]. Oxford: OUP.

[32] Widdowson, H. 1984. Teaching language as and for communication [A]. In H. Widdowson (Ed.), Explorations in applied linguistics 2 [C]. Oxford: OUP.

[33] 桂诗春, 2008. 语用域意识与二语习得 [J]. 中国外语教育 (1).

此风不可长
——评幼儿英语教学

一、缘起

1992年，笔者写过一篇文章《"外语要从小学起"质疑》，这个题目其实是有歧义的，究竟是从"小学"起？还是"从小"学起？但这两种理解都基于同一理念：外语学习越早越好。最近一个亲戚从深圳来电问，那里最近兴起英语幼儿园之风，她的外孙女要不要也"跟风"。于是我翻阅一些资料，发现不管从理论上和实践上，这个问题一直都在探索、争议和发展，方兴未艾，并没有到画句号的时候；倒是在国内掀起一股从幼儿园开始学英语之风，一些敛财之士又利用国人不明究竟、"争先恐后"的心态和我国幼教机构多属民办的特性，从中牟利，既干扰了幼儿的正常发育和成长（如深圳有的地方兴办所谓5年制幼儿园，不到一岁就要上"亲子班"），造成社会乱象，加大了家长的教育投入（每月学费2000元到6000元不等，每节课高达200元），造成新的社会不公平现象。

这股风其实首先从台湾刮起。2001年，台湾"教育部"宣布英语教学的目标是向下扎根，把英语课设在小学三到六年级，"英语教学不仅从原先语言学观点之'语言学习不要输在起跑点'的论调，带动为全民运动"，"而台湾的幼教界一向以配合市场需求为招生的风向标，教学目标的导向，是以幼儿的小学生涯作为预备及规划。所以，大多数的托儿所及幼儿园，无不以增加美语教学项目招徕幼儿入园学习。"（朝阳科技大学幼保系主任倪用直）这些现象引起台湾教育界的强烈不满和批评。2004年7月24日，台湾教育主管部门表示，8月起将全面取缔全英语教学的幼儿园，并禁止幼儿园聘任专职外籍教师（卫铁民、陈键兴 2004）。

本文试图回顾上文发表以来关于"外语学习越早越好"的理论、实践和讨论，用意在于说明这是一个急需排除各种干扰、结合我国实际进一步深入的科学探究问题。

二、关于临界期的理论探索

这是"外语学习越早越好"的主要理论根据,特别是二语习得是否有一个临界期?临界期在哪里?外语学习有没有最佳年龄?始终是一个悬而未决的问题。这个问题之所以复杂,因为二语习得异于母语习得,而且多在母语习得以后进行。Lenneberg(1967)的解释是,儿童在习得母语时发展了一种语言机能矩阵(the matrix for language skills),可终生保留,也可用于二语习得,这就是完整能力假设(Intact Capacity Hypothesis);另一种解释是重复假设(Recapitulation Hypothesis),它认为二语习得大概按母语习得的路子走,但如果有别的学习机会,二语习得会在第二次重复时会有所改变。两种解释都没有涉及"越早越好"的问题,而且真按 Lenneberg 的想法,语言机能矩阵一旦建立,早晚不是都可学习第二语言吗?

Singelton(1989;2003;2005;2011;2004;1991)经过多年观察和思考,形成一个体现为他文章题目的看法:"临界期假设:一件颜色斑驳的大衣",他归纳了各种关于临界期的开始和结束的看法,见表1。

表 1 临界期的开始和结束

作者	临界期开始和结束年龄
Penfield and Roberts(1959)	2 岁开始,青春期结束
Molfese(1977)	1 岁语音结束
Seliger(1978)	青春期语音结束
Diller(1981)	6～8 岁语音结束
Scovel(1988)	12 岁语音结束
Johnson and Newport(1989)	7 岁第一阶段结束、青春期第二阶段结束
Long(1990)	7 岁第一阶段结束、12 岁第二阶段(语音)结束、15 岁第二阶段(形态/句法)结束
Ruben(1997)	怀胎 6 个月语音开始、1 岁语音结束、第 4 年句法结束、第 15/16 年语义结束
Hyltenstam and Abrahamsson(2003)	出生后很快就结束

对临界期究竟影响了哪些语言习得能力，有不同的看法：一般的能力、语音能力、非内在因素、内在因素、内在因素的特殊部件、隐含的习得因素等等。对临界期本身也有不同的解释：有神经生理学的（如大脑灵活性减少、大脑侧向、大脑定位、大脑细胞成熟性、髓鞘形成①、大脑的不同空间表征等），有认知发展的（如青春期后需要理论、青春期后对差异的意识、后青春期的干扰、问题求解的认知结构、对复杂抽象系统的隐含学习能力的衰退等），也有情感动机的（如感情过滤器的加强、认同感和超自我、社会心理距离等）。最后，Singleton 不得不说："用临界期假说来谈论问题是误导的，因为人们对它的理解千差百异，影响了各种在理论上很有意义的参数，而且把它对二语教学的含义作各种解释。这些不同版本的临界期假说已经破坏了它本身的实施可能性。"

为什么会有这样纷繁的看法呢？哈佛大学 Marinova – Todd，Bradford Marshall 和 Snow（Spring，2000）认为，原因来自对年龄和二语学习的三个误解：

（1）解释错误（misinterpretation）。把儿童在二语习得达到的最终目标解释为他们学得快而轻松的证明。但不少研究和观察表明，儿童学习一种新语言时是缓慢的、花工夫的，而年纪大一点的学习者在开始时依赖他们的认知能力反而学得好一些和少花点工夫。

（2）归属错误（misattribution）。神经科学家常犯错误归属，认为两种语言在大脑中所处的位置的差别或其处理速度不同，足以解释语言能力的差别。这些错误归属可能有两种：一是并没有足够证据表明实验任务和大脑的更好处理有何联系，或母语和二语在大脑的不同定位和这两种语言所达到水平有何联系，二是大脑定位也有可能和语言处理有关，但我们没有选好实验受试。大脑功能和语言行为的关系会最终得到证实，但不能从目前关于早期和晚期双语者的研究数据中猜测出来。

（3）错误强调（misemphasis）。低估了成年人掌握二语可以达到像本族语者水平的可能性。很多研究都是靠对比不同年龄组，把成年人作为一个群体而观察（只看其平均分），但是成年人的语言能力有很大的差异，却没有多少人去观察。

---

① 髓鞘通常包围着大脑神经轴突，对神经系统的正常运作十分重要。它虽然在怀胎 14 个月开始形成，在婴孩出生时的大脑里并不太多，从婴孩开始髓鞘才加速发育，一直到青春期。

Birdsong（1992）对此做了深入的研究，他把接近本族语水平组和本族语组对比研究，发现前者虽然比后者的水平略低，但是在前者里也包括一些成年人表现得比本族语者还要好的情况。这和测试也有些关系。例如，口音的评估中，对标准发音和对本族语发音的容许差异就缺乏一个明显界限，所以不同的评判员往往拿捏不准。

我们不难看出，研究者的意见纷繁和误解都可以归结到方法论问题。至于临界期假设，Singleton（2011：420）最后的结论是："这个假设不足以解释在自然环境下二语结果和研究所发现达到目标的巨大差异性，这个假设对在学校环境里学习外语的结果也没说服力。"

三、关于二语习得年龄问题的实际观察

也许有人会说，我们对临界期理论的争论不感兴趣，只关心提早学外语是否有好处。可惜的是，经过几十年的试验和实践观察，并没有取得什么肯定的结果。Singleton（1985）认为可以从不同的角度来观察：①"越早越好"说；②"越晚越好"说；③"越早（语音习得）越好"说；④"从长远看，越早越好"说。关于这些观察的实验报告多达数十种，难以在此一一介绍，但可简单归纳为下列几点：

（1）这些实验都是采取不同年龄组（从几岁到几十岁）的对比方法。但是这种对比难以孤立出年龄这个变量来专门观察，因为这些年龄组的其他变量（例如学习环境、教学动机、兴趣、学习策略、情感等）都很不同，都有可能影响语言能力的结果。而且，在什么时候测试这些不同年龄组的语言水平也大有文章。

（2）试验的对象多数是移民（如丹麦、荷兰、意大利、瑞典、中国、韩国等），其显著特点是他们学习的语言也就是移民地的语言，具有很多机会在当地使用该语言。他们的变量有：抵达移民地的时间、在移民地居住的时间、在移民地就学的情况等。

（3）试验的规模不一样，从个案研究到人口调查，最大的是 Hakuta 等根据 1990 年美国人口调查中对西班牙语和汉语背景的移民 2.30 万人的调查。

（4）观察的目标不同。从语言上看，有英语的、法语的、西班牙语的、世界语的；从语言知识和能力上看，有形态—句法的、语音的、单词

和短语的、语法判断的、口语或笔语的等。全面比较各种语言能力的报告并不多，有的报告仅仅依赖受试的自我观察。

（5）临界期的分期很不一样，从5岁到16岁都有，反映了人们对临界期看法的差异。

（6）使用的调查方法很不一样，有测验、语法判断、自我评估或报告、本族语者观察性评估。

（7）结论也当然不同，有支持的、有反对的。比较一致的看法（consensus view）是 Singleton（1995, 2011）所归纳的"从长远看，越早越好"说，但是他一再说明，这个看法是有条件的，那就是在"自然接触的条件下"（in situations of "naturalistic" exposure）才能做到，而且还有两个前提：①证据绝不支持在任何情况下、在任何时间段里都是"越早越好"的简单说法；因为年纪大的学习者开始时学得比年轻学习者要好。②就"从长远说"，也只是一种倾向，而不是一种绝对的、不可代替的规律。那些经常和二语学习者打交道的人的研究和观察说明，为了达到像本族语者水平，提早学二语既非严格需要，也非必须达到的充分条件。这种看法当然不适合我国的实情，因为我国并不具备学外语的自然接触的条件。

而且对同一个实验报告，往往有不同的诠译和解释。Snow & Hoefnagel–Höhle（1978）研究英国家庭暂时移居荷兰学习荷兰语的情况。她们以家庭群体作为年龄差别的控制变量。一年内对家庭成员测试了数次，发现在测试他们的荷兰语语法流利性时，家庭内的成年人，尤其是青少年（12～15岁），比儿童学得更好。这个结果常被援引来支持"越晚越好"说，但也有人用它来说明"从长远来说，越早越好"说，因为结果只能说明短期的情况。

又如 Jacqueline Johnson & Elissa Newport（1989）的一份支持临界期存在的报告，研究了 Illinois 大学里的一些母语为汉语和韩语的学生和教授对英语的掌握情况，受试的年龄在3～39岁之间，他们都接触过英语。受试中还有33名本族语者以兹比较。测试内容包括了276个句子，其中有一半是不合语法的，像冠词（Tom is reading * book in the bathtub）、性的一致性（The girl cut * himself on a piece of glass）、各种动词结构（The baby bird has * fall from the oak tree）等。结果表明：3～7岁到达美国的儿童和本族语者无甚区别，然后就走下坡路。这是证明"越早越好"说和临界期确实存在的一个重要报告,但它却受到 Bialystok & Hakuta（1994）等人的质疑。他们认为,从方法论的角度看:①她们把受试分为几个组来比较,3~7 岁为一组,这些受试其实是把英语作为第一语言而学习的,因此和本族语者无大区别;②她们把 15 岁前定为一组,17 岁后定为另一组,作为区分临界期的界限,带有任意性,Bialystok 等利用同样的数据把 20 岁定为分界线,其结果就不一样;③受试在接受测试时的年龄实际上处于成长过程的不同年龄段,后一组的注意力承受不了 276 个项目的测试（每个项目只有一两秒的停顿）。

　　Bialystok & Hakuta 还认为,二语习得的临界期的强式应该是:①在青春期前应该完全学好;②在青春期里应该有一个很大的落差;③在青春期后应该没有年龄效应。但是,Johnson 等人的数据表明最大的落差是在 20 岁以前,她们的理论和数据并非完全吻合,唯一一致的地方是:那些到美国移民的更年轻的学习者比年纪大的学到更多的英语。Hakuta 等（January 2003）又根据 1990 年美国的人口调查,选定约 230 万名母语为西班牙语或汉语的移民为调查对象,要求他们用一个 5 级量表（"低于小学 5 年级""5 年级到 8 年级""高中教育,无文凭""高中毕业"和"大学"）来自我描述自己的英语能力。为了检验临界期假设,他们使用回归模型来找寻不连续性（即上面所说的"落差"）的证据:在移民年龄上的英语水平在临界期结束时是否出现不连续现象,这种变化可以体现为平均分的变化（回归线的中断）,或斜边的变化,或两者都有变化。结果说明,不管是 Johnson & Newport 还是 Hakuta 等人的数据都表明青春期以后没有发生明显的落差。图 1 是根据 Hakuta 等人所获得的数据而绘制的。他们认为调查最重要的发现是:二语习得的成功率在人的一生中会稳定地下降。除了移民年龄的效应外,这些数据还表明社会经济因素的重要性,尤其是正规教育的时间在解释所对比两组移民方差时占了很大的分量。

　　Chiskwick & Miller（2007）按照 Hakuta 的方法对 2000 年美国人口调查继续观察的结果相同,他们的研究建立在一个包括 3 方面影响的概念框架:接触,能力和经济动力,所以称之为英语能力的经济模型,比 Hakuta 的更为全面和精细。也许有人会说,作为英语教师,我们更关注的是二语习得中的年龄因素问题,不想过多地介入这些实验报告和相关的讨论。那么,我们不妨一读 McLaughlin（1992）的《关于二语学习的神话和误解:每个教师需要抛弃的东西》。文章举了很多事例来说明他所列

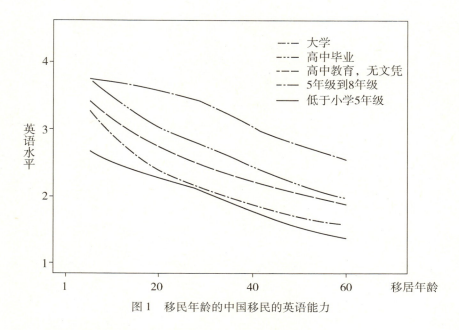

图1 移民年龄的中国移民的英语能力

举的5个神话和误解，限于篇幅，我对它们都略而不谈。

神话1：儿童很快和很容易地学习二语。人们认为儿童学习者在二语学习上比成年人优越，因为他们的大脑比较灵活，而成年人则比较僵化。但近年来许多研究者都质疑临界期假设，所以这种说法很有争议。主要是因为二语学习的速度的差别反映了心理和社会因素，不仅是仅对儿童有利的生物因素。实验研究的结果表明，少年和成年人在有控制的环境里学得比儿童要好，唯一的例外是发音。从移民的角度看，也不支持年纪小的儿童学得比成年人好。

神话2：儿童的年纪越小，二语习得越熟练。但是，在欧洲的英国、瑞典、瑞士、丹麦的许多国家，起码在学校的环境里，研究的数据并不支持这个结论。当然这并不是说提早教学会对儿童有害。例如，提早教学的学习周期要长，可能会最终导致儿童潜在的交际能力的提高，也可能会使儿童接触更多的文化。但是，教师不能期望他们的年轻儿童会创造奇迹，他们虽然在发音上会占优势，但是年纪大的学习者会更快地获益。

神话3：学生花在二语环境上的时间越多，他们学习语言就会越快。幼儿园或一年级开始教二语意味着他们接触语言的机会更多，但是接触不等于语言习得。研究的结果显示不完全是这样的，只会导致过早地让学习者从母语支持中撤退。

神话4：只要儿童能够说二语，他们就可以说是习得了二语。教师往往假定，只要儿童能够舒舒服服地用英语交谈，他们就能完全掌握英语。但是，学习一门二语牵涉到很多东西，不仅是口语交谈。

神话5：所有儿童学习二语的方法都是一样的。多数教师不一定承认他们是这样想的，但是很多实践却是以此为基础的。这里有两个问题：第一个是与不同的群体在语言和文化上的差异有关，第二个是与这些群体的学习者内的差别有关。

四、对我国英语教学的反思

第一，要充分认识"越早越好"说法的研究在理论上和实践上都未有定论。越来越多人认识到年龄因素虽然是个别差异的一个重要因素，但却不能把它和临界期假设捆绑在一起，Birdsong（2006：37）认为这方面的研究需要"把二语的学习和处理需要把生物、认知、实验性、语言学、感情等维度结合在一起的眼明心广的尝试"。Singleton（2011：407–425）更提出多因素研究法，对年龄提出一些非临界期的解释，包括动机因素、跨语言因素、教育因素和认知因素。所以，一些近期的研究已经注意到以二语输入的学习环境（不但关注开始学习的年龄，而且更关注那个年龄段有无显著性的接触）、学习者的取向（把占统治地位的语言从一语向二语转移）、自然环境的重要作用（年轻学习者必须在自然环境里接触二语达一年才能超过年纪大的学习者，在外语环境里不可能实现"从长远来说，越早越好"，因为无法达到自然环境的条件）；语言流利性对二语表征和处理的影响（年轻学习者和年纪大学习者的二语和母语在大脑的不同定位是流利性的反映）。我国对外语学习的年龄问题还没有在自己的国土上认真地作过实验性的对比研究，外国的许多研究大都从它们的实际（例如移民）出发，和我国国情不合，不能照搬，更不能由此而导出任何理论。但我们却在没有科学依据的前提下依靠行政命令来做出种种规定，甚至连违反规定的做法也反应十分微弱，不如台湾（明令取缔英语幼儿园）。"文革"前是从初一开始学英语，"文革"后却改为从小学三年级，但是很多城市却提早到一年级①。而民办的英语幼儿园却是"风起云涌",更是陷入很大的盲目性。

第二,对我国外语教育的年龄问题急需一种理性的科学回归。语言能力(不管是母语还是二语)增长是人逐步成熟的标志,不能像排队抢购那样"提早起跑",实际上是"拔苗助长",也可以说是"虚火上升"——大家都在学英语,大家都学不好英语。所谓"输在起跑线"的说法实际上是在赛跑道上的偷跑,更是违反幼儿发育正常的"常规"。把幼儿园入学增加到5年,还美其名曰"亲子班",实际上是剥夺幼儿发育所需要的父母的呵护和关怀,而且还影响孩子母语的正常发展,何来"亲子"? Singleton 提到一些近期研究发现,在幼儿发育的头5年里,由于缺少父母的关怀,会产生大脑圆周和体积永远过小、损害学习语言能力和正常社会行为的祸害。提早学外语无非是一个学习速度和质量(效果)的问题,取决于下面几个因素:

(1)学习环境的问题。我们虽然是一个多民族的国家(有些民族有自己的语言,汉族也有许多方言),但是我国并不是使用所学的外语(如英语、俄语、法语、阿拉伯语)的语言社区。其特点就是①不管是哪一个水平的外语教学都是在正规课堂里讲授,学生和教师很容易把它作为一个科目来进行"明示的"教学。作为一个科目来学英语,就很容易模糊知识和技能的差异。②在汉语的环境中进行英语教学,母语的影响不易克服。汉语社区里,汉语是建立民族认同感的语言,英语无法代替。过早地学一门外语可能会导致母语的缺少和文化认同上的危机。

(2)需要的问题。每一种语言都是千姿百态的生活的反映,即使是自己的母语,谁也不懂它的"全部",大概只熟悉其中的三部分:①生活基本需要的语言,②工作或职业的语言,③和自己的业余嗜好有关的语言。学英语更要看需要,幼儿和儿童在课堂以外缺乏英语交际的需要,必然会产生所谓"语言维护"(language maintenance)的问题。缺乏经常磨砺,就是学到的语言也会钝化。处在非英语社区的学生,越年轻的学习者的外

---

① 2001年教育部颁布的《英语课程标准》有这样一段话:"英语教育基础和条件较好的(如从一年级起就开始英语课程的地区和学校),在不加重学生负担的前提下,可以适当提高相应学段级别的要求。"这句话在2011年的《英语课程标准》里已经取消。取消一句话容易,要转换风气却需要花大气力。

语需要越不明确，但是需要却和提高学习动力和学习兴趣很有关系。硬着头皮去学习没有动力和兴趣的东西，容易滋生厌倦情绪。

（3）个别差异的问题。外语学习异于母语习得的一大特点是有成有败。原因有外部的（从环境到教师），有内部的（年龄、动机、兴趣、性别、性格、智力、学习外语能力、学习策略和方法等），说明外语学习的复杂性。但是，外语学不好的人不等于他在其他方面就不能取得成功，也许在其他方面会取得更多的成就。把外语教学时间任意延长，对有些人可能有好处，但对更多的人则可能会增加挫折感，影响其全面发展。个别差异还可能延伸到教师身上。

（4）怎样教的问题。不懂得儿童心理，只会把学习引入歧途。越是年轻的学习者，对教学法要求越高，提早学英语的一个好处是儿童的语音的模仿能力较强，但是教师也有个别差异的问题，自己的发音不地道，学生无从模仿，只会越模仿越坏。语言实验室或录音机虽可提供摹本。例如，录音带说 very nice，学生却跟着说 very lice，但本身不能作为摹本的教师怎样能够发现和纠正儿童的发音呢？有的地方花了不少经费来聘请外教，但外教来自不同的英语地区，大都带有不同的口音，又不一定受过语音学训练，总以为自己讲的就是纯正英语。还有不少中国教师是所谓"转岗"的，往往把自己怎样学英语的办法用在儿童身上，如要儿童枯燥地背单词只会引起儿童的抗拒心理；向幼儿教国际音标，更是徒滋干扰。

第三，语言社会需求、语言计划和语言政策的问题。我国人口众多，经济和文化教育发展很不平衡，又处在改革开放阶段，对外语需求是多种多样的，也是不断改变的。当务之急是在国家和各个地区开展语言需要（包括大小各种语种）调查，制定培养外语人才的战略目标和具体的语言计划。语言政策的制定既要看必要性，也要看可能性。"先上马后备鞍"的思想危害甚大。

第四，社会乱象的问题。更为严重的是，我国外语教育由于缺乏有力的领导和舆论引导，又和出国风、移民潮和早期留学潮纠缠在一起，使外语教育受到已经形成的产业链和利益链的严重干扰，各种虚假广告更起了"煽风点火"的作用，使普通老百姓靡然从风。其实，不但从幼儿开始，就是从小学低年级开始就学英语并没有经过科学的论证，但是乱象丛生，其结果是既导致学制不连接，又在低水平上重复教学，浪费教学资源，产生"夹生饭"。一方面说我国英语教学"费时失事"，另一方面又把英语提早，延长英语教学的年限。这个闸门一经打开，就难以压制。

参考文献

[1] Bialystok, E. & K. Hakuta. 1994. In other words: The science and psychology of second-language acquisition [M]. New York: Basic Books.

[2] Birdsong, D. 1992. Ultimate attainment in second language acquisition [J]. Language (68): 706-755.

[3] Birdsong, D. 2006. Age and second language acquisition and processing: A selective overview [A]. In M. G. P. Indefrey (Ed.), The cognitive neuroscience of second language acquisition [C]. Malden, MA: Blackwell Publishing, pp. 9-49.

[4] Chiswick, B., & P. Miller. 2007. The critical period hypothesis for language learning: What the 2000 us census says [R]. Bonn: The Institute for the Study of Labor (IZA).

[5] Hakuta, K. & Bialystok, E. & E. Wiley. January 2003. Critical evidence: A test of the critical-period hypothesis for second-language acquisition [J]. PSYCHOLOGICAL SCIENCE 14 (1).

[6] Johnson, J. S. & Newport, E. L. 1989. Critical period effects in second-language learning [J]. Cognitive Psychology (21): 60-99.

[7] Marinova-Todd, S., Bradford Marshall, D. & C. Snow. Spring 2000. Three misconceptions about age and learning [J]. TESOL Quarterly 34 (1): 9-34.

[8] McLaughlin, B. 1992. Myths and misconceptions about second language learning: What every teacher needs to unlearn [R]. University of California, Santa Cruz: NATIONAL CENTER FOR RESEARCH ON CULTURAL DIVERSITY AND SECOND LANGUAGE LEARNING.

[9] Singelton, D. 1989. Language acquisition: The age factor [M]. Clevedon: Multilinguial Matters.

[10] Singelton, D. 2003. Critical period or general age factor (s)? [A]. In M. d. P. G. Mayo & M. L. G. Lecumberri (Eds.), Age and the acquisition of English as a foreign language [C]. Clevedon:

MULTILINGUAL MATTERS LTD.

[11] Singelton, D. 2005. The critical period hypothesis: A coat of many colours [J]. IRAL (43).

[12] Singelton, D., & C. Muñoz, 2011. Around and beyond the critical period hypothesis [A]. In H. Hinke (Ed.), Handbook of research in second language teaching and learning vol. 2 [C]. New York: Routledge.

[13] Singelton, D., & Ryan, L. 2004. The age factor 2nd edition [M]. Clevedon: MULTILINGUAL MATTERS LTD.

[14] Singelton, D. & Z. Lengyel. 1991. The age factor in second language acquisition: A critical look at the critical period hypothesis [M]. Clevedon: MULTILINGUAL MATTERS LTD.

[15] Snow, C., & Hoefnagel – Höhle, M. 1978. The critical period for language acquisition: Evidence from second language learning [J]. Child Development 49 (4).

[16] 倪用直. 台湾幼儿英语教育现况 [J] [Electronic Version]. Retrieved w3. nioerar. edu. tw/newtalk/1015 中师/content/nea. pdf.

[17] 桂诗春. 1992."外语要从小学起"质疑 [J]. 外语教学与研究 (4).

[18] 卫铁民, 陈键兴. 2004. 台湾教育主管部门将取缔全英语教学的幼儿园 [N]. 新华网台北 7 月 24 日.

以概率为基础的语言研究[①]

一、语言事实与语言理论

20世纪中叶以来,转换生成语法突破了原来结构主义和行为主义的樊篱,掀起了语言学界的轩然大波,出现了众多语言理论异彩纷呈的局面。在语言学争论中,各种语言学派都列举语言事实作为其理论的支撑点。从现代语言学的传统来看,从描写主义、历史主义到结构主义,从语言习得、语言教学到语文改革,都注意收集语言数据,提倡经验主义。Chomsky的理性主义则主张语言学家的任务是描写人的语言能力,而外部的语料(例如语料库)无法解释语言能力。理性主义所根据的语言事实是语言学家本身的母语知识(直觉、天性),由此可以推导出LU(Linguistic Universals,语言共同性、语言共项。下同)。Chomsky主要是针对20世纪中叶以前的以经验主义为基础的语法研究[例如,Fries(1940)依赖美国政府非正式通讯档案来编写 American English Grammar],不无道理。但是,理性主义的研究方法提出以来,语言理论层出不穷,而我们沉迷在理论的解释时,却往往忽略了一个出发点:语言理论虽可解释语言事实,但语言事实本身并非语言理论的产物。语言事实和语言理论究竟谁是第一性的?如果我们承认语言事实是第一性的,那么根据哪些语言事实来提升语言理论?是语言研究者凭本人直觉所提供的语言事实,还是大多数语言使用者所提供的语言事实?郑锦全最近在一次座谈会上谈到美国的语言学研究的现状时指出:目前,美国语言学界存在一个问题是理论泛滥而缺少充分的语言材料(张凤芝等 2002:77)。

作为理性主义的基石之一的是语言能力/运用的两分法,自Saussure

[①] 原文发表在2004年第1期《外语教学与研究》,后全文转载到2004年第4期中国人民大学书报资料中心《语言文字学》和2004年第3期中华人民共和国教育部主办的《高等学校文科学术文摘》。

提出语言和言语的区别以来，赞成此说者也不少。Chomsky 强化了它们的区别，将之看成是泾渭分明。对此，不同的语言学家从不同的角度提出相反的看法。从语篇研究的角度持相反意见的语言学家有 Pike、Hjelmselv、Firth、Halliday、van Dijk & Kintsch、Hartmann 等人（见 Beaugrande, 1991：358），社会语言学家如 Hymes（1971）、功能语法学派如 Halliday（1973）、应用语言学家如 Widdowson（1984：242～251），心理语言学家和语用学家更是毫不讳言，指出语言运用正是他们研究的对象。语用学家（Mey, 1993）指出语用学的恰当的领域是 Chomsky 所说的语言运用。心理语言学家（Aitchison, 1998：183～184）虽广泛地介绍了 Chomsky 的观点，却也觉得把语言能力和语言运用截然分开难以接受，认为"心理语言学家对语言运用和语言知识同样感兴趣；它们两者密切相关，任何人只注意其中一个因素而忽略另一个因素，是很古怪的"。

内省式的语言研究方法也受到不少人的质疑。在语音学研究中，人们只能依赖自然观察的数据。语言习得研究难以采用内省式判断，研究者本人的语言直觉代替不了儿童的语言直觉（McEnery, 1966）。Chomsky（1964：37～39）自己也认为反对观察语言运用的看法并不适用于研究语言习得，内省式判断对自然观察方法的指责也许言过其实。自然观察的数据的好处是有案可查、有目共睹，可以验证；而内省式的判断则是个人的行为，往往没有太大的把握，容易陷入循环论证的怪圈。这实际上是科学研究中经常出现的客观知识和主观知识的问题：是自然现象还是人为现象？是公众的观察还是个人的臆断？至于当初 Chomsky 对语料库的任意性偏态的指责，也并不见得公允。Oakes（1998：4）指出，如果我们使用对数正态分布（lognormal distribution）的办法来描述语料分布，偏态就不会出现。值得注意的是 Alien & Seidenberg（1999）的研究，他们认为在整个生成语法历史中一直没有弄清楚语言能力和语言运用的关系，其实两者不能截然分开，他们使用了连接主义网络模型的方法来模拟语法性判断，说明语言运用也可以产生语言能力。

应该说，生成语法学家致力于考察语言能力的同时，作为相反的倾向的、主张尊重客观语言事实的经验主义传统并没有中断，而且从理论到方法论方面也有飞跃性的进步。数据的基本特征是频数（frequency），表现为概率关系，这就导致以概率为基础的语言研究的蓬勃发展。Halliday（1991）认为，语言系统的概率是固有的。当然，观察频数也仅是一种手段，不是目的。其目的应该是观察问题和回答问题，从定量往定性发展（Aarts，2000）。概率语言学、计算语言学、语料库语言学、心理语言学都是以频数和概率为基础的，它们体现了尊重语言事实的历史传统的重现光彩。

二、概率语言学的提出

语言研究的概率方法（Probabilistic Approach）由此出现。2001年，美国语言学会首先在华盛顿召开了第一次语言学概率理论的专题讨论会，其结果见 Rens Bob，Jennifer Hays，Stefanie Jannedy（2003）等人的《概率语言学》。该书 Jurafsky（2003）一文指出："各式各样的证据表明语言是概率性的。概率在语言理解和产生方面，对意义提取、分解和生成中起作用。概率在学习方面，对切分和概括起作用。概率在语言学和形态学方面，在可接受性判断和替换性起作用。概率在句法学和语义学方面，对范畴陡度化、句法合格与否的判断和解释起作用。概率在建立语言变化和差异模型中，更起到关键作用。"现代语言学的基石是所谓"范畴主义的准则"（maxim of categoricity）。它把语言看成为一些定义清晰的、离散的范畴，数量不起什么作用。虽然真正的语言有很多变数、有陡度，但它仅是语言运用的产物。但是，概率语言学的主张者认为，越来越多的证据表明，语言判断显示出连续系统的特性，是一种明显的陡度行为。2003年在亚特兰大又召开了第二次概率语言学讨论会，深入地讨论怎样把概率语言学和当前语言学的潮流结合起来。会议认为，概率语言学和生成语言学似乎是对立的，其实也并行不悖。生成语言学的目的是获得语言现象分布的最终结果，而概率语言学则考虑较少人探索的有陡度的中间地带。只注意连续系统的两端会使一半语言现象得不到探索和解释。两者结合起来可以让语言学家去探索数据中那些不易为人觉察的、没有得到解释的微妙的型式，使语言学界超越那些显而易见的现象。"中间地带论"只是概率语言学者的一种想法，生成语法学者是否也这样想那是另一回事。

计算语言学、语料库语言学、统计语言学也把频数作为它们研究的出发点。它们更直截了当地提出和理性主义相对立的经验主义。Sampson（2001）称之为经验语言学（empirical linguistics）。Manning & Schutze

(1999：11～35）认为，从 1960—1985 年之间，理性主义完全统治了语言学、心理学、人工智能和自然语言处理，但是原来在 1920—1960 年间盛行过的经验主义传统在 1970—1989 年之间有所复苏。经验主义认为，人的大脑生来也有认知能力，不过并没有理性主义所说的与语言组件有关的原则和程序。经验主义从信息论的角度出发，不赞成范畴化的原则把语言现象分为合语法和不合语法。Colorless green ideas sleep furiously 虽然合乎语法，但实际上没有人那样说。还不如把语言事件的出现看成是概率性的行为，如把句子分为"经常出现"和"不经常出现"。所以，一个学英语的学生写下这样的句子：In addition to this, she insisted that women were regarded as a different existence from man unfairly. / I have an ache in the head. 即算是合语法，操本族语者也听得懂，但却觉得他们自己是不会这样说的。Manning & Schutze 认为，语言的非范畴化现象在语言变化中尤为明显。英语中的 while 曾经用作名词，表示"时间"（如 take a while），但后来却变为引导从句的补足语（While you were out...）。我们没有什么理由说它在 1742 年前是名词，以后则变为补足语。这是因为它的使用频数在不同的语言环境中有变化。从本质上看，认知和作为它的一部分的语言都是概率现象。概率论应是解释语言的理论核心，认知之所以是概率性现象，是因为我们的世界充满了不确切性和不完整的信息。Chomsky（1957）反对根据语料库的话语来计算句子的概率，认为这样一来合语法和不合语法的句子的概率都会很低，难以解释语言的能产性。Manning & Schutze 认为这种看法只是针对那些对概率表征有偏见的人而言的。以 tall（高）的认知表征而言，当我们看到一个堂堂七尺的男子汉，又第一次看到这样的高度时，我们才会叫他"高个子"，而不会把他看成是非范畴化的男子。如果我们又看到一个只有四尺的男子，我们绝不会叫他为"高个子"。所以，概率论的模型是很容易表征这种规律性的，对未经检验的句子做出判断，它不会把未经判断的句子都看成一样。

三、语料库语言学的兴起

Svartvik（1996：3～12）指出，语料库正在成为主流，它不但提供了一种研究方法，而且提供了一种新的哲学思维方式，就像 Leech（1992）所说的，"它是一种'芝麻开门'，导致关于语言的新思维方式"。Sampson（2001：2～3）认为，由于语言运用存在一些别的因素而排斥它，也违反科学常理。例如，加速使物体下落部分地受引力规律所控制，但其他的外部因素（例如空气阻力、气流运动）也会发生干扰。一个研究引力规律的物理学家不会因为有了这些外部因素而放弃观察数据，他无非是把这些因素分离开来。Sampson（1992：425～447）指出，采用内省式方法想出来的句子和语料库所收集的句子相距甚远，不但是语料，就是内省式判断也存在任意性偏态。Chomsky 认为有些句子不见于语料库，这实际上说明一个饶有趣味而又十分重要的问题：频数问题。人类并不太清楚某些词语或结构的频数是多少，用内省式方法更不能了解以频数为基础的数据。例如，They're just trying to score brownie points with politicians. /The boss is pleased—that's another brownie point. 这两句话中有一句是来自真实的语料库，是哪一句呢？内省式判断会产生意见纷纭，通过语料库检索可了解到 brownie points 的频数是 76，而 brownie point 的频数只有 6。可见用作复数的情况比单数要多得多。

从计算语言学的角度看，作为以规则为基础的人工智能派的对立面的概率派在 20 世纪 80 年代出现。Sampson（1987：16～29）指出，概率方法的特点有三：①使用依赖语言统计特性的分析技术，而不是使用绝对的逻辑规则；②焦点放在不受限制的语篇中的真实材料，而不是一些语言学家自己发明的例子；③和这两点有关的是，由于算法需要而采用的对付真实的、而不是事先选择好的材料的统计学是强有力的。当时提出这种方法的是少数派，主要原因是受到转换生成语法的影响。概率方法在对语料库进行语法标注上取得了重大进展。Brown 语料库问世后，Green 与 Rubin 编制了以规则为基础的标注程序 TAGGIT，准确率只有 77%～78%。英国 Lancaster 大学 Garside（Garside，1984）等人用概率的方法根据 LOB 语料库所提供的 133×133 个标注过渡矩阵而编制的 CLAW 程序，标注的准确率达 96%～97%。CLAW 不断更新，它的第四版吸收了以规则为基础的标注程序的优点，用来处理 1 亿个词的 BNC，其错误率是 1.15%，歧义率是 3.75%。在高科技（计算机的普及，大硬盘、高内存的出现，扫描仪和光盘技术的发展）的推动下，语料的收集数量以一日千里之势增加，现在的语料库实际上已是机读语料库。20 世纪 60 年代出现的 Brown 和 LOB 语料库只有 100 万个词，而现在的 LGSWE（Longman Spoken and Written English Corpus）已达 4000 万个词，BNC（British National Corpus）

已达1亿个词（而且提供光盘版给人研究），而COBUILD语料库（Bank of English）则接近4亿个词。Biber（1999）等人根据LGSWE而编著的 *Longman Grammar of Spoken and Written English*，洋洋洒洒达1000多页，对各种英语使用现象的描写大都附以语料库的统计资料，令人耳目一新。由15个国家和地区的语料库专家联合开发的国际英语语料库（International Corpus of English，简称ICE），按照统一部署收集各个国家和地区的英语语料各100万个词，亦接近完成。语料库语言学首先在欧洲兴起，而北美因为受到生成语法的影响，相对滞后，但后来也发展神速。Simpson & Swales（2001）指出："美国具有迎头赶上的能量，已经得到很好的证实，就等于我们所见到的空间竞赛中苏联人造卫星时代和最近10年的美国汽车工业一样。"美国宾州大学的语言数据联合体（Linguistic Data Consortium）长期致力于收集和散布各种语料；由心理学家MacWhinney主持的CHILDES专门收集说各种语言的儿童语料；密歇根大学开发的MICASE（Michigan Corpus of Academic Spoken English）专门收集大学生英语口语语料；美国考试服务公司的T2K-SWAL语料库（TOEFL2000 Spoken and Written Academic Language Corpus）则是专门研究大学英语语体，保证TOEFL考试所测试的英语符合到美国大学就读的学生的需要。对英语的使用者和学习者来说，他们关心的不是理论语言学家坐在扶手椅上想出来的母语语言能力（哪些句子是可能的？哪些句子是不可能的？），而是哪些语言现象使用得较为普遍？哪些不那么普遍或较为不普遍？（Fillmore语）

随着大型语料库的出现，在以语料库为基础的方法（corpus-based approach）之外，又出现了受语料库驱动的方法（corpus-driven approach）。Tognini-Bonelli（2001：65~99）指出，以语料库为基础的方法是使用语料库的证据来解释、检验或说明语言理论或作语言描述。这些理论或描述在大型语料库出现前就已经存在的，但是语言事实不够充分，语料库提供了收集大量、可靠数据的手段。Bob的自然语言处理研究、Quirk等人的《当代英语综合语法》、Halliday的功能语法学派都是使用这种方法。受语料库驱动的方法则不限于使用语料库来选择例证以支持某一种理论的陈述，而着眼于整个语料库的完整性，根据语料库所提供的证据来全面地描写语言。所以，理论的陈述和语料库所提供的证据应该是一致的，它应该直接反映语料库的证据，根据频数分布和反复出现的型式来系统地导出语言范畴。作为这种方法体现的是 Sinclair 1987 年以来所从事的 COBUILD 工程（包括 Collins Cobuild Dictionary 和一系列丛书），Huston & Francis（1999）的《型式语法》是体现这种方法的一本代表作。

四、心理语言学的突破

在 20 世纪 50 年代，受信息论影响，语言学和心理语言学的许多研究都使用了统计和概率的方法。但在 60 年代至 80 年代，这种方法销声匿迹了，到了 90 年代这种方法有了很大复苏。根据 Jurafsky（2003）的统计，在 2000 年国际计算语言学协会年会上，有 77% 的论文都采用了语言和学习概率模型。关于语言理解，可从三个方面看概率的作用：①从心理词汇或语法的角度看，语言结构的提取是一种概率性行为：最有可能被提取的结构是提取时间最短，花的力气最少的。②解决歧义。可能性越大的解释越会被选中。概率在解决歧义时起了核心作用。③解决语言理解的加工难度。一些加工难度较大的句子都是概率很低的句子。同样的道理也适合于解释语言产生：概率高的句子被提取得快，如有多个被选的结构，概率就会起作用。在研究学习方面，语言学习结构的模型也是以概率和信息理论的模型为基础。概率论对心理语言学的最基本的启发是使用证据推导的结构模型：它提供了一种很容易理解的算法［例如贝叶斯（Bayes）模型］，对证据进行组合和加权，在语言理解时选择最佳的解释，在语言产生时选择最佳结果。概率模型在心理语言学方面的应用广及语音、形态、词汇、句法、语篇处理等方面。

频数在语言理解和语言产生中都起到关键的作用，但是，频数必须和词语或句法结构有某种关系，才能发挥作用。高频词辨认时间比低频词短，需要较少的感觉输入，受邻近词的干扰也少。高频词的产生时间也短些，而低频词容易导致语音失误。在解决形态、句法和语义的歧义时，人们倾向于使用频率更高的词类、形态结构和语义。但是，这种词汇语义/句法范畴的效应似乎并没有延伸到语言的产生。复合词结构的频率在语言理解和语言产生中都起作用。常用的词组或成语提取得更快，在解决歧义时也用得更多。各种条件概率在语言理解和语言产生中都起作用。对具有不止一个句法次范畴的动词来说，最常用的次范畴框架最易于被用来解决歧义。对具有一种词类的单词来说，最常用的词类最容易被用作解决歧义。竞争模型 [The Competition Model, MacWhinney et al. （1984）; MacWhinney & Bates（1989）; MacWhinney（2001：69～90）] 是第一个处理句子的概率模型，它把语言习得看成是一个构建性的、受数据驱动的过程。这个过程并不依赖语言结构的共项，而是依赖认知过程的共项。这个模型强调词汇功能主义（句法型式受词项控制），把"形式"层面（表层形式、句子结构、韵律形式等）映射到"功能"（意义、意图）。因为输入是有歧义的、有噪音的，句子处理器就必须以概率的方式依赖词语所提供的各种表层提示（cues）。提示效度（cue validity）把提示的概念形式化，而提示效度又可以理解为提示可用性（cue availability）和提示信度（cue reliability）的结合。从学习者的角度看，语言发展主要是学习和转移在起作用。

以概率为基础的心理语言学不限于提出某种语言处理模型，还想进一步解决一些长期以来争论不休的理论（例如语言是否天生？）问题。这就是涌现论（emergentism）的提出。Bates（1989：590～601）等人认为这个问题可以得到解决，有三个原因：首先是理论物理学的非线性动力学的发展使我们认识到，按照一个维度所发生的少量变化可以导致复杂的非连续性的结果；其次是我们可能通过神经网络的模拟技术来解释一些简单的输入怎样导致复杂解决方案的产生；最后是发展神经生物学的突破，"今天神经生物学的成果对昨天的天生主义是坏消息，因为这些成果强调了皮层专门化的特别灵活的、依赖于活动的性质，并且支持对高级认知功能的发展的涌现主义解释"。涌现主义可以用来解释诸多语言现象，包括语音形式、形态变化、词汇结构、语言历史变化、皮钦语化（pidginization）和二语习得，而且可以作形式化处理，例如连接主义网络模型、动力学系统论、贝叶斯模型、优选论等等，它们都是以概率为基础的。

以概率为基础的语言处理模型在心理语言学中取得了统治的地位，除竞争模型外，还有以制约为基础的模型（Constraint-based Models）、理性模型（Rational Models）、马尔可夫词汇范畴优先模型（Markov Models of Lexical Preference）、不考虑上下文随机语法（Stochastic Context-free Grammar）、贝叶斯信念网络（Bayesian Beliefs Networks）、语言产生概率模型（Probabilistic Modeling of Production）等等，限于篇幅，在此不再赘述。

五、对我国语言学界的启发

上面着重介绍了以概率为基础的语言研究方法，丝毫没有意思把它说成为一种主流的、唯一的研究方法，而只是想说明语言研究方法丰富多彩，必须结合我们自己的实际鼎新革故，吸收人家的先进东西，走我们自己的道路。

（1）理论语言学是我们的弱项，而转换生成语法以及其他语言理论模型在西方仍在不断发展。借鉴它们的理论和方法建立一套确实能够说明汉语的语言理论，是我国语言学家面临的一大挑战。我们的目标不限于考察汉语有些什么参数设置，还要进一步通过汉语来探讨 UG。

（2）汉语语言学有其自身的传统，从小学（文字、音韵、训诂）到现代汉语研究都注重收集语言数据。胡朴安（1983）早在 1937 年就提出："训诂学方法之新趋势，惟有甲骨文金文之考证与统计学之推测，二法而已"。他有感于"瑞典人柯罗倔论著《左传真伪考》［即高本汉（Karlgren），《左传真伪考》为陆侃如译，新月书店出版］用统计方法统计《左传》《论语》《孟子》中的'助'字，为考据学者辟一新门径。"他也统计了《论语》中的"君子"的频数（约六十有余），然后区分出孔子对君子之界说。胡朴安后，又有多少我国训诂学家使用了概率方法，笔者忝属外行，不敢妄言。但概率方法在某种意义上不仅是一种方法，而且是一种思想。事物的出现（包括语言的使用）都是一种概率行为，但是我们立论求证时却往往忽略这种特性，只注意收集有利于自己观点的正面证据，而把负面的证据置之不顾。在我国开展语言学研究，概率方法值得重视。

（3）实施以概率为基础的语言研究方法的一个基础工程是收集和建设语料库。这项工程已受到整个华语世界的重视，但力量分散，各自为政，甚至重复劳动。现在要考虑的是：①我国大陆、台湾、港澳地区都在组织人力建设现代汉语的语料库，应该强调统一力量，加强协作，像 ICE 那样制订统一的抽样方案、注释格式、文本格式，甚至编制统一的、兼容简繁体的检索工具乃至语料库工具，便于大家使用。②语料的收集和入库虽然牵涉大量人力物力，语料本身却是公共财富，应该向公众开放，如提供在线检索或语料光盘。③古汉语语料库的建立也应提到议事日程。我国许多经典著作和辞书都应电子化，便于检索。④汉语信息化和电子化的"拦路虎"是断词问题，大家都有不同的方案和处理方法，应集中力量，共谋良策。断词问题解决不了，语料就无从进行索引。可否考虑以"字"为单位，通过搭配字检索来解决词的问题。⑤统一和分散，齐头并进。既要考虑编制大型的语料库，也要考虑编制各种专业化的语料库。⑥建立语料库虽是一项基础研究，但其根本目的是对语言使用（包括汉语以及其他民族语言）进行客观的概率研究，因此必须大力训练掌握这种研究方法的人员。

（4）在汉语心理语言学方面，虽有一些零碎研究（如对母语习得、二语习得），但我国还处在创始阶段，任重道远。针对汉语使用而开展认知心理模型的研究还比较少，关键问题是汉语研究和认知心理学研究的结合问题。在西方有过两次结合：首先是语言学家和心理学家的结合。如1951年在美国Cornell大学召开的暑期研讨班，以及1953年美国社会科学院的语言学和心理学委员会在Indiana大学召开的学术讨论会，定出了所谓"心理语言学宪章"。其次是20世纪70年代以来心理语言学和认知心理学的合流（桂诗春2000）。这使语言学通过心理语言学的媒介成为认知科学的一个重要组成部分。

（5）以概率为基础的方法在二语习得研究中的影响更大，牵涉面更多，实用意义更大，是一个很重要的领域。笔者将另作专文讨论。

参考文献

[1] Aarts, B. 2000. Corpus linguistics, Chomsky and fuzzy tree fragments [A]. In M. H. C. Mair (Ed.), Corpus linguistics and linguistic theory [C]. Amsterdam：Rodopi.

[2] Aitchison, J. 1998. The Articulate Mammals：An Introduction to Psycholinguistics [M]. London：Routledge.

[3] Alien, J., & and Seidenberg. 1999. The emergence of grammaticality in connectionist networks [A]. In B. MacWhinney (Ed.), The Emergence of Language [C]. NJ：Lawrence Erlbaum Associates, Inc., Publishers.

[4] Bates, E., Elman, J., Johnson, M., Karmiloff-Smith, A., Parisi, D., Plunkett, K. 1989. Innateness and emergentism [A]. In W. B. G. Graham (Ed.), A Companion to Cognitive Science [C]. London：Basil

Blackwell.

[5] Beaugrande, R. 1991. Linguistic Theory: The Discourse of Fundamental Works [M]. London: Longman.

[6] Biber, D., et al. 1999. Longman Grammar of Spoken and Written English [M]. London: Longman.

[7] Bob R., J., Hays, Stefanie Jannedy. 2003. Probabilistic Linguistics [M]. Mass: MIT Press.

[8] Carside, R., G. Leech, & G. Sampson (Ed.). 1984. The Computational Analysis of English [C]. London: Longman.

[9] Chomsky, N. 1957. Syntactic Structures [M]. The Hague: Mouton.

[10] Chomsky, N. 1961. Formal discussion: the development of grammar in child language [A]. In J. P. B. Allen, van Burren, P. (Ed.), Chomsky: Selected Readings [C]. Oxford: OUP.

[11] Chomsky, N. 1964. Formal discussion [J]. The Acquisition of Language. Monographs of the society for Research in child development (29).

[12] Fries, C. 1940. American English Grammar [M]. New York: Appleton-Century-Crofts.

[13] Halliday, M. A. K. 1973. Explorations in the Function of Language [M]. London: Arnold.

[14] Huston, S., & G. Francis. 1999. Pattern Grammar [M]. Amsterdam: John Benjamins Publishing Company.

[15] Hymes, D. 1971. On communicative competence [A]. In J. B. H. Pride, J. (Ed.), Sociolinguistics [C]. Harmondsworth: Penguin.

[16] Jurafsky, D. 2003. Probabilistic Modeling in Psycholinguistics: Linguistic Comprehension and Production [A]. In Ren Bob, et al, (Ed.), Probabilistic Linguistics [C]. Mass.: MIT Press.

[17] MacWhinney, B. 2001. The competition model: the input, the context and the brain [A]. In P. Robinson (Ed.), Cognition and Second Language Acquisition [C]. Cambridge: Cambridge University Press.

[18] MacWhinney, B., and E. Bates. 1989. The Crosslinguistic Study of Sentence Processing [M]. Cambridge: Cambridge University Press.

[19] MacWhinney, B., E. Bates, and R. Kliegl. 1984. Cue validity and sentence interpretation in English, German, and Italian [J]. Journal of

Verbal Learning and Verbal Behavior (23), 127~150.
[20] Manning, C., & Schutze. 1999. Statistical Natural Language Processing [M]. Cambridge, Mass.: MIT Press.
[21] McEnery, T. A. W. 1966. Corpus Linguistics [M]. Edinburgh: Edinburgh University Press. 11.
[22] Mey, J. 1993. Pragmatics: An Introduction [M]. London: Blackwell Publishers Ltd.
[23] Oakes, M. 1998. Statistics for Corpus Linguistics [M]. Edinburgh: Edinburgh University Press.
[24] Sampson, G. 1987. Probabilistic models of analysis [A]. In Garside, et al (Ed.), The Computational Analysis of English [C]. London: Longman.
[25] Sampson, G. 1992. Probabilistic parsing [A]. In J. Svartvik (Ed.), Directions in Corpus Linguistics: Proceedings of Nobel Symposium 82 [C]. Berlin: Mouton Gruyter.
[26] Sampson, G. 2001. Empirical Linguistics [M]. London: Continuum.
[27] Simpson, R., and Swales, J. 2001. Introduction: North American perspectives on corpus linguistics at the millennium [A]. In R. Simpson, and Swales, J, (Ed.), Corpus Linguistics in North America [C]. Michigan: The University of Michigan Press.
[28] Svartvik, J. 1996. Corpora are becoming mainstream [A]. In a. J. Thomas, M. Short (Ed.), Using Corpora for Language Research [C]. London: Longman.
[29] Tognini-Bonelli, E. 2001. Corpus Linguistics at Work [M]. Amsterdan: John Benjamins Publishing Co.
[30] Widdowson, H. 1984. Competence and capacity in language learning [A]. In H. Widdowson (Ed.), Explorations in Applied Linguistics 2 [C]. Oxford: OUP.
[31] 桂诗春. 2000. 新编心理语言学 [M]. 上海：上海外语教育出版社.
[32] 胡朴安. 1983. 中国训诂学史 [M]. 北京：中国书店（根据商务印书馆1937年版影印）.
[33] 张凤芝等. 2002. 语言学科建设高级专家座谈会综述 [J]. 暨南大学华文学院学报（4）.

应用语言学的系统论[①]

笔者在《应用语言学》（桂诗春 1988：5～7）里提出从系统工程的角度研究应用语言学，得到一些前辈（王宗炎 1990；许国璋 1991）的赞许和同行的响应（张绍杰、杨忠 1991）。但正如王宗炎在该书的书评中所指出的，"这个意图在本书中并没有贯彻"，"还没有成为自己学术研究的指导原则"。这对本文笔者是一个挑战。要把系统思想体现在应用语言学研究的各个方面，并非单纯的思辨性活动，而是一项牵涉到学习、思考、研究、实验、论证的庞大工程。笔者在这里只能就使用系统科学的理论和方法来考察应用语言学提出一个理论框架，框架里的每一个问题都值得专门考察。

一、系统科学与应用语言学

第一，系统科学有不同的层次：首先是一般系统论，或称系统思想，它是一种科学思想，对各门科学的探究都具有认识论和方法论的哲学意义。它研究的是适用于各种系统的一般模型、原则和法则，这使一般系统论从理论生物学上升到哲学的高度，成为一般科学方法论。其次是系统工程，它属于技术科学，于20世纪30～40年代开始形成，与运筹学、控制论、信息论和计算机的出现有着共同的历史背景。人才预测、制定规划、优化组合、战略决策以及安排课表和课室，都与它有关。

第二，应用语言学有广义和狭义之分：广义应用语言学联系实际问题研究语言和语言学，从为少数民族创造文字到机器翻译，都可包括在内；狭义应用语言学研究的是语言教学，特别是第二语言教学。广义和狭义的应用语言学都具有多学科性的基础，包括了一系列的边缘学科；它面向过

[①] 本文发表在1994年第4期《外语教学与研究》，文后有作者的补记："惊悉许老不幸去世，至为悲痛。在我和许老近30年的交往中，他一直是我的良师和学术指路人，我提出应用语言学的系统观后，多次得到他的支持和鼓励，兹谨以此文深切悼念许国璋教授。"

程，而且有很强的实践性和广阔的应用范围（桂诗春 1988；1993）。运用系统思想观察应用语言学，可分两个层次：一是运用一般系统论来认识应用语言学的性质、特点和过程，为它奠定科学方法论的基础；二是运用系统工程和运筹学的原理去解决应用语言学所要解决的特定问题。限于篇幅，本文集中讨论第一个方面，而且只限于狭义应用语言学。

二、语言教学系统是一个开放系统

Bertalanffy（1950）的主要成就在于阐明开放系统是生命有机体的特征。物理化学的，特别是动力学和热力学中的系统是封闭的，和外界没有物质和能量的交换。根据热力学第二定律，这些系统最后都达到不受时间限制的平衡态，熵不断增加，信息量不断减少；系统的混乱程度不断增加，有序性不断减少。所以有人说，热力学第二定律是宇宙死亡的宣判。这种机械主义的观点解释不了正常的、有毛病的有机体与死亡的有机体之间的区别。生命系统是开放系统，它从环境中输入比它所消耗得更多的能量和信息，就可以获得负熵来维持和发展自己。一个开放系统也可能在某种条件下达到不受时间限制的状态，并作为一个整体和它的各个部分保持恒量，但它的成分物质却处于经常流动的状态，Bertalanffy 称之为稳定状态（steady state），以别于封闭系统的平衡态。和平衡态不同，稳定状态是不可逆的，它实际上是生命有机体的新陈代谢过程。

应用语言学是一门发展中的科学。1975 年在 Stuttgart 召开的国际应用语言学大会专门就应用语言学的定义举行了一次圆桌会议，Corder 在会上说，"在 1975 年 Stuttgart 会议上，世界各国专家以应用语言学的名义来讨论的所有的东西都是应用语言学"（Kaplan 1980）。可见，应用语言学家对应用语言学的性质、特点、对象和范围，尚未有一致看法。比较多的人认为它是一种"活动"〔见 Corder（1975）；Campbell（1980）；Kaplan（1980）〕，而且是一种"问题求解的""智能的"活动。也有人（Anthony 1977）认为它是一个"由各种关系组成的过程"。Kaplan（1980b）独树一帜，把应用语言学比作戏剧，因为戏剧综合地利用了各种艺术，如音乐、文学、演技、布景设计、造型艺术、舞蹈。Palmer（1980）归纳说："用来说明什么是应用语言学的三个最真实不过的修辞格是：中介的隐喻、问题求解的比拟和戏剧的明喻。"笔者建议把应用语言学看作一个系统。这和上述的认识并不矛盾，只不过是把应用语言学纳入更深刻的科学思想去认识，使我们的认识具有更概括的哲学意义。

从宏观上看，应用语言学使用系统的方法帮助学生把一个语言系统内在化，因此必须首先讨论语言系统的开放性问题。比较早把语言看作有机体的是19世纪的德国新语法学派的Paul（1966：4），他认为有机体的发展取决于两个因素：一是它受母体特征所制约，遗传因素使它沿着特定的路线发展，和母体具有相似性；二是它的一生受到天气、营养、环境、压力等偶然因素的影响，使它产生差异性。这个看法谈到有机体和环境的关系，隐含着语言是一个开放系统的意思。语言学家Saussure（1959：8，68），Bloomfield（1933：5～162），Sapir（1921：8），Firth（1957：180～187），Hjemslev（1969：8～10），Chomsky（1968：21～24），Hartmann（1963：87）和Halliday（1985：X～XV）从不同角度讨论了语言系统。Firth更指出，语言作为环境因素的结果，到处都是通过作为社会成员的人类身体系统来维持的，所以语言应该是系统的。Halliday运用了系统思想对伦敦学派的理论作出修正，进一步提出系统功能语法，使语言理论的系统观更为完整。德国语言学家Hartmann吸取了Hjemslev的观点，又提出语言系统可分为实质系统（virtual system）和执行系统（actual system）。实质系统相当于语言，执行系统相当于言语。执行系统是在实质系统的成分被"激活"后才形成的。从原则上说，实质系统是开放的，而执行系统则是封闭的。

（1）语言是一个开放系统，首先是因为这个系统必须和社会进行资源和信息的交换，语言的变化和发展同社会的发展息息相关。Bolinger（1975：17）指出："语言的宽阔的开放性来自多方面的重新投入，这使语言既具系统性，又容许变化。"Saussure（1959：8，68）早就意识到语言的内在两重性，区别出静态语言学和演化语言学。他所说的"静态"指的是状态；在一般系统论看来，最好称为"稳定状态"，因为这种"稳定状态"是相对的、不可逆的，通过新陈代谢的作用来保持系统的生命。静态容易使人误解为不发生变化，那不是Saussure的原意，他认为语言的一切变化都是在言语（即共时状态）中萌芽的（1959：98）。

（2）语言系统为开放系统的另一个依据是它的等级性。语言系统是一个包含了许多子系统的大系统。目前语言学界正在围绕这些子系统之间的关系展开热烈的争论。一种观点把语言系统看成是由独立的子系统或组块

(module)组成的系统，每一个子系统独立处理一个层面上的表征。子系统之间的信息只是单向地从低级到高级传递。这就是组块论或独立论。另一种观点认为语言系统是一个起高度交互作用的系统。它的子系统可以在不同层面上平行处理信息，而且这些信息可以在层面之间互相传递。这是交互作用论。一般系统论更倾向于后者，因为开放系统是一个整体（whole），而不是集合体（aggregate）。集合体的部分可以相加，而系统不能从部分中推断出来。

（3）语言的生成能力是语言系统的开放性的又一个依据。Chomsky（1957：13～15）认为，每个句子的长度有限，都由有限的因素集合构成；但语言却是无限数目句子的集合。语言学家都承认，语言无非是一个能够生成无限数目句子的规则系统。Bolinger（1975：16）认为，语言的等级系统是"无限使用有限手段"的物质表现。例如，我们可以用几千个词表示几百万个意义，而在几百万个意义基础上构成的可能的句子和篇章则是个天文数字。这就是"多方面的重新投入"。

我们来看语言教学系统的开放性。学习外语的人都先掌握了母语，围绕怎样对待这两种语言系统的关系，人们在外语教学史上展开过长期的争论，先是语法—翻译法和直接法（及其变种）之间的争论，现在则是重建假设（The Restructuring Hypothesis）和创造构建假设（The Creative Construction Hypothesis）之争。前者看到语言之间的共同性，强调母语系统对外语学习的促进作用，主张第二语言系统是在第一语言系统基础上重建的；后者看到语言之间的差异性，强调母语对外语学习的干扰作用，主张第二语言系统是在第一语言系统以外独立地建立的。不管哪一种假设，都认为语言学习是一个在学习者心中建立语言系统的过程：这个语言系统并非外在的（如抄在笔记本上面），而是内在的（大脑机制的组成部分）。这个语言系统的使用在多数情况下是无意识或潜意识的，可达到自动化的程度时也可以是有意识的（像Krashen所说的监控作用）。从这个角度看，学生在学习中的语言错误反映了其建立语言系统的阶段，故Corder（1981）把这些错误分为三类：一是前系统错误（pre-systematic），二是系统错误（systematic），三是形成系统后的错误（post-systematic）。我们又怎样理解这个语言教学系统是开放性的呢？

（1）这个系统是教育系统乃至社会系统的一部分。它不断从社会里吸收学生，经过一定时间的教育，又把加工好的成品向社会输送，循环往复。由于社会对人才的需要是不稳定的，因此培养和教育的过程也必须不断调整。特别是对人才的素质要求不断提高，要使这个系统运转，就必须从社会吸收物质和精神的能量。

（2）语言学习和使用过程在本质上是一个认知过程，牵涉到知觉、记忆、理解、意识、思维、决策和问题求解等心理表征。对信息的认知处理需要语言系统的知识、关于世界的知识、语境的知识，这些知识都是客观世界的反映，不是孤立的、封闭的。语言的学习和使用过程，实质上是与环境进行交换的信息处理过程。

三、语言教学过程的系统特征

下面我们将按照开放系统的一些重要特征来考察语言教学过程。所提出的不见得都是新问题，但一般系统论使我们开阔视野，对我们认识和解决这些问题具有启发意义。

（一）系统的整体性

整体性是针对机械论的系统观而提出来的。Angyal（1941：243～261）解释整体和关系项（relata）的区别：关系项（如 a 和 b 或 b 和 a）无需经过中介直接联系起来，建立两个物体之间的直接联系（如因果关系）的思维方式是关系思想（relational thinking）。但一个整体的成员却不是直接联系的线性排列关系，它们必须通过高一层次的系统才能连接起来，互相起作用，用以确定一个整体内的成员之间的关系的思维方式是系统思想（systems thinking）。

语言教学系统正是这样的整体。假定 a，b，c，d 是这个系统的一些因素（如教师、学生、教材、教法等），它们必须通过 A 这个总目标联系起来，构成一个整体（如图1）。

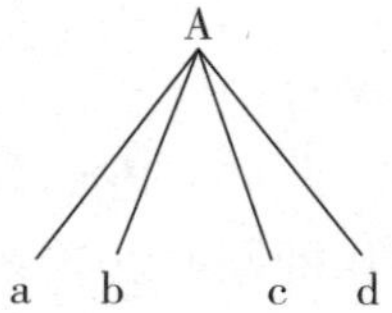

就教材论教材，或就教法论教法的孤立的观点不能解决语言教学中的问题。上面谈到的教学法之争，就是因为没有摆脱这种机械论的影响。20世纪60年代中叶，在行为主义教学法和电子、出版厂商的双重影响下，人们一度相信"语言实验室＋视听法"就是最佳的教学法。经过几年的实践，人们才恍然大悟：尽管语言

图1

实验室作为一种教学辅助手段不无作用,但并不存在什么最佳教学法。有鉴于此,70年代以来,一些应用语言学家以教学大纲(如意念大纲、交际大纲)为中心而提出他们的教学主张,正是整体观的体现。

Angyal还进一步认为,"整体大于各孤立部分之和"的著名论断其实也说得不清楚,给人的感觉是部分可以相加,不过相加时,可以添加一个新的因素。其实在一个整体里,部分并非以其固有属性,而是以其在系统中的位置连接起来。当然,部分也需要有一些属性,才能使它们放在系统所要求的合适位置;但是,有些属性不可缺少(如三角形中的边线),有些属性则无关紧要(如三角形中边线的长度)。这意味着系统是立体的,存在于多维域之中。系统无非是其成员在多维域中的分布。这种系统思想对我们深入理解语言教学过程很有好处,语言教学过程牵涉到许多因素,我们不应在其中寻找一些简单的因果关系,而应该使用系统的方法在高一个层次(整体)上综合考察这些因素的相互作用的结果。从整体观出发,我们可考察下面的问题:

(1)应用语言学是由多门边缘学科组成的一门综合性的应用学科,怎样从语言教学的整体出发,研究这些学科在应用语言学中的地位和作用?

(2)语言教学的目标是一个语言系统的内在化,怎样在语言教学中使各个子系统(语音、语法、词汇、语义、语用等等)的教学在这个总目标下互相协调?

(3)语言教学的过程不是平面的,而是立体的。在诸多因素中,教学大纲起到统领的作用。怎样在我国外语教师中提高他们对教学大纲的意识,使教学具有更明确的目标?

(4)一个系统的各个因素有哪些属性是不可缺少的?在系统设计时,怎样把它们区分出来?

(5)在语言测试中,我们要了解的是语言的使用能力,但是目前采用的题型以分离式居多。我们能否通过分离式项目来了解语言使用能力的整体情况?如果不成,又怎样改进?

(二)系统的有机关联性

系统既然是一个整体,它就必须具有一定的结构(或组织)和功能。系统的结构,指的是系统内部诸因素之间的有机联系和相互作用。系统内部的各个因素不但是独立的子系统，而且还是母系统的有机成员，所以这种有机关联性又表现为层次性，或称等级秩序。Bertalanffy（1968）以一组联立微分方程来说明任何一个变量的变化既受到其他变量的制约，又反过来影响其他变量乃至整个方程组的变化。因此结构表现的是各个部分的空间秩序。系统的功能指的是系统整体和外部环境互相作用的关系，它表现的是系统整体的过程和秩序。结构和功能是完全一致的；在生物世界里，结构就是过程流的表现。系统和外部环境的有机联系使它具有开放性质。语言教学系统充分地反映了这种系统的有机关联性：它的内部诸因素，如教学思想和原则、教材、教法、电化教学、教师、学生都是有机联系、互相影响的，而整个教学系统又和外部环境的一些因素，如国家的语言政策、社会需要、语言社区相联系的。这些因素自身又有许多子因素（如学生的因素由学习兴趣、学习动机、智力水平、外语潜质、学习策略、年龄、性别、性格等因素组成），构成一个称为个别差异（individual differences）的广阔的研究领域。

值得注意的是，系统的各个部分的内部效应是在系统整体和外部环境互相作用中产生的，而系统整体的效应则是在各个部分的相互作用中产生的。所以，不管我们考察哪些因素，它们都是受别的因素制约和影响的函数。总的来说，这种作用与反作用，按照Feibleman（1945）等人的意见，可以描述为下面的一些关系：组织—环境、作用—反作用、有效性—实际无效性、平衡—失去平衡、饱和—不足—多余、稳定性—不稳定性。这些关系的矛盾的统一导致事物的发展。我们可以从系统的有机关联性的角度研究语言教学的一些问题。如：

（1）关于外语教学的模型很多，这些模型的差别实际上表现为对外语教学的各个因素的不同的空间排列，怎样根据一般系统论的有机关联性的原则，取长补短，提出一个更通用的、更实际的模型？

（2）怎样根据我国国民经济发展的需要，特别是当前社会主义自由市场的需要，制定外语教学的发展目标和调整专业结构？

（3）语言教学系统的各个因素都不可缺少，但它们的权重并不一样，在不同的发展阶段和不同的环境里。怎样抓住主要的因素，以带动其他的因素？

（4）怎样对我国学习外语的学生的个别差异开展不是思辨性的，而是实验性的研究？

（三）系统的动态性

有机关联性强调因素之间的空间分布，而动态性则强调因素之间的时间变化。有机关联性强调系统和外界物质、能量、信息的关联，而动态性则强调物质、能量、信息的存在状态，或称相对的稳态。稳态不是静态，而是含有动态的一种运动状态。生物系统的整体往往是从原来的整体中分化出来的，例如，经过胚胎逐步发育成为植物有机体。这是"渐进分异"（progressive segregation）。渐进分异的结果是一个统一的系统逐渐分化成为独立的因果链，使结构的各个部分更加专门化。

上面谈到，关于应用语言学，有的人认为它是面向过程的，有的人认为它是一种问题求解的活动，有的人强调它的中介功能，这些看法都隐含着一种动态的观点。Kaplan（1980：64）指出，应用语言学家从事解决人的问题，他们不能像理论语言学家那样考虑那些孤立和静态的语言子系统，而必须考虑语言的动态性。应用语言学必须对不同的任务的具体要求具有最大的适应性，它必须不断从各个相关学科的新发展中吸收新养分，以丰富自己。

联系系统的动态性，我们可以考察下面的问题：

（1）语言教学系统的各个因素不在乎它们是否存在，而在乎它们处于经常变化发展之中。怎样按照它们的变化的情况，谋求优化的组合，在动态中保持相对的稳态？

（2）应用语言学的毗邻学科很多，有的与语言系统直接有关（如语音、语法、语义、语用），有的产生自语言学和别的学科的边缘（如社会语言学、心理语言学、神经语言学、计算语言学），有的与语言教学有关（如教育学、教育测量学、教育技术）。怎样不断地吸收这些学科的新成果，以更新应用语言学的理论和方法？

（3）怎样教育学生用动态的观点来对待自己的学业成长，来学习和使用活的语言？

（四）系统的有序性和预决性

只要从环境中输入系统内的负熵流大于系统内自发增加的熵，就能使系统的有序性增加。有序性的增加使系统具有目的性，所以开放系统又可称为目标指引的系统。这意味着系统的有序性是有方向的，而不是随机的。一个系统的方向取决于其预决性（finality）。Bertalanffy 还认为，预决性不仅取决于实际的条件，而且取决于对未来的预测。他提出同等预决性（equifinality）的概念，即可以从不同的起始状态，用不同的方式，最后达到同样的目标。这是生命有机体异于机械性结构的重要特征。机械性结构遵循固定的路径，起始状态或路径的改变都会改变终止状态。生命有机体则不同，从不同的起点或路径都可以达到同一目标。在外语教学中，必须根据不同的目标、条件、对象，因材施教，自不待言。同等预决性给我们的另一点启发是学习者都能学好另一种语言，关键在于他们能否树立明确的奋斗目标。在可学性理论（Learnability theory）中，一个学习模型有四个部分，最后一部分是学习者对目标语所设定的成功准则（Pinker 1989：363~364），有些学生浅尝辄止，是因为他们的成功准则定得太低。在这方面可开展研究的领域有：

（1）语言教学成败的关键在于增加语言教学系统的有序性，而这又取决于向系统输入比它所消耗的更多的能量。怎样在当前的形势下输入更多物质的和精神的能量？

（2）从同等预决性的原理来看，学生都能学好外语，但为什么外语学习有成有败？这和学生所设定的成功准则有无联系？怎样帮助学生提高他的成功准则的阈限？

（3）既然不同的路径可以达到同样的目标，这些路径有没有快慢之分？怎样从我国学生的情况出发，选择较佳的路径？

（五）系统的环境

开放系统不能离开环境而存在，Simon（1956：129~138）曾以一个有机体觅食为例，说明它和环境的关系：①它必须在地面上随机寻找食物；②当它发现食物，就必须前去吃掉；③如果在需要寻找一顿食物和取食的平均时间内所消耗的能量低于所吸入的能量，它就可在剩余的时间内休息。

这个有机体在两顿饭之间的生存机会决定于四个参数：p 是环境中食物丰富程度的参数；d 是环境中路径多寡的参数；H 是有机体的存储容量；v 是有机体的视野。前两个参数与环境有关，后两个参数与有机体本身有关。Simon 把这四个参数的关系表示如下：

$$Q = (1-p)^{(H-v)dv}$$

Q 是不能生存的机会,生存的机会为 $P = 1 - Q$。这个公式的含义是:环境中的食物越丰富、越多,而有机体的存储容量越大、视野越广,生存的机会就越大。假定 p 为 1/10000,d 为 10,H 为 103,v 为 3,P 就是 0.9995。如果其他值不变,路径 d 减少一半,P 就只有 0.71。如果视野减少一半,P 就只有 0.27。所以路径和视野尤为重要。这个公式还说明目的性行为的重要性,如果有机体的行为完全是随机的,即没有路径和视野的,在 p 和 H 依旧不变的条件下,它的生存机会只有 0.00995。这个分析对我们理解外语教学的过程很有帮助,我们可以把生存的机会比作成功的机会。从宏观上看,语言教学系统必须与外界环境保持经常的接触,吸收养分。从微观上说,在外语教学中应该十分重视语言的环境,尽量想法增加学生接触外语的机会。从多方面接触外语,也就是增加路径。但是,最重要的是开拓学生的视野。视野和有机体本身有关,但我们也可把它理解为认知环境(桂诗春 1992)。在这方面可以开展研究的领域有:

(1)怎样认识不同的学习环境(正规的课堂教学和非正规的语言接触)的关系和作用?

(2)中国一般都缺乏所学外语的语言社区,在这种情况下怎样组织外语教学,创造更多的语言环境?

(3)外语学习有哪些环境因素,它们对学生有些什么正面的和负面的影响?怎样帮助学生克服他们的心理障碍,通过接触外语来学习外语?

(六)系统的控制和反馈

目的性行为产生自相互作用,而相互作用表现为控制与反馈。在一个控制系统里,有两个互相依存的子系统:一个是施控系统,一个是受控系统。控制与反馈指的是这两个子系统之间的相互作用。控制作用的结果使系统朝着一定方向运动;反馈是受控系统对施控系统的反作用,这种反作用使施控系统发生调节,产生新的目的性行为。现代技术中广泛地使用了反馈机制,从简单的恒温器到复杂的导弹,这就是伺服机制。生命有机体也需要反馈机制,如体内平衡(homeostasis),不管我们的外部条件(如温度和湿度)有什么变化,我们的体温却能保持稳定。生物学家指出,任何使系统受到破坏的内部和外部因素都会受到尽量使该系统恢复原来状态的力量抗衡,所以反馈的作用是使系统保持其原来的特性。

语言教学系统要正常运作,也需要反馈机制。测试是为教学提供反馈信息的一种手段，不管哪一种类型的测试，都应有这种"诊断性"的功能。如果说测试是我们经常使用的手段，我们对另一种手段则较为忽略，这就是学生的语言错误分析。通过分析，我们也能了解学生的语言发展情况。最近提倡的认知测试，在某种意义上说，就是企图把测试和语言错误分析结合起来，提供更多的反馈信息（桂诗春 1992a）。

反馈有正负之分，作用不同：正反馈使输入对输出的影响增加，系统的输出就会偏离控制的目标，它有助于说明系统的失稳、破坏或进化；负反馈使输入对输出的影响减少，它使目标差不断减少，使系统不至于偏离目标太远，有助于说明系统的稳定性和目的性行为。如果我们把测试和语言错误分析看成为反馈，不能简单地把做对或做错和正反馈或负反馈联系起来。在生物界和无机界，大量的系统都能抵抗环境的干扰而保存其性状，说明负反馈起着重要的作用。从这个意义来说，测试和错误分析的结果都是负反馈，它们从不同方向提供信息，使我们的系统不至于偏离目标。从信息论和控制论的角度看，反馈的含义很广，值得探索的领域有：

（1）除了上述两种手段外，调查研究和科学实验也是获得反馈信息的手段，怎样在语言教学系统中建立一个多渠道的反馈系统？

（2）在语言系统中怎样使控制和反馈相互起作用，成为一个自动调节、互为因果的良性循环？

（3）语言教学的目的往往被说成是语言使用的"自动化"，反馈在"自动化"过程中起什么作用？

（4）语言教学系统既要保存它本身的特性，也要变化和发展，控制和反馈又怎样促进系统的进化？

语言教学系统牵涉到人的因素，因此它不仅是一个开放系统，而且还是一个复杂系统。复杂系统研究的是人的认知系统，强调系统中的自组织行为。怎样进一步研究这个认知系统，还需要运用到系统科学中的许多新理论，如 Prigogine 的耗散结构理论，Haken 的协同学，Eigen 的超循环理论，Thom 的突变论。限于篇幅，这里无法展开。[①] 但我们可以说，把应用语言学放在系统科学的基础上来考察，会大大提高它的解决实际问题的

---

① 本文写于 1994 年。值得注意的是 Larsen-Freeman 的 Chaos/Complexity Science and Second Language Acquisition 一文（Larsen-Freeman 1997）。她试图从混沌/复杂性的角度进一步探讨二语习得过程，可参看笔者的《外语教学的认知基础》一文。

能力，使它具有磅礴的生命力，永葆学科的青春。

参考文献

［1］ Angyal, A. 1941. Foundations for a Science of Personality ［M］. Mass.：Harvard University Press.

［2］ Bertalanffy. 1950. The theory of open systems in physics and biology ［J］. Science, III.

［3］ Bertalanffy, K. 1968. General System Theory：Foundations, Development, Applications ［M］. New York：George Braziller.

［4］ Bloomfield, L. 1933. Language ［M］. Chicago：University of Chicago Press.

［5］ Bolinger, D. 1975. Aspects of Language. 2nd Edition ［M］. NY：Harcourt Brace Jovanovich.

［6］ Campbell, R. 1980. Towards a redefinition of applied linguistics ［A］. In R. Kaplan (Ed.), On the Scope of Applied Linguistics ［C］. Rowley, Mass.：Newbury House.

［7］ Chomsky, N. 1957. Syntactic Structures ［M］. The Hague：Mouton.

［8］ Chomsky, N. 1968. Language and Mind ［M］. New York：Harcourt, Brace and Javonovich.

［9］ Corder, P. S. 1975. Applied linguistics and learning teaching ［A］. In J. P. B. Allen, & S. P. Corder (Ed.), Papers in Applied Linguistics ［C］. London：Oxford University Press.

［10］ De Saussure, F. 1959. Course in General Linguistics ［M］. London：Peter Owen.

［11］ Feibleman, J. & Friend, J. 1945. The structure and function of organization ［J］. Philosophical Review, 54.

［12］ Firth, J. R. 1957. Personality and language in society ［A］. In J. R. Firth (Ed.), Papers in linguistics 1934-1951 ［C］. Oxford：OUP.

［13］ Halliday, M. A. K. 1985. An Introduction to Functional Grammar ［M］. London：Longman.

［14］ Hartmann, P. 1963. Theorie der sprachwissenschaft ［A］. In R. Beaugrande (Ed.), Linguistic theory ［C］. London：Longman.

[15] Hjemslev, L. 1969. Prolegomena to a Theory of Language [M]. Madison: University of Wisconsin Press.

[16] Kaplan, R. 1980a. On the Scope of Applied Linguistics [M]. Mass: Newbury.

[17] Kaplan, R. 1980b. Towards a redefinition of applied linguistics [A]. In R. Kaplan (Ed.), The Scope of Apply Linguistics [C]. Rowley, Mass.: Newburry House.

[18] Larsen-Freeman, D. 1997. Chaos/complexity science and second language acquisition [J]. Applied Linguistics, 18 (2), 141~165.

[19] Palmer, J. 1980. Towards a redefinition of applied linguistics [A]. In R. Kaplan (Ed.), On the Scope of Applied Linguistics [C]. Rowley, Mass.: Newbury House.

[20] Paul, H. 1966. Prinzipien der sprachgeschichte, 7th Ed. [A]. In J. P. B. Allen, & Corder, S, (Ed.), Readings for applied linguistics [C]. Oxford: OUP.

[21] Pinker, S. 1989. Language acquisition [A]. In M. Posner (Ed.), Foundations of cognitive science [C]. Mass: MIT Press.

[22] Pit Corder, S. 1981. Error Analysis and Interlanguage [M]. Oxford: OUP.

[23] Sapir, E. 1921. Language [M]. NY: Harcourt, Brace & World.

[24] Simon, H. 1956. Rational choice and the structure of environment [J]. Psychological Review, 63.

[25] 桂诗春. 1988. 应用语言学 [M]. 长沙: 湖南教育出版社.

[26] 桂诗春. 1992. 认知与语言学习 [J]. 外语教学与研究 (4).

[27] 桂诗春. 1992a. 认知与语言测试 [J]. 外语教学与研究 (3).

[28] 桂诗春. 1993. 应用语言学与认知科学 [J]. 语言文字应用 (3).

[29] 王宗炎. 1990. 评应用语言学 [J]. 外国语 (1).

[30] 许国璋. 1991. 语言学系列教材总序 [A] //桂诗春 (Ed.). 应用语言学 [C]. 长沙: 湖南教育出版社.

[31] 张绍杰, 杨忠. 1991. 外国外语教学——学习模式的整体构想——桂诗春"系统工程说"对于外语教学的启示 [J]. 外语教学 (2).

"外语要从小学起" 质疑[①]

"外语要从小学起"这一说法似乎就和学钢琴和小提琴要从小学起一样，为一般人所深信不疑。例如，人民教育出版社的《小学英语教学与教材编写纲要》中说，"一般说来，学习语言越早越好"。小学开设外语（主要是英语）的运动已悄悄兴起。有人估计目前全国已有23个省（市）、自治区在小学开设英语课，小学学习英语的人数已逾百万。一些家长把从小学外语看作一项智力投资，对小学教育形成压力，于是有些学校尽管尚未具备条件，也匆匆上马，造成不良后果。有人推出"0～6岁幼儿学英语及早教工程系列"，只要买了他的录音带和教材，就"确保你的孩子3岁脱盲，4岁广泛阅读，5岁会说一口流利的英语"。试问四五岁幼儿的智力究竟有多高，能广泛阅读英语和说一口流利的英语吗？

"外语要从小学起"这一说法究竟有多少依据？在外语教学历史上，这是一个争议较多而又没有肯定性结论的问题，一般称为外语学习的年龄因素或最佳年龄问题。在古罗马和文艺复兴时期，都有人主张从小学外语。法国的蒙田在他开始学话时，就跟三个不懂法语、只懂拉丁语的德国家庭教师生活在一起，但他学的拉丁语很快就丢得一干二净，最后却成为一代法语散文大师。

第二次世界大战以后，由于政治、经济和社会的需要，不少国家都在试验在小学开设外语，导致联合国教科文组织在汉堡召开了两次（1962，1969）专门研究小学教外语的国际会议[②]。美国心理学家 Carroll（1969）

[①] 原文发表在1992年第4期《外语教学与研究》。发表时有一段编者按语，如下："对于外语最宜从何时学起的问题，这篇文章虽然没有给出肯定的解答，但是作者从多个方面，引述国外的试验和论证，对这个问题做了细致的分析。

教学的安排，应首先出自科学的论证，想当然和盲从，既无益，又浪费。

教育要讲效率。三年的学习内容，花五年去学，是不讲效率；撇开教材的衔接，造成重复学习，是不讲效率；忽视认知能力的差异，以教儿童的方法教成人，或反之，也是不讲效率。"

原文文献来源没有注明出处，这次重新发表，尽量补齐。

[②] 这两次会议都有专门的文集（Stern, 1963; Stern, 1969），由英国 OUP 出版。

在第二次会议上说:"(会议)所提出的问题是儿童学语言是否会比大一点的人学得好些和快些。不幸的是,还没有一个满意的答案。"提早学外语的理由不外乎下面几点,但都值得质疑:

(1) 外语学习是否有所谓临界期?这是提早学外语的一个最主要的神经生理学依据。Lenneberg(1967)提出人的语言能力在青春期(10岁前)后便完成其侧向大脑左半球的过程,Penfield(1959)等人更明确指出,各种语言学习在9岁以后就会越来越受到大脑的僵硬和呆板所牵制。在他们的思想影响下,美国于20世纪60年代初期开展了一场小学外语运动(FLES)。但是,不少人对Lenneberg所提出的证据表示怀疑,而且有更多的材料表明大脑侧向很早就完成。Entus(1977)的研究说明从22天到140天的婴儿的大脑已经具有和成人大脑相同的不对称的特征。也有人指出,临界期的假设不足以解释年龄在外语学习中的作用,因为这个假设其实只是指发音,它必须说明为什么大脑侧向所引起的僵化只会影响发音,而不会影响其他的语言能力。Seliger(1978)因而提出"多种临界期假设":语言功能的侧向和定位是一个逐渐发展的过程,各种语言能力有其自己的临界期。总之,神经生理学的证据还不足以支持外语要从小学起的说法。

(2) 外语学习是否越早越好?世界各国在战后确实开展了不少从小学开始学外语的试验,实际效果又如何呢?Singleton(1989)以青春期作为分界线,对比了两类试验,一类是支持越早学外语越好的说法的试验,一类支持晚一点学外语(青春期后)的说法的试验。在第一类试验里,他回顾了十多个试验,90%都是与移民的外语学习有关的,年纪越轻的移民确实学得越好,但那是因为他们处在双语制的环境里。这个结论难以适用于在正规课堂里进行外语教学的情况(像我国),因为不存在双语制的环境。在第二类试验里,在正规课堂的条件下,年纪大一点的学生都比儿童学得好,说明不具备双语制环境的外语教学没有必要提早进行。美国大规模的五年试验FLES是在小学教法语和西班牙语,没有双语环境,其结果是:在小学多学了六年外语的学生到初中继续学习,比从初中开始学习的学生的水平高了一学年,成绩提高了10%。因此这个结果既可说明从小学开始学外语略具优势,但也可以解释为,年纪大一点的学生学习效率要高一些。那么有没有外语学习的最佳年龄呢?目前尚无定论,我们所看到的一些对比试验报告都是青少年或成人学得较好。

（3）从小学外语有些什么优势？一般人认为儿童的模仿力强，听觉较敏锐，心理障碍较少，这是他们学习外语的优势。在这方面青少年或成人确实不如儿童，但青少年能够更好地了解语言和文化各方面的联系，智力较发达，记忆力较强，母语系统已建立；成人有较强的学习动力和学习持久性、较高的语言规则的归纳能力，这却是儿童所不及的。从儿童的特点来看，从小学外语能够学到较好的语音，甚至是接近本族人的语音，而超过了青春期，就不可能达到。Cummins（1979）区分出两种语言能力，一种叫做"基本人际交际技能"（basic interpersonal communicative skills, BICS），一种叫做"认知/学习语言水平"（cognitive academic language proficiency, CALP）。儿童学外语对前一种能力有优势，但是，要注意两个问题：一是发挥优势是有条件的，语音或交际技能要学得好，必须有语音和口语能力强的老师，否则儿童只会模仿到一些不三不四的语音或口语；二是在目前世界各国的中、小学的教学大纲里，都没有提出要学生的语音达到本族人的水平，在我国普通教育中提出这样的要求，更是脱离实际。除了语音以外，较多的研究表明，学生的词汇能力、语法能力以及上面提到的认知/学习语言水平，基本上是随着年龄的增长而增长，一直到20多岁。理由也很简单，外语能力的成长和人的认知能力的发展有直接联系，而儿童的认知能力还不够成熟。因此就普通教育而言，目前我国从初中开始学外语是符合实际的。

（4）从小开始学外语有后劲？另一种说法是，从小学外语从长远来说有好处，早年学到的东西印象深刻，即使遗忘了，以后再捡回来也容易。其实这是指在自然的（双语际的）状态下学外语而言的，在正规的课堂教学里，是否也能这样，大可置疑。Oller（1974）等人在美国中、小学第七、第九、第十一年级做试验，每个年级都掺进一些在小学里学过6年外语的学生。如果是有后劲的话，应该是越到高年级越学得好。可是结果刚刚相反：在第七年级里从小学过外语的学生和没有学过的学生有非常显著意义的差别；到了第九年级差别就大大缩小，但仍有显著意义；到了第十一年级，则没有显著意义的差别。这个结果的含义是，年纪大一点的学生用了5年学到了年纪轻的学生在11年内学到的东西。

（5）外语在什么情况下能学得好些？多数研究表明，与外语接触的时间越长，外语就学得越好。从早学起和增加接触外语时间有联系，但不是一回事，因为增加接触外语机会主要是指在自然交际环境中的接触，不是指延长学习年限。只要安排得法，不管从什么年龄开始学，都有可能增加接触外语的机会。

上述讨论可以归纳为两点：一是具备了合适的学习环境（如双语制或外籍教师教学），早一点接触外语的学习者比迟一点接触外语的人从长远看来可能略具优势；二是在合适的学习条件下，青少年和成人也能在多数方面和儿童一样学到外语，甚至效率要高些。

但是，从小教外语不仅是个科学问题，它在很大程度上是一个教育经济学问题：按照我国国情，应投入多少人力、物力？应增加多少学习时间来获得多少效益？值不值得这样做？关于小学开设英语课，我有如下建议：

（1）"外语要从小学起"或"外语学习越早越好"这一类说法从理论到实践上都没有充分的科学依据，充其量也只是一个未经证实的假设，不能作为教育决策的根据。各级教育部门的决策者应有清醒的头脑，不能人云亦云，陷入盲目性。在社会舆论和宣传上，也应对上述一些说法予以澄清，以免以讹传讹。外语学习的年龄问题是应用语言学中研究得较多的问题，有许多试验报告和总结，我们应该联系中国的实际，研究人家的经验和教训，使决策更有科学性和可行性。Stern（1969）认为从什么年龄开始学外语要考虑三个问题：一是按照大多数学生的情况要达到某一阶段所规定的语言水平，估计需要多少时间？二是外语学习在教学大纲的特定阶段的教育价值。三是保证外语学习维持在有效水平所需的师资和教学手段。这几点值得我们考虑。

（2）当前在英语教学中困扰着我们的主要问题是效率和经济效益不高，我国一个学生在中学阶段学了5～6年（差不多800～900学时），只能领会式掌握1000多个英语单词，粗略地掌握一些基本语法知识，各种语言使用能力均比较差。这里有教学方法问题，但和现行的英语教学体制也不无关系。总的来说，学得过于零散，重复太多。英、美等国有人做过试验。根据英国的调查，从8岁开始学法语的儿童和从11岁开始学法语的少年，到了16岁时，成绩并没有很大差别。因此与其把外语教学延长到小学，还不如做一些缩短学制、提高效率的试验。当前应首先加强中学特别是初中的英语教学，据1985—1986年全国十五省市中学英语教学调查，我国初中的英语教学很不平衡，有的地方还开不出英语课。开出英语课的地方差别也很大，有6个层次，最高层次的成绩为最低层次的2倍。

（3）小学开设英语课必须控制在一定范围内有目的地进行试验，不能不问条件一哄而起。试验要按照科学实验的方法严格进行，必须纳入英语教改整体试验中。例如，小学学过外语的学生必须在初中得以衔接，如果到初中又从头开始学习英语，试验就无意义。因此，在外国语学校试验比较合适，因为那里的教学和师资条件较好，同时又可使小学和初中的英语教学衔接起来。试验必须有横向（如不同年龄档次）对比和纵向（在小学学了英语的学生进入初、高中后和在小学没有学过英语的初、高中生）对比研究，才能看出小学开始学英语的优劣。试验要根据儿童特点，考虑教材、教法，而不能照搬中学的一套。例如，我国流行教国际音标，这是20世纪50年代学习苏联的产物。在英语学习的某一个阶段教国际音标，无可厚非，但是从大学、中学、小学，一直到幼儿园都教国际音标，却是不问年龄特点，生搬硬套。要知道在首先使用国际音标为英语标音的英国，只有准备当英语教师的人才需学国际音标！

参考文献

［1］ Carroll，J. 1969. Guide for the collection of data pertaining to the study of foreign or second language by young children［A］. In Stern，H.（Ed.），Languages and the Young School Child［C］. London：OUP.

［2］ Cummins，J. 1979. Cognitive academic language proficiency, linguistic interdependence, the optimal age question and some matters［J］. Working Papers on Bilingualism（19），121 – 129.

［3］ Entus，A. 1977. Hemispheric asymmetry in processing of dichotically presented speech and nonspeech stimuli by infants［A］. In Segalowitz，S. & Gruber，E.（Ed.），Language Development and Neurological Theory［C］. New York：Academic Press.

［4］ Lenneberg，E. H. 1967. Biological Foundations of Language［M］. New York：Wiley.

［5］ Oller，J.，& Nagato，N. 1974. The long – term of FLES：An experiment［J］. Modern Language Journal（58），15 – 19.

［6］ Penfield，W.，& Roberts，L. 1959. Speech and Brain Mechanisms［M］. New York：Atheneum Press.

［7］ Seliger，H. 1978. Implications of a multiple critical periods hypothesis for second language learning [A]. In Ritchie, W. (Ed.), Second Language Acquisition Research: Issues and Implications [C]. New York: Academic Press.

[8] Singleton, J. 1989. Language Acquisition: the Age Factor [M]. Clevedon, Avon: Multilinguial Matters.

[9] Stern, G. (Ed.). (1963). Foreign Languages in Primary Education [C]. London: OUP.

[10] Stern, H. (Ed.). (1969). Languages and Young School Child [C]. London: OUP.

外语教学法十项原则①

有一个很奇怪的现象：除了个别生理上有缺陷的儿童外，绝大多数儿童都能无甚困难地学会讲母语。可是到了学习一门外国语的时候，情况就大异了：有成有败，因人而异，有花小气力就能学习者，有花大气力才能学会者，甚至有花了大气力仍学不到者。这就向人们提出了一个问题：是不是我们外语的教学方法或学习方法有问题？

Kelly（1969）写了《语言教学二十五世纪》一书，把外语教学推到 2500 年前；可以说，2500 年以来，人们都在追求一种理想的外语教学方法。作为 Kelly 那本书的先导的是 Mackey（1965）的《语言教学分析》，他在书中一口气列举了 15 种教学方法，这还不包括日后相继提出的认知法、情景法、功能法、交际法、启发法、沉默法、商谈法、全部浸沉法、全身反应法等等。20 世纪 60 年代中叶，人们一度以为，我们终于找到一种理想的外语教学法，那就是听说法（或视听法）加语言实验室。于是设置语言实验室成风，适合在语言实验室内使用的听说教材（附有所谓四步练习的录音带）也充斥了市场。可是，人们很快就发现这种方法的理论基础是薄弱的（在语言学上是结构主义，在心理学上是行为主义），在实践上亦未见明显优越。Smith（1970）的关于认知法与听说法两大流派比较试验的《宾州报告》的结论是：听说法加上语言实验室不见得比传统教学法的现代版本——认知法好多少。这一剂清凉药使人们头脑清醒了，大概像万应金丹那样的外语教学法根本不存在。

于是又出现一种颇为流行的说法，叫做折衷法（eclectic method），提倡此法者大概有两类人，一是具有历史感的教师，认识到无所谓最佳教学法，因而必须根据培养目标、教学对象、教学阶段、教材、课型的不同灵活地运用各种不同的教学法和教学手段。这是积极的折衷主义。另一类人则是囿于狭隘经验主义的教师，他们故步自封，以不变应万变，亦喜欢标

---

① 本文原载于 1987 年第 1 期的《山东外语教学》，后又收录在论文集《应用语言学与中国英语教学》（桂诗春 1988）中。

榜其教学法为折衷的。这是消极的折衷主义。

不管采取哪一种折衷主义的态度，都必须明确一个基本观点：外语教学是不是一门科学？有没有规律性可言？如果答案是肯定的，那么对积极折衷主义者而言，灵活运用必须有所依循，要符合外语教学的客观规律；对消极折衷主义者而言，则需跳出狭隘经验主义的圈子，学习外语教学的科学，使"自在的"教学活动上升为"自为的"科学活动。

因此，当务之急不在于验明教学方法之优劣，而在于根据应用语言学的原理和外语教学的经验去总结外语教学的共同规律。共同规律源于方法，高于方法，是各种方法必须遵循的基本原则。下面试举10条，并非个人的创造发明，大部分是他人在不同场合里提过的，但也有些是自己的感受。谁先提出来的，已难以稽考，故未一一注明来源。

一、发挥教师的主导作用

在教学舞台上，教师是导演，学生是演员。作为一个导演，他必须：

（1）全局在胸，指挥若定。他必须了解教学总目标和各教学阶段的具体目标，不断对学生提出只要经过努力都能达到的要求，使之增强学习信心。上一堂课就等于演一场戏，要富有节奏地开展，逐步引向高潮。有的教师上课照本宣科、平淡无味，主要是缺乏全局观点，不明确他这一堂课要达到什么目的。

（2）了解自己的学生，千方百计地调动他们的学习积极性。一位教师如果不能引起学生对自己教学的兴趣，用再好的教材、再好的方法，也是徒然。外语教师要特别了解自己学生的学习外语的心理过程和学习外语的模式，才能因材施教。

（3）教师不仅是语言知识的传授者，而且更重要的是语言技能的训练者。导演向演员"说戏"，是为了帮助演员进入角色，演好戏。教师向学生传授语言知识，是为了帮助学生熟练地运用语言进行交际。在这里需要强调的是，教师在课堂教学中起组织者的作用，在学生学习过程中起促进者的作用。

（4）教师要做教材的主人，不要做教材的奴隶。教材好比剧本，既然不同的导演对同一剧本可作不同的艺术处理。不同的教师自然也可对同一教本作不同的教学处理。教师在教学中应有所"本"，也要有所"张"。

教材的使用预先做好安排，使它的优点得以充分发挥，缺点得以及时补救。在外语教学中，要尽量扩大学生的外语接触面，因此也不能死抱一种教材，这就要求教师根据大纲要求，灵活选用辅助性的教材。

（5）教师不能囿于一种教学方法，必须兼容并蓄，各种教学方法均备于我。这就是上述的积极折衷主义。用什么方法，很大程度上取决于具体教学场合的要求。碰到一句难句，学生难以理解，为什么不可以用翻译法？但课文无甚难点，只要求学会使用，却又无甚必要多作解释。有的场合要求教师多讲，有的场合却又要求学生多练，难以作硬性规定。还有，处于不同学习阶段的学生各自有其特殊的难题，应采用不同方法去解决。既然在外语教学上没有一把对各种难题都能迎刃而解的万能钥匙，我们就只好在身边多带几条钥匙，以期一把钥匙开一把锁。

二、以学生为中心

在外语教学诸因素中，学生是内因，外因通过内因起作用。这也等于演一场戏，导演再高明也不能没有演员。20世纪60年代中叶以来，在西方兴起了一次"以学生为中心"的教改运动，促进了外语教学中对学习者的"个别差异"（individual differences）的研究：

（1）年龄。学习语言有没有临界期？有没有最佳的学习外语的年龄？"外语要从小学起"的说法一度颇为流行，导致在小学开设外语课的各种试验。这些试验至今未能取得肯定性的结论，因为它在很大程度上取决于老师的条件。撇开经济可行性这点不谈，"外语从小学起"没有多大的神经语言学和心理语言学的理论基础。因此，与其去寻找最佳的学习外语年龄，还不如去研究怎样对不同年龄档次的学生进行有针对性的教学。在外语教学法争论中的一大缺点是离开年龄去谈孰优孰劣，不知道教学法和学生的成熟程度很有关系。当前我们应着重研究青年（青春期至18岁）和成人（18岁以上）两种类型学习者各有什么特点，怎样根据其特点组织外语教学。

（2）学习动力。国外对学习外语动力的研究主要在移民中进行，不甚适合我国的情况；但是，学习动力的高低直接影响到学习效果，值得深入探讨。例如，我国高等学校中学生吃国家"大锅饭"的现象仍然存在，只要跨进大学门槛，学得好坏都一样，照样升级、毕业。治之之道是实行淘汰制。但我们应采用更积极的办法，提高学生学习外语的兴趣和积极性。人的大脑有90%以上的潜力没有发挥，只要我们解放它的各种约束，就可产生学习上的飞跃。保加利亚心理学家Lozanov所提倡的启发法认为学生往往受各种传统的观念所束缚，教师的责任应是启发他们摆脱束缚，敢想才能敢干。

（3）智力。智力高低与语言能力强弱有何关系，这是一个悬而未决的问题。例如，智力高低似乎不会影响母语的习得，但是又似乎与母语有密切关系，因为智力必须通过语言来了解。至于外语的语言能力和智力的关系如何，就更难以回答。但是它们不会完全无关，因为要进行言语交际活动，人们不但要有语言知识和技能，还必须有各种关于客观世界的知识。至于外语学习有些什么相关学科，目前还缺乏有力的试验报告来说明。

（4）学能。学能在英语里是aptitude，可以有不同的定义。它是指一种潜在的能力倾向，学能强的人能够比学能弱的人更快地学会一种语言。美国人较热衷于进行语言学能测验。Carroll（1967）与Pimsleur（1966）都设计了这样的测试，包括语法敏感性、语音编解码能力、学习的归纳能力和记忆能力等内容。但是，问题在于心理学家对学能的认识并非一成不变的。在认知心理学的影响下，有人认为"独立型"（field independent）的学生比"依赖型"（field dependent）的学生更宜于学外语，因为他们善于从语境中分离出语言项目并进行分类。又有人指出，在语言学习中，有一种人喜欢任意扩大规则的应用范围，而另一种人则死抠规则，不敢越雷池一步。在这两者之间的人最宜于学习外语。又有人从学生的特点来看其发展语言能力的素质，"冲动型"学生宜于在自然的语境中学习，口语较好；"内省型"学生宜于在正规的课堂里学习，笔语较好。这已经牵涉到学生性格的问题了。

（5）学习技巧。在外语学习中，学生有不同的"语言观"，学习技巧、学习方法、学习习惯都值得我们去研究。Rubin（1975）、Stern（1974）都曾调查过一些外语学得好的人的共同特点。1984年，我在广州外国语学院也开展过类似的调查（见《我国英语专业学生社会心理分析》），所得的结论基本一致。从学习技巧上看，外语学得好的学生都有强烈的交际动机；对学习任务采取积极的态度，在课堂上留意听讲，爱做练习，积极反应，渴求知识，勇于提问；在学习上不怕犯错误，不易受挫折，勇于作各种尝试，去建立新的语言系统；善于进行语言猜测，锻炼自己的语言应变能力；既注意语言形式，对自己和别人的话语进行监察，又注意意思的表达；具有个人的学习风格。

上面列举的五点没有包括"个别差异"中所有的问题，但已足以说明学生因素的复杂性。"以学生为中心"无非是说教学要看对象，从对象的具体情况出发组织教学。

三、使用是外语教学的最终目的

这是衡量外语教学好坏的唯一标准。与外语教学有关的所有人员——教学计划和大纲的制订者、教材的编者、教学软件的制作者、教师、学生、考试试题的命题者、教学行政管理者、学生家长等，都必须在这一点上统一思想。长期以来，人们存在一种片面的认识，以为外语教学无非是语言知识的传授（如语法/翻译法的主张者），或是语言技能的训练（如听说法的主张者）。但是，语言使用虽离不开语言知识和语言技能，却不能简单地和后两者等同起来。语言知识和语言训练可以帮助学生说出语法正确的、可以被接受的句子，但是要正确地使用句子还有一个适宜性（appropriacy）的问题。学会说"What's your name?"并不困难，

学会在适当的场合使用这个句子，就不那么容易。要学会正确地使用语言就必须像 Fishman（1971）所说的，具有一种懂得"在什么时候，什么地方，用什么方式，对什么人讲什么话，什么时候该说，什么时候不该说的能力"，而我们学生往往不管在什么时候，什么地方，对什么人只会说一种话。

英国应用语言学家 Widdowson（1978）写了《作为交际的语言教学》（Teaching Language as Communication），阐述了语言使用与语言知识之不同。1980 年，他重提这个问题，并认为他的书名措辞不尽妥帖，于是把提法修改为"作为交际与为了交际的语言教学"（Teaching Language as and for Communication），这成为他在一次国际学术讨论会上的论文题目（Widdowson, 1984）。Widdowson 认为，前一种提法强调教学内容的性质，好像语言中有某些交际性成分应予着重安排在课程里。这就很容易产生新瓶装旧酒的倾向，把原来结构主义大纲里的项目（This is a pen. That is a pen.）改头换面变成为意念·功能大纲里的项目（意念范畴：指示、现

在时、单数，功能范畴：识别），而教师还是用老办法，把这些意念范畴与功能范畴作为语言知识来传授。后一种提法加了"为了交际"，强调教学目标，使教师认识到交际是教学要达到的目标，因而在教学方法上要有所改变。

在使用语言进行交际时，最重要的是通过语言形式了解句子和篇章的意思，并进而了解说话人的交际意图，从而作出相应的反应。"我有点不舒服"（I'm not feeling very well.）是一句话，光了解其语言结构和意思是不够的，还必须让学生知道在什么场合上使用这句话来表示哪一种交际意图：它可以用来表示身体确实感到不适，其意图是找医生看病；它也可以是随便找的一个借口，用来推却一个请求（如"我们去打一场球，好吗？"）；它也可以作为提出一个请求的理由，如在大家快要到饭堂吃饭的时候说这句话，意指"谁替我把饭打回来"。因此，交际可以说是意思的磋商（negotiation of meaning），直到互相了解对方的交际意图为止。就连阅读也是一种读者与作者之间的意思磋商。作者写一段东西有其交际意图，读者只有揣摩出其意图，才算把它读懂。

当然，语言使用也不能笼统而论，听、说、读、写、译都是使用语言的能力，在教学中应根据教学大纲要求，或有所侧重，或全面发展。应该注意的是，这些能力往往不是孤立的，能力可以迁移和互相促进，因此能力培养不要过于偏废。在教学中往往有一种跟着考试跑的现象，值得注意。例如，考试着重考读的能力，大家就集中去培养读的能力，而不知道其他能力也会促进读的能力。

四、循环往复、螺旋式发展

语言知识、语言技能、使用语言的能力都不能一次完成，而必须循环往复，逐步深化。螺旋式发展的原则应该贯彻到教学中的每一个环节。在大纲编写中，不但要规定所教授的语言项目，而且还要指出语言项目的深度，怎样在不同阶段逐步深入。在教材编写中，更要具体考虑语言项目的具体安排，这一般称为"教学语法"（pedagogical grammar）。语法在这里是广义的说法，并不单指词法和句法。在课堂教学中，这意味着要求具体、层次分明。教师对学生的要求既要有总体性，也要有阶段性。这些要求要符合认识论和中国人学习外语的规律。有人认为学习者本身有一个

"内在的大纲"（internal syllabus），如果"外部的大纲"（external syllabus）与它相符，就能事半功倍。

循环往复意味着语言能力从低级往高级的发展也是螺旋式的。美国教育学家 Bloom（1956）把认知能力分为知识、理解、应用、综合、判断六个层次。高一级认知能力包括低于它的层次的能力。所以，应用包括理解和知识，而且有更高的要求。我们不妨以句法为例说明不同层次的要求：

分类	项目
知识	关于句法的规则
理解	指出句法错误
应用	改正句法错误
分析	按句法规则组词成句、表达意思
综合	将句子组合成篇章
判断	评价文体风格

在具体的教学当中，循环往复还意味着以旧引新，从已知到未知。教师必须从学生已知的概念、知识，已经熟悉的语言技能、语言交际能力出发，讲授新的概念、知识，训练新的语言技能、语言交际能力。这也就是循序渐进。早在文艺复兴时期，捷克的大教育家 Comenius 就主张语言教学必须循序渐进，开始时应该缓慢些、准确些，要正确理解，而且及时检查，只有把基础打得扎实，才能有所发展。教学的各个部分应该紧密联系，要实现顺利的过渡，就必须做到前面所教的内容为后面的内容奠定基础，而后面所教的内容也必须复习前面的。有人形象地把这种方法喻为滚雪球。例如，我们可以用学过的单词来教新句型，也可以用学过的句型来教新的单词；如果两者都是新的，学生便会感到有困难。又譬如说，我们要为学生选择一些阅读材料。如果材料中新的表达方法很多，新的单词就不要太多；如果新的单词很多，新的表达方法就不要太多。

五、尽量扩大学生的语言接触面

抱着一本教材（哪怕是最好的教材），死啃几篇"豆腐块"似的课文，是无论如何也学不好外语的。教师应该打破课内外的界限，帮助学生扩大其语言接触面。Krashen（1982）认为学习外语的途径，一是显露的（explicit）、正规的课堂教学，二是隐含的（implicit）、自然的学习环境。前者是有意识的，后者是无意识的，各有各的作用，有时甚至是不能互相代替的。在课堂教学里，学生可以学到较多的语言知识；但是只有在自然的环境里才能获得语言的感受，学会使用语言。在中国并没有使用外语的自然环境，但是不等于说没有接触外语的机会。现在的广播、电视、电影、外文书刊、商标、说明书等等，都越来越多，关键在于我们是否认识到让学生通过接触外语材料来自然吸收外语是一条必不可少的途径。学生往往有很多语言知识和语言技能都是通过这条途径，在活生生的语言环境中获得的，印象往往比在课堂里从老师那里听来的要深刻得多。这就是所谓"有心种花花不开，无心插柳柳成荫"。

与这个问题有联系的就是所谓"文化"（culture）的教学。学习一个民族的语言不能离开这个民族的文化（大至社会、经济、文学艺术、历史……，小至生活方式）。在实际的交往中，人们往往交替地使用言语与非言语交际这两种手段。非言语交际包括姿势、手势、眼神、脸部表情、身体接触，也包括对待时间、空间的态度。非言语交际占的比例很大，往往是"无声胜有声"，但是它又是因民族而异，是文化的有机组成部分。这种非言语交际多半是在自然的语言环境里，靠观察、揣摩、身体力行才能学会的。

这样做，一个外语教师不是忙得不得了？既要管课内，也要管课外。有的教师确实如此，课内教，课外也教，费尽了口舌。其实，扩大学生的语言接触面绝不意味着扩大教师的授课时数，而只是说教师作为教学的组织者和学习的促进者，要尽量为学生提供接触语言的机会，让他们去自然吸收，达到所谓"内在化"（把所要学习的语言系统吸收到大脑里，成为机制的一部分）的地步，任何人都不能越俎代庖。尽量多接触语言有其心理学的依据。根据Broadbent（1958）的"过滤"理论的原理，人们所能吸收的语言仅是所接触的一部分。因此，所接触的语言必须足够多，才能起到潜移默化的作用。

六、先吸收、后表达

这也意味着归纳为主，演绎为辅。这两句话互有联系，但头一句话主要是针对语言技能的培养而言，而后一句话则针对语言知识的学习和使用而言的。

语言技能分两大类：一类是接受性的（receptive），包括听和读的能力；另一类则是产出性的（productive），包括说、写、译的能力。从教学目标上看，对语言技能可以有全面的或有所侧重的要求；但就培养方法而言，应该是先吸收，后表达，即接受能力的发展先于产出能力的发展。教授一个语言项目时，不必要求学生一次过就能发展听、说、读、写、译的能力。儿童习得母语时，都先有一个只听不说或听多说少的阶段。只有在他听得足够多，已经建立起足够信心的时候，他才会放胆地说。因此，有人认为学生在交际中所处的地位是一种学习的环境。在初级阶段，我们应该让学生处于一种单向交际的地位，让他毫不紧张地吸收，熟悉另一种新学的语言的声音，获得一种直接的感受。在这个阶段，学生知道教师并不要求他再生听到的东西。这个阶段可长可短，但不要少于数周。第二阶段，可以称为有限度反应的双向交际：开始要求学生作出反应，但它们是有限度的，可以用外语，也可以用笔或动作作出反应，甚至也容许用母语。只有到了最后阶段，我们才要求学生进行完全的双向交际。

归纳为主，演绎为辅。这主要指语言知识的学习。从教师的角度来说，演绎法教学最干脆、直截了当，如先给一条规则，再给几个例句。但是从学生实现语言系统"内在化"的过程来看，演绎法教学未必能奏效；因为规则只有让学生自己归纳和总结，才容易印在大脑里。实际上，在学习另一种语言的过程中，学生总是有意识或无意识地去归纳规则。

有一种叫做过度概括（over-generalization）的言语错误（如把 come 的过去时态念成 comed），正好说明归纳是人们学习外语的一种心理手段。因此，与其先给规则，再给例句，还不如先给例句，再让学生动点脑筋去总结其规则。这种方法，表面看来较慢，但实际上却是更快了。

当然，我们没有必要把这两种方法对立起来，或加以极端化。使用归纳法无非意味着用启发式去帮助学生自我掌握规则，但是学生的情况千差万别，碰到规则一时掌握不了的情况，也不排除使用演绎法。直接法以归纳法为基础，但过于墨守此法时，则容易产生学生与教师捉迷藏的现象，使学生在课堂上"如堕五里雾中"，不知怎样配合教师。

七、教师要把精力放在抓好语言技能的操练上

要学会一种新的语言总是需要有足够分量的操练,这就要求教师处理好(教师)讲和(学生)练的关系。一般来说,讲和练的分量的多寡决定于课型。在帮助学生理解语言现象的阶段,讲的分量应多些(如50%~75%),但是到了培养能力的阶段,讲的分量应减少(如40%~50%)到了综合运用语言的阶段,则应更少(如25%~40%)。这样,总的比例就是1:1,即一半讲,一半练。当然,这样的比例不能绝对化,要视对象、培养目标、授课总时数等情况而定,但总归有个处理好两者关系的问题,教师不能独占课堂,以致上完一堂课,练得最多的是教师自己。

在组织外语操练时,有几条原则需要考虑:

(1) 控制的原则。最早提出这个概念的恐怕是听说法的主张者,但他们掌握得过于死板,把学生控制在有限的句型和单词的范围内,搞机械性操练。后来这个原则被一些人违反了,又出现"放鸭子"的现象,让学生随意讲,无法控制课堂。控制还是需要的,没有控制也有没有练习。所谓控制,就是在有限的时间内组织有限的课堂活动,以达到有限的目标。在初级阶段,这个原则更应遵守。

(2) 此时此地的原则。练习的内容应该从具体到抽象,要尽量用一些小教具,如图画、绒板、磁板、小玩具、地图等来创造语境。在做练习时,让学生扮演角色(role-playing),也是一种常用的手段。

(3) 练习要有意义的原则。这是针对听说法的机械性操练而言的,有的要求学生机械地替换单词的句型练习往往无甚意义,如拿着一根铅笔来问"Is this a pencil?"。因此,做练习必须和言语行为联系起来,让学生知道做练习的目的是为了熟练地用言语来表示交际意图。各种各样的语言游戏使学生投入到真正使用言语的环境中,往往比机械练习能取得更好的效果。

(4) 多样化的原则。练习类型要多样化,符合培养各种层次的能力的要求。老是做那么几种练习,学生做多了就会适应,不懂也能做出来;或是虽能做出来,但实际上不会用。在课堂上做的练习不要老是跟着考试的试题跑。有的试题在选择题型时往往受到多方面的制约。例如,大规模考试里往往有较多的多项选择题,这是为了评卷的方便。在课堂练习里大

可不必采用。在训练学生的阅读能力时，学生读完一篇材料后，与其让他们去选择一个正确答案，不如由教师直接提问，可以更易于了解学生的问题所在。

（5）大量度的原则。心理学中关于学习的理论指出，要培养熟巧的技能或长期保持知识，必须过量学习（overlearn）。没有足够量度的训练，浅尝辄止，是无法培养出过硬的本领的。

（6）循序渐进的原则。由浅入深，从低级到高级，不要希望一蹴而就。

八、在组织教学时集中与分散相结合

在整体上要相对集中。有不少事例表明，强化教育的效果较好。现行的普通教育中，从初中到高中，学时很多，但效果欠佳。美国有的学校做试验表明：12 岁的学生要用 3 个学期、14 岁的学生要用两个学期学完的材料，18 岁的学生只需用一个学期。因此，应从宏观上考虑英语课的改革。在分体上，则应注意分散。如果一周有 6 节课，与其安排在 2 天，每天 3 节，不如安排在 6 天，每天 1 节，所谓"一日七不如七日一"（一天连续 7 次不如 7 天每天 1 次）。这是"零存整取"的方法。其实，从整体与分体上的集中与分散，无非说明外语学习的一条规律：增加重复率，降低遗忘率。分散是为了增加重复，但是分得太散，在未重复前就遗忘了，也没有用，因此又要相对集中。

强化教学效果虽好，但也要有几个条件：
（1）有强烈的学习动力，持久的学习自觉性。
（2）有明确的培养目标，作需要分析，然后决定教学内容。
（3）集中学外语，其他科目不能安排太多；上课时数较多，加强接触外语的机会。
（4）强化教学后，有使用外语的需要和环境，使所学的知识和技能得到巩固。

九、正确对待学生的语言错误

学外语总不免要犯语言错误，关键在于要有一个正确的态度去对待它。有两种要不得的极端观点：一种是把语言错误看成是了不得的事情，教师对学生的语言错误，"有错必纠"，理由是错误的东西不能听其自然，学生养成习惯就改不过来。结果在学生表达语言时，教师往往抓住学生的错误不放，轻则改正，重则多加解释，这就挫伤了学生表达语言的积极性。这类教师大都是十分强调学生的语言准确性。在这种观点的影响下，学生也十分害怕犯错误；久而久之，就索性"少说为佳"。另一种是对学生的语言错误听其自然，理由是熟能生巧，只要多说就能慢慢自我克服。这类教师强调的是学生的语言流利性，结果学生倒真是克服了怕犯错误的心理，但是说话毫不注意语言准确性，停留在洋泾浜英语的水平，使教师为之皱眉。

究竟什么是语言错误？学生为什么会犯语言错误？按照现代心理语言学的看法，学生从对一种外语毫无所知到最后学会使用这种外语，要经历一个颇为漫长的过程。在这个过程中，学生使用的是一种过渡性的语言。这种语言既不像他的母语，也不像他将来要学会的语言。这是一种变化中的语言，充满着各种各样的语言错误。因此，语言错误无非是学生在学习外语的过程中走向完善的路标。对教师来说，学生的语言错误提供了极有用的反馈信息，帮助他了解学生语言发展处于什么阶段。

在发展阶段中的语言错误的类型不会一样。我们应该针对不同类型的错误采取不同的对待方法。按照 Corder（1967）的说法，有三种不同的语言错误：

（1）形成系统前的语言错误（pre-systematic errors）。学生有了某种交际意图，而又尚未掌握表达这种意图的方式，只好从他已知的语言素材中去搜罗一些东西仓促对付。这种语言错误有两个特点，一是学生自己无从解释他为什么要这样说；二是虽经他人指出，他也不能自我改正。对这类错误，教师应采取容忍和鼓励的态度，不必逐点指出，更没有必要中断正常的课堂活动去纠正和解释；因为这些错误往往是超发展阶段的，就是解释了，学生也接受不了。但是，如果教师不作任何表示，学生也会误以为自己碰对了。所以教师应略作表示，示意学生他的意图是传递了的（或未能传达），但说法不对，教师可给予正确说法，但不必过多纠缠。

（2）系统的语言错误（systematic errors）。学生在语言内在化过程中已经形成某种系统，但它不完整。例如，他知道英语中表示过去发生的事情要用过去时态，而过去时态的形式是-ed。但是他不知道英语中有不少不规则动词,不能用-ed 这个形式,于是就说了 goed,comed。这不是他乱碰的,而是他形成某种系统的结果;在他未认识这个错误以前,他还会继续说 goed,comed。这类错误的特点是:学生能作解释,说明他为什么要说 goed,comed,但他不能自我改正,因为不知道其特殊的形式。对这类错误,教师除了鼓励外,还应善于引导,不但可以示以正确的说法,而且需要有一些解释。因为学生正处于形成系统的阶段,教师的及时帮助使他能更快地形成完整的概念。至于解释放在什么时候、什么场合、怎样进行,则是另一回事。

(3)形成系统后的语言错误(post-systematic errors)。学生已经形成较完整的语法概念(如知道 go 的过去时态为 went,知道规则变化为-ed),但是由于尚未养成习惯,仍会说 goed,或在应该说 arrived 时,说了 arrive,等等。形成系统后的语言错误的特点是学生既能解释,又能自我改正。因此,教师在学生犯了这类错误时,只要稍加提醒即可,无需多作解释。教师若发现学生这类错误甚多时,则应提供更多的语境,让他们有更多的机会在使用语言中养成正确的语言习惯。

还有一个问题是怎样正确对待准确性和流利性这两方面的要求。我觉得两者都要重视,不要靠牺牲一方面来取得另一方面。应该根据学生的语言发展阶段的要求,提出合理的适量的要求。例如,在低级阶段就不可能要求学生的语言在百分之百准确的前提下才去开口;但是,在另一个发展阶段,在学生语言流利程度达到一定要求时,则应提醒学生注意准确性。准确性和流利性都有一个质和量的要求,应统一在教学大纲里;但在具体教学环节中怎样体现,则应给教师以自由安排的余地。

十、克服干扰,促进迁移

这里主要指汉语和所学外语的关系。汉语对外语所产生的消极影响,叫做干扰;对外语所产生的积极影响,叫做迁移。对待母语与外语的关系,有两种截然相反的态度:一种主张依靠母语来学外语,如语法/翻译法的提倡者,他们自然相信母语在外语学习中的积极作用;另一种主张摆脱母语来学外语,如听说法的提倡者,他们自然认为母语会干扰外语学习。这两者都未免失之于偏颇。

其实,外语和母语虽是不同的语言,在表达方式上亦往往有相近之处，有可能使学生依靠母语中一些已知的东西来学习外语。例如，汉语没有多少屈折变化，现代英语中的屈折变化亦不多，两种语言都依靠句子中的语序来表达句法关系，这算是相近的地方。又如，日语中有汉字（尽管有些汉字的意思实际上与汉语的不同），中日两国人民互学对方的语言，总要比别国人民来学日语或汉语要易些。有些人学会一门外语后再去学另一门外语，也会感到比开始学习第一门外语时易些。这都是迁移的作用。一种语言中的各种技能也可以迁移，例如，通过阅读学到的东西可以转换为听或说的技能。

但是，学外语的人大都先已掌握一种语言系统，不可避免地按大脑中已有的语言系统去对待外语，如果两种语言很不一样，就会产生干扰，至于干扰究竟有多大，人们有不同的估计，从3%到1/3都有。有些语言错误（如英语的第三人称、单数、现在时态要在动词后加-s，但学英语的人往往不易做到），过去常被看成是母语干扰的结果，但根据 Richards (1974) 的调查，说不同语言的人学英语都会常犯。因此，与其说这是由于母语干扰，还不如说是英语自身特点所产生的结果。母语干扰可以在语音、词汇、语法、话语、文体、文化等层面上产生。要克服干扰，促进迁移，可以考虑以下三点：

（1）突出要害，使学生深刻地理解两种语言在表达方式上的异同。一般来说，同一事物有不同的表达方式，或是同一事物而其表达方式有同有异，最易产生干扰。

（2）帮助学生作出有意义的概括。学生犯语言错误，往往是认识片面性所引起的，教师的责任在于帮助学生作出正确的归纳。

（3）提供各种语境，让学生获得更多的语言经验。只有在实际使用语言中，经过亲身的经验，才能克服干扰，促进迁移。

以上所列十条并非金科玉律，也许可以增加或减少一两条，都无关宏旨。重要的是它们所谈到的内容能否为我们进行外语教学提供某些准则，希望这些不成熟的看法能够起到抛砖引玉的作用，引起关心外语教学改革的同志们的注意，大家都来摸索一些能深刻地反映外语教学规律的原则，使我国的外语教学改革出现新貌，更好地满足"四化"的需要。

参考文献

[1] Bloom, B. 1956. Taxonomy of educational objectives. Handbook I: Cognitive domain [M]. New York: David McKay.

[2] Broadbent, D. 1958. Perception and Communication [M]. London: Pergamon Press.

[3] Carroll, J. 1967. Modern Language Aptitude Test: Elementary or EMLAT [M].

[4] Corder, P., S. 1967. The significance of learners' errors [J]. International Review of Applied Linguistics (5), 161–170.

[5] Fishman, J. A. 1971. The relationship between micro-and macro sociolinguistics in the study of who speaks what language to whom and when [A]. In J. B. H. Pride, J. (Ed.), Sociolinguistics [C]. Harmonsworth: Penguin.

[6] Kelly, L. G. 1969. 25 Centuries of Language Teaching [M]. Rowley: Newbury House.

[7] Krashen, S. 1982. Principles and practice in second language acquisition [M]. New York: Pergamon Press.

[8] Mackey, W. F. 1965. Language Teaching Analysis [M]. London: Longman.

[9] Pimsleur, P. 1966. Pimsleur Language Aptitude Test [M]. New York: Harcourt Brace Jovanovich.

[10] Richards, J. 1974. Error Analysis [M]. London: Longman.

[11] Smith, P. J. 1970. A Comparison of the Cognitive and Audiolingual Approaches to Foreign Language Instruction [M]. Philadephia, Pennylvania: The Center for Curriculum Development, Inc.

[12] Widdowson, H. 1978. Teaching Language as Communication [M]. Oxford: Oxford University Press.

[13] Widdowson, H. 1984. Explorations in Applied Linguistics [M]. Oxford: Oxford University Press.

我国应用语言学的现状和展望①

一

1965 年，Mackey（1965）出版了《语言教学分析》（Language Teaching Analysis）一书。在他的倡议和指导下，Kelly（1969）根据该书的纲要又写了一本语言教学法史的专著《语言教学二十五世纪》（25 Centuries of Language Teaching）。这两本书珠联璧合，不但阐述了语言教学的理论、原则、方法，而且说明了这些理论、原则、方法大都是在悠久的历史传统的基础上发展起来的；语言教师在教学中总是自觉地或不自觉地应用着语言学、教育学和心理学的理论。就这个意义来说，应用语言学的实践可说"源远流长"（虽然"应用语言学"这个词本身似乎是始于 20 世纪 40 年代的美国），但是人们通常还是把 20 世纪 60 年代中叶作为应用语言学的滥觞时期，原因是：

（1）第二次世界大战以后，由于政治、经济、军事、科技、文教、旅游等事业的需要，世界各国大力加强外语教育。实践推动了理论的发展，传统需要扬弃和继承，经验需要归纳和总结，问题需要探讨和解决。

（2）20 世纪 60 年代中叶，西方教育出现了危机，教改之声甚嚣尘上，以学生为中心的教改运动促使外语教师注意研究外语学习者的各种因素。

（3）语言学的发展突破了结构主义的束缚。像心理语言学、社会语言学等边缘语言学科都在 20 世纪 60 年代中叶以后取得重大进展。

（4）应用语言学的独立的地位得到承认。1964 年以来，每隔数年召开一次国际应用语言学大会，规模越开越大。研究应用语言学的中心和开

---

① 本文是根据笔者于 1980 年在广州外国语学院召开的"应用语言学与英语教学"学术讨论会（由广州外国语学院和上海外国语学院联合主办）上的报告整理而成，先发表在《现代外语》1980 年第 4 期，后收录在《应用语言学与中国英语教学》论文集。

设应用语言学的专业、课程陆续建立，关于应用语言学的专著和刊物陆续发行。

最后一点很重要。应用语言学必需成为独立的学科才能不断地发展和完善。用 Mackey（1973）的话来说，独立的学科必须利用各种有关的科学，而不是为它们所用；就像医学能够利用化学、物理学、生理学一样，应用语言学也应利用语音学、描写语言学、语义学、教育学、比较文体学、心理语言学、数理语言学、心理测验学和其他科学技术来解决本身的基本问题。"（语言教学）要成为独立的学科，就必须像其他学科那样，编织自己的渔网，到人类经验和自然现象的海洋里捞取所需的东西，摈弃其余的废物；要能够像鱼类学家 Arthur Eddington 那样说：'我的渔网里捞不到的东西不会是鱼。'"

当然，对应用语言学是否一门独立的学科，应用语言学的任务和研究范围，人们还有争议。（Spillner 1977）但是，应用语言学在最近的几十年里确有飞跃的发展。而应用语言学的成长年代正好是我国的十年浩劫。在讨论开展我国应用语言学研究的时候，我们要充分估计这个差距，以激励自己，迎头赶上外语教学的先进水平。我们相信，起步迟的特点利用得好，也能转化为有利因素：我们可以更冷静地分析形势，吸收那些经受过时间考验而能为我们所用的经验，汲取一些有益的教训，少走点弯路。

二

再看看中国外语教学研究的现状。中国的外语教育在"四人帮"倒台以后经过短暂的复苏，进入了蓬勃发展的新时期。1978 年是具有关键意义的一年：3 月，第五届全国人民代表大会提出了全国人民在新时期的总任务；同月，召开了全国科学大会，制定了《一九七八——一九八五年全国科学技术发展规划纲要（草案）》。8 月，召开了全国外语教育座谈会。会议的主题是外语教育和现代化的关系：一是外语教育怎样为"四化"服务；二是外语教育本身怎样实现现代化。会议制定了今后我国外语教育的发展方针和规划。

在不到两年的时间内，我国外语教育事业发生了重大的变化：

——各地教育部门加强了对外语教育的领导，制定了加强外语教育的规划和措施。以培养中等学校外语师资为目标的外语师范专业蓬勃发展。

——高等院系的一些主要语种和公共外语课相继召开各种教材会议，制订各专业的教学计划、教学大纲、公共外语课的教学大纲，以及各种外语教材的编写和使用计划。

——高等学校入学考试对外语课的要求逐步提高。

——广播、电视、函授等业余外语教育蓬勃开展，适应科技人员和工农需要的各种类型的外语进修班、短训班广泛兴办。

——一些理工科大学办起了科技英语专业、科技英语师资班、科技英语资料中心，一些英语专业开设了科技英语课。

——邀请外国专家来华举办外语专业教师的短训班、培训班，轮训了约1/4的专业教师。1979年年底召开了高校外语师资培训会议，研究了外语师资三年培训规划。

——为出国学习的科技人员举办各种外语训练班，以提高他们的一般的和专业的外语水平。

——派遣外语教师到国外进修或短期考察，邀请著名学者来华短期讲学。

——成立全国高等外语院系电教协作组和各大区的协作组，以推动电化教育。一些主要的外语院系建立起较先进的语言实验室并且制作了一批软件（录音带、幻灯片、教学电影）。有的院系还安装了闭路电视系统和录像系统。

——开展了从幼儿园到大学专业、公共课的各种教学法试验。

——各外语院系先后复办和创办了一批外语教学与研究的学报、刊物、普及性外语杂志和读物①。在外语教学研究的园地里呈现出百花争妍的景象。

---

① 据粗略的统计，这些刊物有北京对外贸易学院的《外国语教学》、上海外国语学院的《外国语》、北京外国语学院的《外语教学与研究》、广州外国语学院的《现代外语》、复旦大学的《现代英语研究》、北京语言学院的《语言教学与研究》、洛阳外国语学院的《教学研究》、北京第二外国语学院的《外语教学》、西安外国语学院的《外语教学》、黑龙江大学的《外语学刊》、杭州大学与浙江大学外语教研室的《外语》、天津外国语学院的《英语学习和研究》、大连外国语学院的《教学与科研》、上海师范大学的《国外外语教学》、吉林师范大学的《外国语教育资料》、北京师范大学的《中小学外语教学》、上海师范大学的《上海外语教学》、湖北省中小学教学教材研究室与华中师范学院的《中小学外语》、上海电教馆的《外语电化教学》、中央电教馆的《电化教育》、北京外国语学院的《英语学习》《德语学习》《法语学习》、上海交通大学科技英语中心的《科技英语学习》等。

——一些主要的外语院系陆续招收了外语专业的研究生。

——在北京和上海分别成立了外语教学与研究出版社和上海外语教育出版社。

——对全国外语人员进行了普查，以加强对外语人员的管理和使用。

这些重要的进展说明我国外语教育正在往广度和深度进军。在教育实践中将会涌现许多需要我们去总结的经验，提出许多需要我们去回答的问题。我国外语教育已经发展到这样的阶段：它需要更多人把它作为一门科学来研究，而且研究应该走在教学实践的前头，以减少实践中的盲目性，培养更多的外语人才。因此，开展应用语言学研究对外语教育为"四化"服务和外语教育现代化有举足轻重的关系。

打倒"四人帮"，结束了我国外语界和国外语言学、应用语言学隔绝的局面。几年来，我国先后邀请外国专家来华讲学和举办培训班50余起；派出教师到国外修习应用语言学课程或进行考察访问；各主要外语院系陆续订购了一批应用语言学的书籍、期刊；懂得应用语言学和有志于研究应用语言学的教师逐渐多起来；介绍和研究应用语言学的文章开始在报纸杂志上出现。我国已经具备了开展应用语言学研究的条件。从必要性和可能性来看，我国应用语言学正处在一个大发展时期的前夜。有同志曾恰当地把应用语言学喻为"广大的处女地"（王宗炎 1978），在大有作为的20世纪80年代里，我们预期会有更多的有志之士在这块"处女地"上披荆斩棘，耕耘播种，并取得可喜的丰收！

三

应用语言学是语言理论和语言教学实践之间的一道桥梁；一位应用语言学家既要懂理论，又要有实践，而且还要掌握应用理论的一些基本方法，三者都不可缺少。

从目前我国的情况来看，我们应该首先加强学习和研究那些与应用语言学有关的学科（如理论语言学、心理语言学、社会语言学、对比语言学、神经语言学等等）的基本理论。一位外语教师显然不可能应用那些自己也弄不清楚的东西。当然，一位应用语言学家不一定需要同时又是一位理论语言学家，或是一位心理语言学家……但是，一位应用语言学家应该熟悉这些学科的基本理论，关心这些学科的发展，并经常研究它们的哪些发展对外语教学有应用意义，哪些无大作用，哪些虽无直接的应用价值，但却富有启发作用。

外语教学的两个基本问题是教什么和怎样教。要回答第一个问题就必须对所学外语的结构及其意义和用法进行描写，并且根据学生的培养目标选择教学的内容，这就需要理论语言学和社会语言学；我们是在教中国学生学外语，这又牵涉到对比语言学和心理语言学。要回答第二个问题必须根据学习的对象、学习的条件确立和实施一系列的教学原则和方法，这就需要心理语言学甚至神经语言学。

但是，目前在我国的外语教师当中似乎存在一种轻视语言理论和外语教学理论的倾向。他们总觉得理论与他们的语言水平和教学水平的提高没有多大关系。这一点可以从近年来在我国外语刊物上发表的文章的内容比例中看出：根据我们的粗略统计，在 734 篇文章中，介绍和讨论各种语言理论和语言学科的不到 1/10，而结合外语教学来介绍和讨论的更是凤毛麟角。

这里首先要廓清一种误解，以为语言理论、语言描写、语言教学之间总是有直接的联系，因此教师往往有一种急功近利的思想，学了某种理论以后就马上谋求在教学中直接运用，一行不通就以为这种理论没有用，甚至认为所有理论都没有用。法国应用语言学 Roulet（1975）认为，不能因为语言理论还不能对语言教学提出一种万应灵丹，就以为它对语言教学没有贡献，因为语言理论、语言描写、语言教学之间不存在一种单向关系。教师不能期望语言理论或语言描写能够向自己提供一份关于语言结构或规则系统的清单，然后原封不动地在教学中搬用；也不能肤浅地向某种理论或方法借用某种概念，而根本不涉及作为这些概念的基础的理论体系或方法论体系。但是，语言理论给教师提供了关于一般语言系统的结构和功能运用的知识；某种语言的描写也会使教师更加了解他所教的语言结构，从而提高他的语言教材的语言学内容的质量；关于语言习得过程的语言学理论更能影响语言教学的方法论。Widdowson（1979）认为，不管一位教师采取多么实用的态度，这种态度总是建立在对语言的性质和语言学习过程的看法上面的。因此，教师必须从语言理论中获得语言的洞察力（linguistic insights），才能改进教学。Spolsky（1968）主张从应用意义（applications）和启发意义（implications）两方面来研究语言学对语言教学的影响，他举出 17 种启发意义，亦颇具见地。总之，应用语言学并非单纯着眼于某一教学方法或技巧的应用,我们不能希望它对外语教学中的每个问题都作回答;但是它立足于外语教学,综观全局,不断从各语言学科的新发展中吸收养分,丰富外语教学的理论、原则、方法,推动外语教学的前进。

我们不妨举一两个例子来看看语言学和语言教学的关系。一个例子是语言理论中属于语言哲学(philosophy of language)范畴的所谓言语行为(speech acts)的问题。我们高兴地看到许国璋教授大力地介绍了 Austin (1962) 的《论言有所为》。他从语言是一种社会力量的角度去讨论我国新时期外语教学的方针和任务,提出新任务应该是以外语为工具,学习世界上科学文化知识,为我所用,因此应该把以培养翻译干部为主的教学目标转变为培养各行各业掌握外语的人才。这是应用语言理论得法的一个好的例子。另一个例子是近年来围绕改革国际音标的一场争论(在上海召开过一次讨论会,在刊物上发表了 20 多篇讨论文章)。我丝毫不怀疑提出改革主张的同志是从提高教学质量的良好愿望出发。而且在英语语音教学中要不要用音标?对什么对象才教音标?什么时候教音标为宜?这些都是大可以讨论的。但似乎没有必要把精力花在设计改革音标上面。在这方面,已有同志有所论述(桂灿昆 1978)。其实,从语言学约定俗成的观点来看,国际音标无非是国际为了减少混乱而共同约定的一套注音符号,局部地区自行推行另一套符号,就会产生一系列应用的问题:①废除一种"契约",另立一种"契约",往往难以统一意见;②统一于一种符号以后,别人也不易采用,因为不少人已习惯原来的一套;③对初学英语者教新音标,还有个将来要不要再教国际音标的问题,因为国际音标并没有在国际间废除,在一些语音学著作和词典里仍在采用它。再从应用语音学的角度来看,改革音标不见得能够提高学生的发音能力。有些地区的中国学生受方言的影响,往往 n 和 l 不分,这和音标是否 [n] 和 [l] 没有什么关系;要改革这个习惯主要是靠练习而不是靠改变音标。而且从训练交流能力来看,很多语音学家觉得应该加强超音段成分的教学,这才是改革语音教学的一个重要方面。

上述两例从不同的角度说明加强基本理论的学习和研究的必要性。这个问题会显得越来越重要,因为新的教学方法和技巧介绍到我国者日益增多,若不注意基础理论的建设,就是有好的东西也难以生根,更何况我们要结合中国实际有所取舍。当然,研讨理论并非要做理论的奴隶,而是为了认识理论对实践的意义，并且用实践来丰富理论。Corder（1979）认为"应用语言学家是理论的消费者或使用者，而不是理论的制作者"，未免有失于片面。

对基本理论既可直接地翻译，也可间接地介绍；最好是介绍夹讨论，并研究它对中国外语教学的应用意义与启发。20世纪60年代以来，各种语言学科都产生了一批推动该学科发展的路标性的著作。作为第一步，可以精选一部分有代表性的文章介绍到中国来，最好是按学科编成选集，给读者以一个概貌。

四

应用语言学的最终目的是提高语言教学质量，它和理论语言学、社会语言学、心理语言学等语言学科都有所不同。这些语言学科有其各自的研究对象，并非以提高语言教学质量为目的，但是它们有许多研究成果对语言教学很有应用价值和指导意义。在我国开展应用语言学研究就必需把这些研究成果应用于解决我国的外语教学的实际问题。

那么，当前我国外语教学中有些什么主要的问题值得我们去探讨呢？试举一些英语方面的例子：

首先，从理论语言学的角度来看，对英语的描写是英语教学中不能回避的问题。这就牵涉到语言模式的研究，因为传统的语言模式、结构主义的语言模式、生成转换的语言模式对英语的描写很不相同。最近10多年来，国外语言学界围绕Chomsky的生成转换语法所展开的争论推动了语言理论的研究，但却使英语教师产生误解，认为这三种模式（其实还远远不只这三种）互相矛盾，冰炭不相容。于是有的人马上改弦易辙，弃旧图新（但又感到新说层出不穷，无所适从）；有的人则坚持旧说，不为所动（但又怕人说他抱残守缺）；更多的人则感到思想混乱，难以取舍。其实，不同的语言模式无非是从不同的角度去描写和解释语言事实，我们作为外语教师没有必要把它们看成是互相对立的体系，因为目前还没有一种语言模式既能完满地解释所有的语言事实，又能很好地解决语言教学所碰到的各种实际问题。正如Corder（1975）说的："应用语言学所要企图处理的实际问题是很难根据某一语言理论去解决的。"其实，这些语言模式互有长短：传统的语法采用历史的、描写的方法记录了语言的变化和发展，有其不可磨灭的功绩；不足之处是以书面语为素材，而且忽略了语体的功能。结构主义的语法注意描写各种实际使用的地域变体和社会方言，并着重从词形、功能词、语序、语调型式等方面去考察语言结构，亦有其贡献；但是它注重形式而忽略意义，用机械主义的态度去分析言语行为，却是其短处。生成语法注意考察意义，通过深层结构去分析语言的歧义、同义和转换现象，有其独到之处；但是它却失之于抽象、笼统，而且未能充分处理各种语言事实，对外语教学没有什么直接的应用价值。

因此，从外语教学的角度来看，我们应该兼容并蓄，为我所用，在解释和描写语言现象时不妨不拘一格：哪一种语言理论最宜于用来说明哪种语言现象，就用哪一种。也可以基本上采用某一种语言模式，但也注意发挥其他模式的长处，以补其所短。这种兼采各家之长（有人称之为"a plurality of grammars"）的做法向我们提出了两项任务：

（1）对各种语言模式我们都必须研究，不能把眼睛盯在某一语言模式上面。Chomsky 以前的语言模式、Chomsky 的生成转换语法模式需要研究，Chomsky 以后的各种语言模式，如解释语义学、生成语义学、层次语法、格的语法、系统语言学（systemic linguistics）等等更需要研究。因为这些语言模式尽管并不完备，都企图在某一方面更深入地揭示语言现象的本质。例如，以 Halliday 为代表的英国功能学派所提出的系统语言学可用于分析句子以上的语言单位——话语分析（discourse analysis），它开辟了研究语言功能的新天地，颇值得我们重视。

（2）把科学语法和教学语法（pedagogic grammar）区别开来，建立一套吸收了各种语言模式的长处，而又适合中国人学习英语特点的英语教学语法。Sol Saporta 曾经指出："把语言学应用到外语教学的一个中心问题就是把科学语法变为教学方法。"（转引自 Roulet，1975）我国目前的英语语法研究颇多，占两年多来所发表的研究英语的文章的 28%，新编写的英语语法亦为数不少。但是大都采用传统的描写方法，未见有所突破。

其次，社会语言学是一门新兴的语言学科，新中国成立以来也进行过许多重大的社会语言学实践，如推广普通话、汉语拼音化、文字改革、方言调查、为少数民族创造文字等等。但是，从社会语言学的角度来研究我国英语教学问题则尚未真正开始。我国没有使用英语的言语社区，但是却是英语国家以外、把英语作为外语教学的一个主要的国家。应用社会语言学可以从两方面促进我国的英语教育：

（1）运用社会语言学的理论和方法，根据四个现代化的需要，制定发展我国英语教育的方针、政策和规划。新中国成立以来，我国普通教育中的英语教学连续两次受到破坏，产生了严重后果，从反面说明语言规划的重要意义。打倒"四人帮"后，大家越来越认识到外语教育在实现四个现代化中的作用，但是应如何制定符合我国实际的方针、政策和规划，却又觉得把握不大，主要是我们缺乏社会语言学的调查研究。以英语而论，下面的问题就颇值得开展普遍的或抽样的调查：

——英语在我国的使用情况：哪些部门和哪些人员使用英语？他们是在什么场合、以什么身份和哪些使用英语的外国人进行交际？在交际中需要使用什么语体来谈论什么题目？对各种语言能力又有些什么要求？如果没有直接的交际需要，那么又在什么场合需要使用什么英语语体？这些使用情况不会是单一的：我们需要的是对英语的各种使用域（registers）展开调查。

——英语使用者的语言水平的情况：外事和外贸干部、教员、科技工作者、翻译人员、导游、服务人员……的英语水平怎样？能否满足工作的要求？他们使用的是什么样的英语——地道的英语、中国式英语还是洋泾浜英语？他们在提高语言水平中碰到些什么问题？

——英语使用者的需求情况：从实现四个现代化的短期和长期需要来看，我国对英语干部在数量上和质量上有些什么要求？需求之间、分配和使用之间有些什么矛盾？

——英语使用者的训练情况：在我国的条件下，约需要多少时间才能分别把不同类型的英语使用者培养成才？这些时间应该如何使用为宜？大、中、小学的英语教学实际效果如何？目前英语师资队伍有多大？可以负担多少教学任务？怎样更有成效地使用我们的英语师资力量？

只有在调查研究的基础上才能根据国家的需要，确立明确的培养目标，制定出培养各种外语人才的规划。

（2）以社会语言学的理论为指导去改革英语教学。从结构主义语法到生成转换语法都有一个共同的缺点，就是只注意语言的能力而忽略语言的使用。以Hymes为代表的社会语言学家提出了"交际能力"的主张后，出现了一系列旨在提高学生的语言能力的英语教学改革——从功能教学大纲、观念教学大纲、交际教学大纲到专门用途英语教学。我国对这些大纲已陆续有所介绍并开始进行试验。但亦有一些问题亟待解决：一是培养目标需要明确，明确以后还要处理好基础（即所谓"共核"）与专业的关系；二是要有结合我国实际的教材（这个"实际"指的是外语教学的"实际"，并非单指内容）；三是要克服来自各方的阻力，中国的教师和学生习惯了传统的方法，改起来不容易。

英语教学还常常碰到一个与社会语言学有关的问题——中国式英语（Chinese English，Chinglish）的问题。葛传椝（1980）同志主张把 Chinese English 和 China English 区别开来，后者是我们表达中国事物所必需的，不能叫做 Chinese English，这种区别比较简单清楚，但那是从谈论的题目来划分，不是从语言的使用者的角度来划分，不足以区别出一种语言变体来。比方说一个人懂得英语，他在表达某些事物时，用了一些特殊的语词，这是 China English。但是，如果他改变了谈论题目，那么他使用的又是什么英语呢？我认为决定一种语言变体是否存在，主要是看这种变体有没有自身的特征，有没有使用这种变体的社区（community）。因此，中国式英语应该不包括中国文章或文件的英译，那是服从某种需要，按照一定的翻译原则与标准弄出来的特殊文体，把这类文章译成英语的人本身并不会在正常的场合使用这种英语的。在中国确实存在一种中国式英语，但它是一个连续统一体（continuum）。一头是中国学生在英语学习中所使用的学习者的语言，其特征是具有不少受汉语干扰的常见的语言错误，但是这种语言处在变化和发展之中。另一头则是受过良好英语教育的英语使用者，他们的语音特征最为明显，但因各地方言的影响不同而又呈现差异；在词汇和用法方面亦时见汉语或中国人思维方式的影响，但语法特征似不明显。在这两头之间，存在着程度不同的差异。中国式英语是否已经具有一些稳定的特征，还有待于系统的调查研究；由于中国没有使用英语的社区，这些稳定的特征能否产生，也大可讨论。目前我们仅是从英语教学的角度来承认中国式英语的存在，还未能从社会语言学的角度去研究它能否确立为一种变体。中国的英语教师是很有条件在这方面开展研究的；这种研究不但能够使我们更好地了解中国的英语使用的现状，而且能够找出一些中国人使用英语的规律，以利于我们决定教学方针和目标。

最后，心理语言学和外语教学关系至为密切，但在中国这还是一片有待我们去填补的空白。试根据我国情况，提出一些课题：

（1）外语学习的模式。近年来国外对语言习得和语言学习模式的研究颇有进展，受人注意的是 Krashen 的"监查模式"（the monitor model），因为它提出一些饶有兴趣的问题。如怎样运用"照顾式语言"（"caretaker" language）把"输入"（input）变为"吸入"（intake）？学生怎样运用语言知识来监察语言的"输出"？不同母语的学生在学习英语中所碰到的困难是否有一种自然的次序？等等。但是，他的模式主要是根据母语习得、二言习得和小孩外语学习的规律而总结出来的；能否用来说明成人外语学习的规律，他觉得还有待于证实。外语学习模式是研究外语学习的根本规律，它牵涉到怎样认识模仿、练习、记忆、转移语言知识、概念在外语学习中的作用，很值得我们结合中国学生的实际来深入探讨。

（2）外语学习者的个别差异。我国外语学习者在年龄、动力、外语才能、学习方法等方面存在什么差异？每一种因素都有其研究的价值。例如，学习外语的年龄是否越早越好？有没有所谓临界期的问题？这关系到我国外语教育从哪个年级开始的全局问题。学习动力是外语学习好坏的决定因素，在外语教学中怎样调动学生的积极性是个值得研究的项目。外语才能和学习方法的研究对我国早出人才也很有关系。

（3）语言错误分析。研究学习者的语言，分析其错误产生的各种原因，特别是考察母语对外语学习的影响。

（4）各种教学法的心理语言学基础。新的教学法层出不穷，除了较为人所知的语法/翻译法、直接教学法、句型教学法、听说法、视听法、认知教学法、功能教学法、交际教学法、专门用途英语教学法外，最近又出现了启发教学法（Suggestopoedia）、教师上课不作声的沉默教学法（The Silent Way）、社团商谈式学习法（Counseling Learning - Community Language Learning）……这些方法在我国生搬硬套，不见得有好的效果；倒不如研究其心理语言学基础，看其对我国外语教学有何启发，从而发展各种符合中国人实际的教学法。Wilga Rivers 曾经于1979年在美国 TESOL 年会里主持了一次关于启发教学法、沉默教学法、社团商谈式学习法的小组讨论。她认为，各种教学法的变迁反映了教学思想的重心转移，颇发人深思。她认为，语法/翻译法所强调的是"为什么要教一种现代语言"，因为它把语言看成一种文化修养，学一门外语无非是为了读文学或哲学作品。听说法强调"什么是语言"，"人们是怎样学语言的"，一直到认知教学法，都着重从语言的性质和学习语言的过程去考虑教学方法的改革。20世纪70年代以后，教学思想的重心转到研究学习者的问题："语言学习者是些什么人？""不同的学习者是怎样学习的？""他们采取一些什么个别的学习手段?"因此才出现上述三种新的教学法,其实这些方法所根据的一些基本原则是相同的,如尽量使学生参加语言活动;第二语言学习与第一语言学习很不相同;在开始阶段多使用归纳法;在教学过程中不要任意改正学生的错误,改正应该作为一种支撑的手段而提出;一开始就让学生积极使用语言进行交际;创造一种集体感,尽量减少那种抑制表达的因素;等等。这些原则完全可以运用在一般的课堂教学上面。近年来,除了沉默教学法外,其他的方法都一一地被介绍到我国来,但是大都是就事论事,未能结合中国的实际来研讨其心理语言学基础,并考察其应用价值和启发意义。还有一点值得注意,这些教学法大都是针对某一特定目标而进行的初级阶段的基础训练(而且视目标之不同对基本训练还有不同要求),与我国英语专业的培养目标和要求很不相同,必须对它们作具体分析才能谈得上借鉴。

五

应用语言学是一门独立的科学,这意味着我们必须掌握一些科学实验的基本方法:观察数据——假设——预测——实验——理论。对中国的外语教师来说,在上述环节中有两个最为薄弱:一个是收集、观察和统计数据,另一个是实验的方法,原因是我们缺乏现代统计学的知识。

不管是语言变化的描写,还是社会语言学的调查,还是教学法的试验,都有一个统计学的问题,都需要通过数量来表示质量。例如,我们要描写或记录某些现代英语的变化,或进行某一个试验,我们首先要问这些描写或试验是否有效,换句话说,我们所根据的数据或选择的对象是否随机抽样的。抽样以后,我们还必须对样品进行观察和试验,然后把结果描写和记录下来,并且弄清楚样本和总体的关系。这需要运用到描写统计学的原理。抽样和描写统计学可以保证试验的有效性。其次,获得试验成果以后,还必须检查其可靠性,看其是否受偶然性的影响,偶然性有多大;还必须决定这些结论能否推论到更一般的场合。这就需要运用推断统计学的原理。

另外,外语教学试验还要运用一些科学实验的原则和方法。例如,要有参照组和实验组进行对比试验,要在试验中分离出独立变项进行观察,既要进行横向研究,也要进行纵向研究,要找出相关系数来说明试验成果，等等。进行教学试验而又不注意科学实验的方法，往往不是浪费精力就是引导我们得到错误的结论。

试举两个例子：

（1）打倒"四人帮"后，我们恢复了外语考试和测验的制度，这是一件很好的事情。外语考试和测验是一种测量外语语言水平和教学质量的手段。可是我们却还不会运用统计的方法去收集和分析数据。以全国高考的英语考试而言，我们就没有很好地进行测量和评估，好像考试的目的仅是给录取单位提供一个分数。我们的统计工作，如果有的话，也只限于找出一个平均数，以及把考生分数分档排列。这对一种全国性的外语水平考试来说，是很不够的。还有几方面的统计工作可做。例如，就分数的分析而言，除找出其分布的中央倾向外，还要找出其离散趋势，以了解分数的分布范围。就试题本身而言，要通过各种手段（从表面的观察，对照教学大纲要求到对比测试以求出相关系数）来检查其有效性；要通过方差估算求出其可靠性；要通过项目分析来求出其辨别指数。这些数据的收集和分析如能逐年进行，并建立档案管理制度，就能掌握全国外语教育发展的某些基本趋向，为制定语言政策提供一些依据。这个例子说明我们的工作是做了，但因为不善于收集和观察数据，没有取得应有的效果。

（2）有几位同志做了一个关于 4 岁幼儿学习英语的实验研究。参加实验的为 125 个 4～4.5 周岁的幼儿，每周上两节英语课，主要是采用听说法。如运用各种直观教具、做集体游戏、讲故事、唱歌、舞蹈。4 个月后，幼儿学会了 60 个单词（会听、会说），听懂 10 个祈使句，会说大约 10 个句子。有 36% 的幼儿学得好，40% 的学得较好，24% 的幼儿学得不好。这无疑是一个非常有意义的试验，教师们在教材和教学方法方面进行了有益的探索，而且对幼儿学英语的若干心理特点（如言语感知、记忆、言语技能的形成）进行了有趣的观察。这都是值得肯定的。但是，教师们由此而得出的结论：幼儿学英语以 4 岁开始为宜，却是无效的。这主要是实验设计本身的问题。这个试验的目的是找出幼儿学英语的合适年龄。年龄既然是要观察的独立变项，就应通过设立实验组和参照组进行横向研究，最好还要作纵向研究。起码应该设立不同年龄的实验组，如对 3 岁、4 岁、5 岁的幼儿都作同样的试验（而且教员、教材、教法、教学条件等因素尽可能稳定不变），才能取得科学的结论。现在只试验 4 岁幼儿，就说 4 岁的年龄最适宜，那么怎么知道 5 岁、6 岁的幼儿就不适宜呢？结论的依据是儿童的成绩，可是成绩的测量又缺乏信度，没有客观的测量标准，主要是靠教师的主观印象去评估。类似这样的教学试验我们过去也做过一些，为了试验取得好的成绩，我们往往抽一些好的教师、好的学生，甚至创造一些特殊的学习条件，却不知道这样做是取消试验的有效性。

应用语言学是一门应用科学。应用离不开实践，实践必须得法。在外语教学研究中，只有通过科学实验的方法才能有所发现、有所前进。科学实验的方法对外语教师和外语教学行政管理人员来说，都是一门不可缺少的基本功，应该把它作为师资培训的一个重要内容，切实抓好。

参考文献

[1] Austin, J. L. 1962. How to Do Things with Words［M］. Cambridge, MA：Harvard University Press.

[2] Corder, P., S. 1975. Applied linguistics and learning teaching［A］. In J. P. B. Allen, & S. P. Corder (Ed.), Papers in Applied Linguistics［C］. London：Oxford University Press.

[3] Corder, P., S. 1979. Introducing Applied Linguistics［M］. Harmondsworth：Penguin Books.

[4] Kelly, L. G. 1969. 25 Centuries of Language Teaching［M］. Rowley：Newbury House.

[5] Mackey, W. F. 1965. Language Teaching Analysis［M］. London：Longman.

[6] Mackey, W. F. 1973. Language didactics and applied linguistics［A］. In J. J. Oller, & Richards, J. (Ed.), Focus on the Learners：Pragmatic Perspectives for the Language Teacher［C］. Mass.：Newbury House.

[7] Roulet, E. 1975. Linguistic Theory, Linguistic Description, and Language Teaching［M］. London：Longman.

[8] Spillner, B. 1977. On the theoretical foundations of applied linguistics［J］. IRAL (7).

[9] Spolsky, B. 1968. Linguistics and language pedagogy—applications or implications?［A］. In J. Alatis (Ed.), Twentieth Annual Round Table on Languages and Linguistics. Washington, DC［C］(pp. 143 – 155). Washington：Georgetown University Press.

［10］Widdowson, H. 1979. Linguistic insights and language teaching principles［A］. In Explorations in Applied Linguistics［C］. Oxford: Oxford University Press.

［11］葛传椝. 1980. 漫谈由汉译英问题［J］. 翻译通报（2）.

［12］桂灿昆. 1978. 这样的改革能够提高英语教学质量吗？［J］. 现代外语（4）.

［13］王宗炎. 1978. 广大的处女地——读《应用语言学论文集》［J］. 外国语教学（3）.

桂诗春自选集

第二部分

心理语言学与语料库语言学

不确定性判断和中国英语学习者的虚化动词习得①

一、研究背景

（一）一门极富潜力的新学科

Kahneman 和 Tversky 所提出的不确定性判断（Uncertainty Judgment）理论指出，人们在作判断时往往会依靠一些数量不多的搜索性策略（heuristic principles）②，把复杂的评估概率和预测价值的任务归结为更为简单的判断操作。一般来说，这些搜索性策略相当有用，但却又往往导致严重的、系统的错误。他们的理论是根据他们在不同人群中作主观判断调查而总结出一些人们的搜索性策略，如代表性、可得性、锚定与调整、决策框架、预期论。而这些原则往往违反概率论。例如，人们倾向于用代表性或相似性来判断类别：按照 A 在多大程度上能代表 B 来决定 A 就是 B。他们给受试看这样的一段描述语："Steve 很害羞、孤独，乐于助人。但是他对人和现实世界都没有多大兴趣。他是一个温顺的、整洁的人，需要次

---

① 本项目得到广东外语外贸大学外国语言学和应用语言学研究中心和英语教育学院杨满珍老师的协助。

② Heuristic 一词在我国词典中一般只给出"启发式"的意思，但是启发式指一方启发另一方，如使用启发式教学。可是只用于一方，则不大妥帖，因为不能自己启发自己。在认知科学里，heuristic 和 search 往往连在一起，在 2000 年的《MIT 认知科学百科全书》的 heuristic search 词条里就是这样定义的：The study of computer algorithms designed for problem solving, based on trial – and – error exploration of possible answers. 2002 版的 The Oxford American English Dictionary 也反映了这个意义。heuristic 的第二个意义是 computing proceeding to a solution by trial and error or by rules that are loosely defined. 在前一本辞书里，还对 Judgment heuristic 有进一步的说明：One coping strategy is to use heuristic, or rule of thumb, to produce an approximate answer. That answer might be used directly, as the best estimate of the desire quantity, or adjusted for suspected biases. 参照这些解释，现把 heuristic 暂译成"搜索性"，把 heuristic principle 暂译成"搜索性策略"。

序和结构,爱好细节。"然后让受试决定"Steve 是一个农民、图书管理员、医生、飞机驾驶员,还是售货员"。结果,受试大都判断这段描写最符合图书管理员,即最有代表性(相似性)。但是,受试对先验概率不敏感,在总人口中农民的概率远远大于图书管理员,在判断 Steve 为图书管理员时并没有考虑这个先验概率。Kahneman 等用同样的方法进行调查,最后总结出各种影响不确定判断的搜索性策略和它们所引起的偏颇(biases),结集为《不确定条件下的判断:搜索性和偏颇》(1982:1026—1029),另一本论文集《选择、价值与框架》(2000)更多地开发不确定性判断在经济学领域内的应用,由此开辟了经济心理学的新学科。2002年,Kahneman 以他"把心理研究的成果与经济学融合到了一起,特别是在有关不确定状态下人们如何作出判断和决策方面的研究",而和另外一位经济学家获得了诺贝尔经济学奖。诺贝尔奖奖金不设心理学奖,在历史上,H. Simon(中文名字是司马贺)也以其工业管理中的决策论,于1978年获诺贝尔经济学奖。但是 Kahneman 是地地道道的心理学家,可以说是世界心理学史上第一个凭借心理学研究荣获诺贝尔经济学奖的心理学家。

Kahneman 等继承了三个方面的传统:Meehl 的临床和统计预测的对比研究,Edward 对贝氏统计范式的主观概率的研究,Simon 对搜索性策略和推理策略的研究;由于不确定性判断和人类认知心理有密切关系,所以他们的研究远远超出了心理学的范围,延伸到经济学、管理学、法律学、政治学和临床医学。

(二)二语习得和不确定性判断

从不确定性判断的角度来观察二语习得目前在文献上并不多见,但却有广阔的应用前景。在二语习得中,要判断学习者的语言能力达到什么水平,无非是两种办法:一是语言失误——学习者过渡语发展的路标;二是语言评估(测试)。两者都和学习者的不确定性判断有关。Ritchie 和 Bhatia(1969)指出,二语学习者和母语学习者有两点根本不同:一是二语学习者开始其习得二语过程的时候已经成熟,远远超过他习得母语时的年龄;二是二语学习者已经有一个语言系统在运作。所以,语言转移始终是二语习得研究中的一个热门的课题。按照 Kellerman(1979)的看法,转移是有制约的,这些制约最终地和学习者是否积极参加学习过程有关,他必须对哪些东西可以或不可以转移作出判断和决策。桂诗春(2004a)

企图运用 MacWhinney 的竞争模型（The Competition Model）来分析中国英语学习者的英语失误。竞争模型的重要特点是学习者在使用目标语的时候，有一些"提示"（cues）在竞争，表现为提示信度。信度是一种条件概率，学习者在提示 Y 的条件下选择 X，即 p（X/Y），概率高意味着 Y 是 X 的一个可信的提示。这个模型意味着使用不同的提示来解决不确定性判断的问题，它和不确定性判断中的"镜片模型"（The Lens Model）不谋而合，按照这个模型：我们不可能直接地接触感官工具以外的客观世界的物体和事件，而只能通过在外部物体和内部感知之间起中介作用的信息"镜片"来间接了解。这些信息"镜片"就是提示。例如，我们要判断一个陌生人的年龄，就必须依靠一些提示，如头发（是灰白还是秃顶）、肤色（平滑还是有皱纹）、身体（是年轻人还是老年人的走路仪态和姿势）、服装（穿着像年轻人还是老年人）、声音（儿童还是成人，沙哑还是虚弱）等等。同样的，在语言测试中，从考试的辅导老师到参加考试的学生都自觉和不自觉地运用一些搜索性策略。例如，有的"名师"把历年试题考过的语言项目排列出来，预测当年考试会出些什么项目。其实，在任何语篇中，语言项目的出现率是有一定的概率。但是代表性≠概率。又如，考试的作文命题人员不知道考生往往按照可得性（近现率）的搜索性策略去猜测考试中的作文题，出一些报纸上热门的题目（如诚信、和谐社会等等），大大地影响了考试的信度（因为考生可以预先写好）。Elder 等人（2001）为了纪念测试专家 Alan Davies 而出版的文集取名为《对不确定性的试验》，正好说明测试的根本目的是要了解考生的语言知识和能力的不确定因素。

二、研究问题

本研究企图运用 Kahneman 的不确定判断理论来观察中国英语学习者掌握和使用词汇虚化（delexicalization）的情况。

词汇虚化和语法化都是语言变化中自然产生的现象，据 Briton（2005：130 – 131）等人的研究，这种现象在古英语里并不多见，到中古英语才开始流行。Quick（1985：1159 – 1160）、Biber（1999：1026 – 1029）都注意到这种现象。它的出现是词汇发展中自然选择的结果。语料库统计指出：最常用的 2000 个高频词覆盖了 80% 的文本。它们的词汇意义较广泛，而且往往虚化（如动词的 get，do 和名词的 thing，person）。Sinclair（1991：113）还提出语言使用的公开选择原则和成语原则。成语原则和现代英语的一条总倾向有关：比起那些不那么常用词和常用义来说，常用词和常用义没有那么明确而独立的意义。词汇虚化也叫合成谓语（composite predicates）或复合动词（complex verbs）。例如，take a look，make a promise，give a response… 现结合 Sinclair 的观察，试归纳这些由虚化动词组成短语的几个特点：

（1）主要意义由其中的名词来表示，动词本身的意义并不重要，可说没有清晰的、独立的意义，又被称为"轻动词"（light verbs）。我们往往只关注它们的使用，而不是它们的意义。一个短语的意义和相应的动词相同，如 to take a look = to look。这个倾向可以理解为词汇虚化渐进过程或词语对意义的独特贡献逐步减少的过程。它们用来谈论人类共通的东西，没什么文化色彩。

（2）一般为高频词，例如 make，take，have，do，get，give，等等。根据 Altenberg 等人的分析（1983），这些多义的高频词的意义延伸来自两个方面：一是追求建立更普遍的、抽象的词汇虚化或语法化的倾向；二是各种语言自身的倾向，从而产生特定意义、搭配和习惯用法，

（3）它们的组合约定俗成，没有绝对的"对"和"错"，成语原则的运作决定了词汇的意义；通过检索大型语料库，词语的搭配越有显著意义，就越说明它的唯一性。

（4）词汇虚化不限于动词+名词，有些形容词、副词和介词也有虚化现象，如 physical damage，general opinion；diametrically opposed，readily available；with grey hair，with a sponge，with anger，in bed with flu，in Germany with the army，等等；多数正常的语篇由常用词和次常用词的常用义构成，使它们本身变得词汇虚化。

（5）这些习惯用法，或搭配（collocations），它们的理解和产出往往是不对称的；理解一般不存在什么问题，产出却是英语学习者的一个难点。在没有什么把握时候，学习者往往诉之于搜索性策略。

二语习得研究者对词汇虚化也开始感兴趣，Hasselgren（1994：237 - 60）把虚化了的词汇称为玩具熊词汇（lexical teddy bears），我们不妨称之为"万金油词汇"（lexical tiger balm）。它们"通常是早期学到的一个具有广泛意义的普通词，可以被过度概括地使用的。按照她对挪威英语学

习者的观察,导致他们用错词的原因是同源词和音译,都和母语有关。邓耀臣(2005)把中国学习者的书面英语的语料库(CLEC)和加拿大本族语大学生的写作语料库(COCNUS)加以比较,发现中国学生使用的几个虚化动词搭配的频数明显偏高。比较语料库的词项频数,是一种基本做法。但微嫌不足,一是常用词有多种意义和用法,如 do,既有核心意义,也作虚化动词,在更多的情况下则是助动词。笼统地统计 do,并不能弄清楚它作为虚化动词的实际使用情况。二是语料库方法无法找出导致学习者使用虚化动词的原因。本研究除了使用语料库方法外,还采用了问卷调查的方法,目的是了解学习者用了一些什么搜索性策略,是否和不确定性判断有关。

我们的研究通过观察中国英语学习者使用虚化动词(delexicalized verbs,简称 DV)来回答下面几个问题:

(1)和本族语使用者比较,中国英语学习者是否超用 DV?
(2)是什么策略导致中国英语学习者使用 DV?
(3)英语水平会不会在使用 DV 的策略中造成差别?
(4)在我国英语教学中应该采用什么样的对策?

三、研究方法

根据 Altenberg 等人的观察,非本族语学习者都有超用高频 DV(如 make)的现象,本研究必须首先确定中国学习者是否也是超用几个高频 DV(扩大到 do, make, have, take, get, give 等 6 个动词)。为此,必须对中国学习者的语料、其他非本族语学习者的语料和本族语使用者的语料进行三角对比观察。中国学习者的英语语料由《中国学习者英语语料库》(桂诗春、杨惠中,2003)的部分语料①和文秋芳等人(2005)《中国学生口笔语语料库》(WECCL)的小语料库组成,收集了共 866,535 个词组成中国学生的语料库(Chinese);其他非本族语语料取自 Granger 等人

---

① 因为该语料库的 st3(大学英语四级)和 st4(大学英语六级)两类学生的语料主要来自四、六级考试作文,而其中各有一篇作文题目都有 make 这个词(Practice Makes Perfect 和 Haste Makes Waste),占了较大的篇幅。如果用整个语料库来和别的语料库比较,make 和 makes 肯定会超用。

(2002)的 ICLE（International Corpus of Learner English）中 10 个民族的英语学习者的书面语语料，共 105，9817 词。本族语语料库以 Flob（20 世纪 90 年代英国英语）为代表，约 100 万词，它和同样大小的 Frown（20 世纪 90 年代美国英语）和 ACE（20 世纪 80 年代末澳洲英语），在 DV 使用上无显著意义差别。

问卷设计。一共有 25 个填充题，都是用简单英语写成，不少句子都来自第四版 LDOCE（Longman Dictionary of Contemporary English），因为它是一本学习者词典，使用了 2000 多词的释义词汇（defining vocabulary），保证受试都能看得懂整个句子。而且测试句都是 DV，而意义由名词来表达，动词的意义已被淡化。这样做的目的就是让学习者已经知道他要表达的意义，他们的任务无非是填上合适的 DV。但是，受试往往有不止一个被选，所以我们给他们 3 个机会填上被选，而且在后面还让他们填上把握度（从 0 到 10）。例如，我们先给一个示范句：

Walk around the campus and _____ a good look at it.
填空词（ take / make / ）把握度（ 7 / 5 / ）

把握度其实就是我们想了解的确切性判断的程度。因为句子要测试的 DV，都是学习者耳熟能详的，我们难以判断受试是真的懂得这种表达方式，还是由于使用了保险的搜索策略而碰对的。例如：

I like to _____ recordings of my favourite songs.
填空词（ do / make / ）把握度（ 6 / 4 / ）

这句话应该填 make，本族语使用者不大会用 do，这位受试填了 do 而且认为把握度为 6，他也填了 make，但把握度只有 4，我们可以认为这是碰对，并不真正懂。我们设定的把握度的临界线为 5，5 以下的，都算成是采用 DV 策略而碰对的。

问卷后面，还有三个问题：一个是了解受试掌握测试句的程度；第二个是了解受试整份问卷的把握度；第三个是了解受试在没有把握时爱使用什么方法来回答问题。

受试为广东外语外贸大学经贸专业一、二年级和管理专业一、二年级学生。一年级共 77 人，二年级共 81 人。目的在于比较两种不同水平的受试回答问题的差异。

四、结果

（一）中国学习者是否超用 DV

我们用 Wordsmith 的 Keyword 子程序，把两个大小不一样的语料库的词项的百分比加以比较，列出有显著意义的词项差异（超用或少用）。

表 1　中国学习者和 Flob 两个语料库词项比较举隅

编号	词项	频数	中国学习者(%)	频数	Flob(%)	关键性	P
48	do	2,280	0.26	1,388	0.11	653.9	0
49	go	1,455	0.17	674	0.05	639.4	0
50	have	5,135	0.59	4,443	0.36	601.8	0

表 2　几个常用 DV 在三种语料中的百分比比较[①]

	do	make	have	get	take	give
Chinese	0.26	0.14	0.59	0.15	0.1	0.07
10NNS	0.34	0.14	0.75	0.14	0.08	0.06
	ns	ns	ns	ns	ns	ns
Native	0.18	0.13	0.48	0.06	0.08	0.05
	**	ns	**	ns	ns	ns
Flob[5]	0.11	0.07	0.36	0.05	0.05	0.03
	**	**	**	**	**	**

Chinese = 部分 CLEC + 部分 WECCL 语料；
10NNS = 10 个民族的英语学习者语料；

---

① 在统计几个语料库的 DV 时，我们只比较其原形（如 make），而没有把它的其他语法形式（如 makes, made, making 等）也计算在内。因为在 Wordsmith 的 Keyword 子程序只是比较哪些词型是超用的。例如 make 是超用的，但 made 就不一定。

Native = 作为 10NSS 参照的本族语学生语料；

Flob = 由德国 Freiberg 大学按 BROWN 抽样方案编制的 20 世纪 90 年代英国英语语料。

  两个语料库的大小不一，光比较频数没什么意义，主要是看它们的百分比。例如，do 在中国学习者语料中为 0.26，而在 Flob 里为 0.11，其关键性（keyness）指标为 653.9。这是用卡方或对数似然法算出的，P 值为 0，说明有非常显著意义的差别。在表 2 里，我们用 * 和 * * 来表示有显著和非常显著意义的词项。如果没有显著意义则标为 ns。因为语料库的大小不一，所以我们只列出其比率来把中国学习者、其他民族的英语学习者和本族语的语料（包括本族语学生和一般的本族语使用者）进行三角比较，其结果是中国学习者和其他民族的英语学习者的几个 DV 的比率没有显著意义差别，而和一般本族语使用者语料比较则有非常显著意义差别。也就是说，英语学习者都超用了这几个 DV。为了防止语料的样本不同而引起的差异，我们还比较英语学习者和本族语学生的语料，结果显示除 do 和 have 外，其他几个 DV 和英语学习者同样是超用的。

  表 3 是我们统计的几个语料库的词项的百分比。其中 Brown，Lob，Frown，Flob，Ace 几个本族语使用者的语料库使用的采样方案相同，所以百分比也很接近，所以我们只取 Flob 来绘制示意图（图 1）。

表 3   几个常用 DV 在六种语料中的百分比比较

	Chinese	10NNS	Native	flob	frown	ace
do	0.26	0.34	0.18	0.11	0.12	0.1
make	0.14	0.14	0.13	0.07	0.06	0.08
have	0.59	0.75	0.48	0.36	0.3	0.44
get	0.15	0.14	0.06	0.05	0.07	0.06
take	0.1	0.08	0.08	0.05	0.05	0.06
give	0.07	0.06	0.05	0.03	0.03	0.04

  我们可看到：①这几个 DV 在几个语料库中都是高频词，而且它们有很高的相关；②非本族语的英语学习者都有超用它们的倾向。按超用的比率排列，最高为 have，其次是 do，然后是 make，get，take，give。

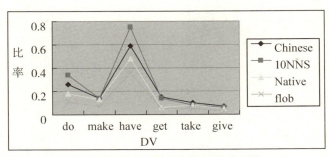

图 1 超用 DV 在几个语料库的对比示意图

（二）中国学习者对目标词的命中率有多少

我们按 4 个范畴来归类。

（1）目标词。就是我们期望受试使用原句中的词，用了别的词有不少也是可以接受的，但程度有所不同。例如，测试句 2（I like to make recordings of my favourite songs.）里目标词为 make，命中率只有 0.37。

（2）DV，有 0.32，它们包括 make, take, have, do, get 和 give。表 4 显示，take 选取率为 0.18，have 为 0.06，do 为 0.7，get 为 0.1。根据 BNC 的统计，make recordings 的搭配的频数有 8 次，而 take recondings 则只有 1 次。至于 have 和 do，虽然没有这种搭配，但使用它们，也能传递交际意图。所以我们的目标词的命中率并非意味着答对率，因为在实际语言的使用中，答对率的标准很不一样。

（3）其他词。指 DV 以外的别的词，如 keep, play, collect, 选用这些词表示受试未能了解整句话的意义上的要求。

（4）? 目标词。受试也选了目标词，但把握度在 5 以下，表明他们并没有懂得这种搭配，而且因为目标词恰好是他们采取的保险策略的一个选项。

（5）不确定性。不确定性 = DV + 其他词 + ? 目标词，或 1 − 目标词的比率①。

---

① 请注意，我们在比较超用词时用的是百分比（percentage，写为%），在统计命中率时用的是比率（proportion）。百分比 ÷ 100 = 比率，或比率 × 100 = 百分比。

表4 中国学习者命中目标词的比率

组别	大学一年级					大学二年级				
	目标词	DV	其他词	？目标词	不确定性	目标词	DV	其他词	？目标词	不确定性
句1（make）	0.239	0.410	0.239	0.111	0.761	0.295	0.410	0.252	0.043	0.705
句2（make）	0.370	0.320	0.220	0.090	0.630	0.310	0.429	0.190	0.071	0.690
句3（make）	0.456	0.228	0.263	0.053	0.544	0.470	0.248	0.248	0.034	0.530
句4（make）	0.244	0.387	0.319	0.050	0.756	0.360	0.360	0.250	0.029	0.640
句5（make）	0.679	0.202	0.036	0.083	0.321	0.739	0.182	0.057	0.023	0.261
句6（make）	0.463	0.281	0.231	0.025	0.537	0.564	0.278	0.143	0.015	0.436
组平均	0.408	0.305	0.218	0.069	0.592	0.456	0.318	0.190	0.036	0.544
句7（take）	0.397	0.579	0.016	0.008	0.603	0.397	0.487	0.027	0.020	0.533
句8（take）	0.432	0.337	0.158	0.074	0.568	0.432	0.305	0.102	0.059	0.466
句9（take）	0.171	0.585	0.187	0.057	0.829	0.171	0.562	0.151	0.041	0.753
句10（take）	0.523	0.206	0.243	0.028	0.477	0.523	0.241	0.143	0.018	0.402
句11（take）	0.350	0.425	0.175	0.050	0.650	0.350	0.455	0.140	0.050	0.645
组平均	0.375	0.426	0.156	0.043	0.625	0.375	0.410	0.112	0.038	0.560
句12（have）	0.595	0.405	0.000	0.000	0.405	0.530	0.455	0.007	0.007	0.470
句13（have）	0.385	0.479	0.060	0.077	0.615	0.405	0.496	0.061	0.038	0.595
句14（have）	0.421	0.347	0.105	0.126	0.579	0.540	0.327	0.071	0.062	0.460
句15（have）	0.044	0.700	0.244	0.011	0.956	0.095	0.676	0.229	0.000	0.905
句16（have）	0.296	0.343	0.306	0.056	0.704	0.350	0.317	0.317	0.017	0.650
句17（have）	0.708	0.156	0.083	0.052	0.292	0.640	0.234	0.099	0.027	0.360
组平均	0.408	0.405	0.133	0.054	0.592	0.427	0.418	0.131	0.025	0.573
句18（do）	0.590	0.360	0.050	0.000	0.410	0.583	0.375	0.042	0.000	0.417
句19（do）	0.380	0.110	0.470	0.040	0.620	0.394	0.220	0.378	0.008	0.606
句20（do）	0.133	0.159	0.690	0.018	0.867	0.062	0.200	0.708	0.031	0.938
组平均	0.368	0.210	0.403	0.019	0.632	0.346	0.265	0.376	0.013	0.654
句21（commit）	0.032	0.883	0.085	0.000	0.968	0.069	0.793	0.138	0.000	0.931
句22（be）	0.618	0.196	0.137	0.049	0.382	0.706	0.159	0.087	0.048	0.294
句23（pay）	0.632	0.305	0.053	0.011	0.368	0.560	0.385	0.055	0.000	0.440
句24（give）	0.303	0.508	0.164	0.025	0.697	0.257	0.536	0.186	0.021	0.743
句5（acquire）	0.009	0.319	0.673	0.000	0.991	0.020	0.320	0.660	0.000	0.980
组平均	0.319	0.442	0.222	0.017	0.681	0.322	0.439	0.225	0.014	0.678
总平均	0.379	0.369	0.208	0.044	0.621	0.393	0.378	0.190	0.027	0.594

为了更好地了解DV的几个词的比率，我们整理出表5。在表中，目标词的比率已经表示在表4里，故在表5的相应的DV列里均为0。如句1—句6的目标词均为make，而make又是一个DV，其比率0.239–0.463已经记录在表4里。

表5 各个 DV 所占的比率

组别	大学一年级							大学二年级						
	make	take	have	do	get	give	小计	make	take	have	do	get	give	小计
句1（make）	0.000	0.205	0.205	0.000	0.000	0.000	0.410	0.000	0.237	0.173	0.000	0.000	0.000	0.410
句2（make）	0.000	0.180	0.060	0.070	0.010	0.000	0.320	0.000	0.230	0.143	0.040	0.016	0.000	0.429
句3（make）	0.000	0.053	0.114	0.053	0.000	0.009	0.228	0.000	0.034	0.214	0.000	0.000	0.000	0.248
句4（make）	0.000	0.059	0.252	0.067	0.008	0.000	0.387	0.000	0.103	0.221	0.037	0.000	0.000	0.360
句5（make）	0.000	0.071	0.119	0.012	0.000	0.000	0.202	0.000	0.045	0.136	0.000	0.000	0.000	0.182
句6（make）	0.000	0.074	0.099	0.066	0.041	0.000	0.281	0.000	0.045	0.128	0.023	0.030	0.053	0.278
组平均	0.000	0.114	0.150	0.040	0.004	0.002	0.305	0.000	0.116	0.169	-0.017	0.008	0.009	0.318
句7（take）	0.063	0.000	0.476	0.040	0.000	0.000	0.579	0.080	0.000	0.407	0.000	0.000	0.000	0.487
句8（take）	0.263	0.000	0.042	0.011	0.021	0.000	0.337	0.263	0.000	0.017	0.000	0.025	0.000	0.305
句9（take）	0.033	0.000	0.472	0.000	0.081	0.000	0.585	0.068	0.000	0.438	0.000	0.055	0.000	0.562
句10（take）	0.084	0.000	0.093	0.000	0.019	0.009	0.206	0.089	0.000	0.116	0.000	0.036	0.000	0.241
句11（take）	0.192	0.000	0.142	0.000	0.017	0.075	0.425	0.207	0.000	0.190	0.000	0.017	0.041	0.455
组平均	0.127	0.000	0.245	0.010	0.028	0.017	0.406	0.141	0.000	0.234	0.000	0.026	0.008	0.410
句12（have）	0.182	0.190	0.000	0.000	0.008	0.025	0.405	0.246	0.209	0.000	0.000	0.000	0.000	0.455
句13（have）	0.402	0.034	0.000	0.026	0.017	0.000	0.479	0.405	0.038	0.000	0.023	0.031	0.000	0.496
句14（have）	0.168	0.168	0.000	0.000	0.011	0.000	0.347	0.159	0.142	0.000	0.000	0.009	0.009	0.327
句15（have）	0.378	0.200	0.000	0.056	0.056	0.011	0.700	0.190	0.448	0.000	0.000	0.038	0.000	0.676
句16（have）	0.194	0.056	0.000	0.037	0.056	0.000	0.343	0.233	0.033	0.000	0.008	0.042	0.000	0.317
句17（have）	0.083	0.052	0.000	0.010	0.010	0.000	0.156	0.081	0.144	0.000	0.009	0.000	0.000	0.234
组平均	0.235	0.117	0.000	0.021	0.026	0.006	0.405	0.219	0.169	0.000	0.008	0.020	0.001	0.418
句18（do）	0.050	0.040	0.010	0.000	0.000	0.260	0.360	0.075	0.025	0.000	0.000	0.008	0.267	0.375
句19（do）	0.030	0.020	0.060	0.000	0.000	0.000	0.110	0.055	0.071	0.094	0.000	0.000	0.000	0.220
句20（do）	0.062	0.053	0.044	0.000	0.000	0.000	0.159	0.131	0.046	0.023	0.000	0.000	0.000	0.200
组平均	0.088	0.085	0.023	0.003	0.004	0.052	0.256	0.087	0.047	0.039	0.000	0.003	0.089	0.265
句21（commit）	0.372	0.053	0.202	0.245	0.011	0.000	0.883	0.362	0.060	0.207	0.138	0.026	0.000	0.793
句22（be）	0.108	0.049	0.000	0.039	0.000	0.000	0.196	0.071	0.071	0.000	0.008	0.008	0.000	0.159
句23（pay）	0.095	0.116	0.042	0.011	0.000	0.042	0.305	0.073	0.211	0.073	0.000	0.018	0.009	0.385
句24（give）	0.279	0.197	0.016	0.016	0.000	0.000	0.508	0.243	0.264	0.029	0.000	0.000	0.000	0.536
句25（acquire）	0.035	0.106	0.027	0.000	0.150	0.000	0.319	0.020	0.080	0.027	0.000	0.193	0.000	0.320
组平均	0.178	0.104	0.057	0.062	0.032	0.008	0.442	0.154	0.137	0.067	0.029	0.049	0.002	0.439
总平均	0.162	0.099	0.130	0.034	0.024	0.017	0.369	0.161	0.127	0.139	0.013	0.025	0.015	0.378

从这些统计数字看，有以下的一些结果：

（1）总的目标词命中率并不很高，一年级学习者的比率为 0.379，二年级学习者为 0.393。就项目而言，两者并没有显著性差异。这就是说，两批学习者的不确定性比率大概为 0.6。

（2）在不确定性比率超过一半以上的情况下，学习者又都知道他们要表达的意思，一年级学习者采用 DV 的比率为 0.594，二年级为 0.636。这说明使用 DV 是一种他们较喜欢用的策略。

（3）可见，几个 DV 的比率不一样（见表 4），make，have，take 用得最多，两个年级都很一致（见图 2）。这一点和 Biber 等人（1999：1026 - 1029）的观察相同。

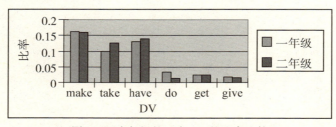

图 2　两个年级的 6 个 DV 的比率比较

这是因为 make，take，have 这几个 DV 的虚化程度较高，用途也较广。相对来说，get 和 give 还保留了一些核心词汇意义。例如句 7（I usually take a walk after supper.），目标词为 take（两个年级学习者均为 0.397），have 也是可以接受的（一年级学习者为 0.476，二年级为 0.407），有 0.07 的一年级学习者选了 do，二年级则没有。但两个年级都没有选 get 和 give，这说明它们的词汇意义没有完全虚化，学习者保留了它们的意义，感到在这个句子里套不上。

（4）目标词命中率和使用 DV 的关系。我们计算了两个年级学习者的目标词命中率和 DV 的使用率的相关性，结果显示，一年级学习者的相关系数为 -0.56536，二年级为 -0.56638。两者非常一致，有中度的相关，而且都是负相关。这说明命中率越低，DV 的使用率就越高。

（三）两个年级的学习者有没有差别

在上述的统计中，我们是以测试句作为单位进行统计，得出的结果是两类学习者的目标词的命中率并没有显著意义的差别。那么，以学习者为单位进行统计，结果又如何呢？我们分别对他们的命中率平均值、所有项目的把握度平均值和总把握度做了 t 检验，发现两个年级有显著意义的差别，虽然它们的差别并不大（见表6）。

表6　两个年级的命中率和把握度的差别

	平均命中率	比率	总把握度	比率	平均把握度	比率
一年级	12.382	0.495	7.186	0.719	7.763	0.776
二年级	13.765	0.551	7.597	0.760	8.100	0.810
差别	1.384	0.055	0.412	0.041	0.337	0.034
t-值	-3.081		-2.316		-2.277	
显著意义	<.002**		<.022*		<.024*	

我们还注意到所有项目把握度平均值和总把握度并不完全一致，于是计算两者的相关。一年级的相关系数为0.52，而二年级则为0.59。但是，我们更感兴趣的是哪一种评估更加接近学习者的真实情况。整份问卷共有25题，因此其比率应为平均命中率除以25。把握度的量表为10，比率应为总把握度和平均把握度除以10。如果命中率的比率和把握度的比率是一致的，就表示实际的命中情况和受试的主观估计是一样的。如果把握度的比率大于命中率的比率，就表示过分自信（over-confidence）。结果显示：①二年级的命中率的比率高于一年级的，而其把握度的比率也高于一年级的；②两个年级的把握度的比率均高于命中率的比率，说明都有过分自信的情况；③两个年级的平均把握度的比率都高于总把握度的比率，总的把握度比率似较为可信，单个项目的把握度更容易偏高。

4. 在没有把握使用目标词的时候，中国学习者采用什么策略

在问卷里，我们还设计了两组问题。一是了解受试对测试句的难度的看法，因为我们的实验的基本出发点是受试必须了解他们要填充的词在句中的意义。问题有5个选择：

a) 所有的句子的意义都看得懂，而且全都知道所要填写的动词应该表示的意思。

b) 所有的句子的意义都看得懂，但是并不全部知道所要填写的动词应该表示的意思。

c) 所有的句子的意义都看得懂，但是只部分知道所要填写的动词应该表示的意思。

d) 只部分看懂句子的意义，只部分知道所要填写的动词应该表示的意思。

e) 大部分看不懂句子的意义，大部分不知道所要填写的动词应该表示的意思。

对这 5 个选项的比率见表 7。

表7　两个年级对 5 个选项的比率

	a	b	c	d	e
一年级	0.529	0.329	0.100	0.043	0.000
二年级	0.373	0.507	0.093	0.027	0.000

一年级学习者 a 和 b 两项合加起来为 0.857，二年级为 0.887，意味着大部分的学习者能看懂句子的意义，而且也知道所要填写的动词的意思。

另一个问题是围绕学习者对 DV 的看法的选项：

a) 尽量找一个估计对方能听懂的动词。
b) 根据母语知识来找一个动词。
c) 为了保险，找一个更为笼统的动词来代替。

表8　两个年级对 DV 的 3 种态度

	a	b	c
一年级	0.456	0.176	0.368
二年级	0.610	0.169	0.221

这几种态度都是围绕 DV 而展开的。第一种 a) 是出于交际的需要，找一些估计对方能够听懂的词，其中当然不乏 DV。第二种 c) 是言语产出策略的需要，在找不出合适的词的时候，最保险的办法当然是用 DV。

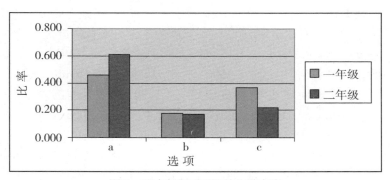

图 3　两个年级对 DV 的 3 种态度

第三种 b）是依靠母语，是不得已而为之，似乎中国学习者也觉得这种方法不一定靠得住。它的比率最低。不同水平的学习者似乎略有差异，二年级学习者是否因为水平高一些，感到遣词造句强一些，故多选 a），有待于进一步观察。

五、讨论

（一）态度与策略

我们以 DV 作为观察点，创造一个学习者知道他们要表达的意思（从 0.857～0.887）①的环境，然后要求他们把他们认为合适的目标词填上，结果是命中率为 0.379～0.393。这意味着不确定性因素为 0.607～0.621。为了应付表达的需要，学习者较多地使用 have，do，make，take，get，give 这些 DV，约为不确定因素的 0.594～0.636。这是造成它们在中国学习者语料超用的一个根本原因。

我们感兴趣的是，为什么学习者会采取这样的策略？问卷调查的结果显示，0.456～0.610 的学习者选择了"尽量找一个估计对方能听懂的动词"；0.221～0.368 的学习者选择了"为了保险，找一个更为笼统的动词来代替"；0.169～0.176 的学习者选择了"根据母语知识来找一个动词"。下面我们试讨论这三种认识是怎样导致到 DV 的使用：

（1）不管使用者的初衷是什么，出于交际和沟通的需要，采用"小

---

① 我们用符号"～"表示一年级到二年级。下同。

词"（包括 DV）不失为一种可用的手段，这可以追溯到 20 世纪初的词汇控制运动：Odgen 提出 Basic English（850 词）；West 在印度推行的阅读法和他主编的《新法读本》以及随之而来的大量简写本；VOA（《美国之音》）的"特殊英语"控制在 1500 个词；从 West 和 Hornby 开始，给学习者使用的英语词典也提出从 3000 到 1490 个词不等的释义词汇表（Defining Vocabulary）。一个典型的例子是用 Basic English 来改写《圣经》，我们比较了 BBE（Basic Bible in English）和 WEB（World English Bible）[①]：WEB 用了 12,789 个词型（types），而 BBE 则用了 6199 个词型，少了一半。至于 6 个 DV 的频数[②]，则 BBE 总计为 38,260，而 WEB 则只有 16,243，其分布情况如图 4。

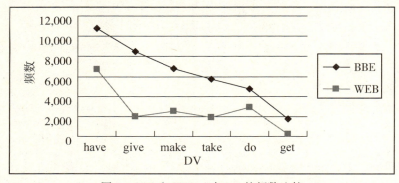

图 4　BBE 和 WEB 6 个 DV 的频数比较

　　至于学习者为什么多用，主要是这些 DV 都是大家熟稔的，在学习者的语汇中，它们的频数很高，极易回述（recall）。在 Kahneman 和 Tversky 的不确定性判断理论中，有所谓可得性（availability）策略。"可得性是评估频数和概率的一个有用的线索，因为数量大类别的事例比数量小类别的事例提取得又好又快。"但是，可得性往往还受频数和概率以外的其他的因素影响，所以很容易产生偏颇。例如，句 1（He is trying to make his journey to Africa.）在两个年级的命中率都不高，分别为 0.239 和 0.295。在一年级里，选 take 和 have 的比率各为 0.205，在二年级里则为 0.237 和 0.173。无非是因为 take 和 have 都是高频词。Make 也是高频词，故一年

---

① 《圣经》的版本很多，这个版本用现代英语翻译，而且可以在网上下载，适合于比较。
② 包括这些 DV 的原形及其各种语法形式，凡超用者都计算在内。共有 20 个词型。

级有 0.111，二年级有 0.043 选上它，但是把握度都不高。这说明仅仅是因为它的频数高而选上的。又如，在句 7（I usually take a walk after supper.）里，take 是目标词，但在两个年级的命中率都是 0.397。而两个年级都选 have（一年级为 0.476，二年级为 0.407）都比目标词要多。在 BNC 里 have a walk 的频数为 28，而 take a walk 的频数为 96，后者比前者多 3 倍多。显然，在学习者不知道 take a walk 的搭配时，have 是最佳的选择，这是可取性产生的偏颇。

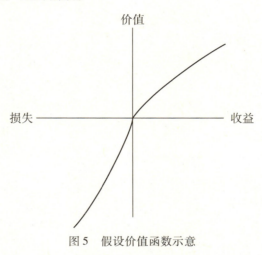

图 5　假设价值函数示意

（2）学习者的第二个选择是为了保险。这和不确定性判断理论中的价值函数和预期论有关系。按照 Kahneman 等人的分析，人们在决策时，对收益和损失所采取的态度不完全一样。他们对损失的感受性要大于对收益的感受性，即我们平时所说的厌恶损失（loss aversion）。因此，人们经常的行为反应就是回避损失。例如，让受试（150）在下面两种情况下作出风险选择：①稳赚 $240 或 75% 的机会赚 $1000（有 25% 机会分文不赚），结果 84% 的人选了稳赚；②稳赔 $750 或 75% 的可能赔 $1000（有 25% 的可能不赔钱）。有 87% 的人选择了 75% 的可能赔 $1000。前者反映了对风险的回避，后者反映了对利益的追求。从图 5 中的 S-形价值函数看，价值函数①定义为收益和损失，而不是整体财富；②在收益方面，是凹形的，在损失方面是凸形的；③损失的曲线比收益的曲线要陡，损失曲线的斜率为收益曲线的斜率的 2.25 倍。这就是说，损失的痛苦程度是收益的快乐程度的2倍,所以稳赢 $100 的价值函数为 57.54,而稳输 $100 的函数是 -129.47(Hastie 2001)[①]。

表9　二年级对句6各个选项的统计

选项	频数	平均把握度	比率
make	75.000	9.453	0.564
have	17.000	9.000	0.128
draw	9.000	9.111	0.068
give	7.000	6.286	0.053
take	6.000	6.000	0.045
get	4.000	6.000	0.030
do	3.000	9.000	0.023
summarize	2.000	8.000	0.015
decide	1.000	5.000	0.008
deduce	1.000	3.000	0.008
infer	1.000	7.000	0.008
lay	1.000	6.000	0.008
put	1.000	6.000	0.008
set	1.000	9.000	0.008
show	1.000	8.000	0.008
state	1.000	8.000	0.008
make（?）	2.000	4.500	0.015
总计	133	7.021	

　　我们的学习者在言语产出时碰到不确定因素,面临着几个选择,需要作出决策。他们遵守的原则也是回避风险,所以很自然地选择那些比较含混的、多义的、覆盖面广的词,DV 当然是他们的首选。根据 Wordnet 的统计,make, give, take, get, have, do 的意义分别为 49, 44, 42, 36,

---

[①] 这是根据 $\alpha=0.88$ 和 $\lambda=2.25$ 两个常数和下列公式运算得来的：如果 $x>0$, $v(x) = x^{\alpha}$, 如果 $x<0$, $v(x) = -\lambda(-x^{\alpha})$。

19和13种。虽然它们的意义不完全是虚化的（有的还是助动词，有的和介词一起组成动词短语），但是意义广泛，给学习者提供了一个很好的选择的机会，使他们能够回避风险，传递意义。所以在学习者没有把握时（命中率低），他们就会选择DV，其相关分别为－0.56536（一年级）和－0.56638（二年级）。例如，二年级对句6（It is still too early to make a conclusion on this point.）的各个选项的统计如表9。他们的命中率是0.564，有0.068的人用draw，这也是可能的答案。但是还有0.368的人是不懂的，他们知道句子的意思是"下结论"，于是就选了have（17），give（7），take（6），get（4），do（3）这几个DV，都比较集中，只不过把握度低于目标词。其他的词则是个别人选的。

（3）第三个选择是根据母语知识来找一个动词。一般来说，母语是学习者在学习另一种语言之前的预设，而且母语和意义差不多是一起习得的。例如，结合物体来识字，如"人、手、竹、刀、尺"。外语教学是一种面向意义的活动（桂诗春2005）。Doughty（2001）也指出，"二语学习者的缺省方式是对意义进行处理"。所以，有意或无意依靠母语来解决不确定性因素，是不言而喻的。在不确定判断中，也有一个搜索性策略，称为锚定和调整（anchoring and adjustment）：人们在估算时往往会根据一个"锚"来进行调整、甚至不充分的调整。如果我们很熟悉一个职业足球队员，我们期望其他职业足球队员也会像他一样。如果我们在一间饭馆里吃过一顿满意的饭，就会以为其他的饭菜也会一样好。又如，人们往往使用平均数作为"锚"，在一个人的估算为1，另一个人的估算为11时，他们会估算为6。一个二语学习者在不确定判断中把母语作为"锚"。例如，句24（During your university days, you should acquire as much knowledge as you can.），命中率只有0.020，频数最高的选项是learn①，比率为0.373。其他的几个DV（have，take，get，make），而它们除have外，在本族语语料中都甚为罕见（见表10）。这一方面说明，第二条策略仍在起作用，但是因为受母语的"锚"的影响，所以把learn和study推向前台，这一点和中国学习者的语料发现非常一致。

---

① 在中国学习者的语料中，learn，study和knowledge的搭配的频数分别为80与17。在BNC里，没有这样的搭配；最多的为have（53），acquire（42）和gain（13）；get（1）也很少。

表 10　二年级对句 24 各个选项的统计

选项	频数	平均把握度	比率
learn	56.000	8.643	0.373
get	29.000	7.034	0.193
take	12.000	7.583	0.080
gain	11.000	7.636	0.073
study	6.000	5.667	0.040
earn	5.000	8.200	0.033
obtain	5.000	6.400	0.033
have	4.000	6.750	0.027
acquire	3.000	9.000	0.020
make	3.000	5.667	0.020
absorb	2.000	9.000	0.013
accumulate	2.000	9.000	0.013
take in	2.000	7.500	0.013
accept	1.000	6.000	0.007
convey	1.000	8.000	0.007
digest	1.000	5.000	0.007
master	1.000	7.000	0.007
master	1.000	7.000	0.007
pick up	1.000	9.000	0.007
pursue	1.000	7.000	0.007
receive	1.000	9.000	0.007
remember	1.000	9.000	0.007
search	1.000	8.000	0.007
	150.000	7.731	

（二）过度自信

这个问题和不确定判断有密切的关系。人们需要信息来进行判断，在收集信息过程中，随着信息的增加，信心也提高。例如，一个医生了解病人的情况越多，就越有信心进行诊断，甚至预测病情将来的发展。在不确定判断中，我们感兴趣的是，信心增加是否为判断准确性所支持。这牵涉到证据的强度（strength）和信任的权重（weight）两个问题。这好比看一封推荐信，我们通常都会考虑：①推荐人是否热烈地推荐被推荐者，他的肯定态度反映了证据的强度；②推荐所谈到的事实有多大的可信度，这就是信任的权重。由于我们在判断中采取各种搜索性策略，因而产生偏颇，故证据的强度（也就是自信度、把握度）往往会支配信任的权重（也就是判断的准确性、答对率、命中率）。如果我们把这两者都换成比率加以比较，就会出现证据强度高于信任权重的现象。所以，过分自信不是一种搜索性策略，而是运用搜索性策略的结果，或是检验是否运用了搜索性策略的一种方式。Griffin & Tversky（2002：231-232）指出，如果人们对证据强度的差异很敏感，而对信任权重的差异不够敏感，他们在高强度和低权重的情况下会产生过分自信，在低强度和高权重的情况下会产生过低自信。我们的实验让受试随意填写 1～3 个选项，但却要求每个选项都填上把握度，最后还填上对整份问卷的把握度。这事实上创造了一个高强度和低权重的环境，而结果也显示出过分自信：一年级和二年级的强度分别为 0.719 和 0.760，而权重则分别为 0.495 和 0.551。值得注意的是，这是做完问卷的把握度的总估计。如果把受试逐个选项的把握度加起来取其平均，其强度就更高，分别为 0.776 和 0.810。这说明逐个积累更容易产生信息收集过程的信息增加效应。故我们认为，总估计的强度更为可信。

（三）年级之间的差异

我们的受试来自两个年级，如果以受试作为单位统计，则他们的命中率、平均把握度和总把握度都有显著性差异（见表5）。但是，就他们的态度而言，表6 的 $\chi^2 = 4.968 < 7.81 = \chi^2_{(3)0.05}$ 和表7 的 $\chi^2 = 4.304 < 5.99 = \chi^2_{(2)0.05}$，均没有显著性差异。这说明不同水平的学习者在命中率和他们主观作出的判断是有差异的，而他们对待问卷的难易度、所采取的策略和相应的态度并没有随着水平的不同而产生差异。

（四）对我国英语词汇教学的启发

DV 是英语词汇中很少的一部分，但是对我们的英语词汇教学却甚有启发意义。

1. 语言理解和语言产出

就 DV 的使用而言，语言理解和语言产出是不对称的。从理解的角度看，有 DV 短语的意义落在名词上面，用哪个 DV，都不会影响交际，也许正是这个原因导致学习者忽略选用 DV 的适宜性。从产出的角度看，既然有几个候补的 DV，选择哪一个候补却大有文章。一般来说，这些候补都有一些共同的特点：

（1）没有绝对的"对"或"错"，只有用得"多"和"少"的问题。表 11 给出了几个例子。

表 11 BNC 频数和二年级实验选项比较

	BNC（频数）	实验（比率）
make recordings	make（8），take（1），have（0）	make（0.309），take（0.29），have（0.143）
make no difference	make（73），have（0），mean（0）	make（0.47），have（0.214），mean（0.0598）
acquire knowledge	acquire（27），get（1）	learn（0.373），acquire（0.020），get（0.193）

（2）有的候补还有语体上的差别。例如，在 BNC 里，have a look（1920），take a look（401）。但是 Biber 等人（1999：1029）指出，在英国英语里，have a look 特别普遍，而在美国英语里，则 take a look 相当普遍。

（3）这些 DV 的"虚化"程度不一样，大概广泛性最大的是 make 和 have，两者在 DV 所占的比率约为 0.79[①]，而 get 和 give 却还保留一些词

[①] 应该说，有的句子设计得不尽周详。例如，句 1（...make a journey...）将 make 定为目标词，其实 take 和 have 也是 DV，在 BNC 的频数分别为 8，6，3。句 9（I have never taken a holiday...）把 take 定为目标词，但是 have 也是 DV，在 BNC 里它们的频数分别为 38 与 36。它们的差异不见得有显著性意义。

汇意义，使用范围较狭窄，例如句 16（She tried to pay attention to what he was saying.）的目标词是 pay，选了 take 最多（0.21），have 和 make 次之（都是 0.073），但是 get 和 give 较少（分别为 0.018 和 0.009），因为意义上很难套得上。

（4）有些候补带有个人色彩，这往往是和个人对句子的要求理解有关，一般的倾向是把动词"实化"，频数不会太高。例如，把 make recordings 中的 make 填成 collect。不管对否，这不属于我们考察 DV 的范围。

这说明，动词的"虚化"对语言理解和语言产生所起的作用不一样。它像简写读物那样，为语言理解铺平道路；但也容易导致学习者忽略这些短语的固定搭配。在语言产生方面，这些固定的短语却往往成为学习者的难点。这就等于一般学习者看简写读物时不觉得困难，但是要他们去写简写读物，却是难之又难。语言理解和语言产出虽然是密切相关，但是作为技能训练，其要求却不同：它们可以互补，但不能互替。两者的心理过程不完全一样。Prahbu（1987：80 - 82）在这方面谈得比较透彻：

（1）理解是一种难以觉察的个人活动，容许做各种可能的尝试，而不至于暴露自己的语言能力和丢面子；而产出却牵涉语言的显示，容易引起不安全感，所以它需要较高度的自信力，语言自信力的高低却牵涉语言系统的掌握程度。

（2）理解牵涉到把语言系统的抽象结构映现到某个已有的语言样本的结构，而产出则牵涉到用语言系统的抽象结构创造新的语言样本。在理解中"引起"不稳定的结构比在产出中"体现"不稳定的结构要容易。理解可以是部分的、有选择性的，而产出却要求完整的语言制作（linguistic formulation）。

（3）在理解中，理解的准确程度受理解者所控制，有可能在几个备选意义中，把某个意义"搁置"起来候用。产出却要求词语清楚明白，产出者所使用的词语受特定的意义内容所限制。产出比理解要经受更多的风险，依赖更高的自信力。

（4）理解可以利用语言以外的信息，如世界知识和语境信息。产出则更多地依赖于语言，如果不合适的话，就要靠听者/读者去利用语言以外的信息。这就是说，产出者不可能控制听众的语言以外的信息。

我们的实验把意义和语境基本上控制起来，要求受试产出特定的

DV，选择的余地不大，要求完整的语言制作和较高的自信力，也就是对语言系统掌握得比较好。那么，受试的过分自信又如何理解呢？这可能是因为受试通过理解接触了很多信息，使证据的强度得到加强，支配了其产出的信任权重。简单地说，就是把理解的心理过程套在产出的心理过程上面。

2. 词汇性短语的教学

DV 属于词汇性短语（lexical phrases），词汇性短语以前称为习语（idioms），现有许多不同的说法（桂诗春 2004b），此处不重复。我们采取这个说法，因为 Nattinger 等人（1992）提出的词汇性短语包容性最广，它们是形式/功能的复合体（form/function composites），包括习语、搭配、组合（colligations）等。在 Chomsky 句法理论的影响下，外语教学一度十分强调语言的创造性和句法的生成能力。外语学习者确实"创造"了许多符合语法规则的句子，可是这些句子在本族语使用者听来"怪怪的"，他们虽然也知道它们的意思，但是他们从来不这样说。例如，向别人求婚的习惯用语是"I want to marry you."。其他的一些说法，如：I wish to be wedded to you. I desire you to be married to me. I want marriage with you. 等等都符合英语语法，但那不是像 Pawley 所说的 "像本族语者那样的选择"。所以，学习者除了掌握句法规则外，还"必须学会一种方法，懂得哪些造得好的句子是像本族语者的———一种把正常的、无标记的用语和不自然的、高度标记的用语区分开来的方式"（1983：194）。在词汇性短语中，DV 是最容易掌握的一种，不像有些习语那样，靠字面的意思是无法理解的。例如，It takes one to know one.（犯有指责别人的同样的毛病）、to pull a fast one（欺骗别人）。我国英语教学历来都强调词汇教学，而且十分重视词汇量的增加。但是，如果把精力光花在编制词汇表时增加词汇量上面，并不见得有多大的作用。因为词汇表以词为单位，像词典那样按字母顺序排列，并不符合人类按语义组成网络的心理词汇的特点。有鉴于此，早在 20 世纪 70 年代中叶，Wilkins（1976）就提出"意念教学大纲"的思路，主张按概念、情态和功能意义来组织教学。接着，Willis（1990）、Lewis（1993）提出"词汇教学大纲"和"词汇法"。Lewis 区分出两类"虚化"词：一类是动词，另一类是功能词（如介词）。他认为，第一类词在传统教学大纲里往往为人所忽视，而第二类小词却成为掌握英语的最大难题。"'虚化'词是语言中最强有力的型式生成器。把它们的一些最重要的型式收集起来,用吸引人的、非线性的格式加以整理,让一起发生的词记录在一起,在教学上可能是最有效的。"(ibid:143) Willis 也注意到 DV,在他主编的 CCEC(Collins COBUILD English Course)中就专门安排一个练习课,让学习者区分作为助动词的 do 和作为 DV 的 do。CCEC 以 COBUILD 语料库排列在最前面的 2,500 个常用词(占所有文本的 80%)为主,编成英语课程,共有 3 个水平。现用语料库方法,把头两个水平的文本和 Flob、中国学生语料中的几个 DV 做关键性比较,结果如表 12 所示。

表12　CCEC 和 Flob、中国学习者语料中的 DV 的百分比比较

	CCEC	Flob	Sig.	中国学习者	Sig.
have	0.71	0.36	**	0.59	ns
do	0.85	0.11	**	0.26	**
make	0.18	0.07	**	0.14	ns
take	0.12	0.05	**	0.1	ns
get	0.22	0.05	**	0.15	**
give	0.1	0.03	**	0.07	ns

结果表明,CCEC 的 6 个 DV 比本族语使用者的语料都超用(有显著意义),而和中国学习者比较,只有 do 和 get 超用(有显著意义),其他的 DV 虽然也少用些,但没有显著意义。应该说明的是,中国英语学习者的语料仅是作为一个参照点,它和 CCEC 在使用 DV 的比率上虽然比较一致,但这只是频数上的比较,不等于说中国英语学习者掌握 DV 的程度相当于 CCEC 的要求。而从 CCEC 和 Flob 的比较中,则可明显看出 CCEC 编者的思路,在初级英语课程里,集中力量教会学生掌握常用词,包括使用范围最广的 DV。

我国外语教学虽然也强调词汇教学,但是不见得对词汇,特别是词汇中的词汇性短语在教学中的地位和作用有充分认识。Nation(2001:317-343)把词汇短语称为块件与搭配(chunking and collocation),而且从三个方面来讨论它们的作用。

(1)语言知识就是搭配的知识。虽然语言学家可以通过语言的实例来发现语法规则,但是在长时记忆中储存语言块件以及通过经验而无需靠

规则来了解某些块件最有可能和别的块件一起发生，就足以解释语言知识和语言使用。

（2）所有流利和得体的语言使用都需要搭配的知识。这就是上面已经谈到的"像本族语者那样的选择"。

（3）很多词语都是用于有限的搭配组合中，要懂得这些词语必须也懂得这些组合。例如，take medicine 是"吃药"，同理，也可说 take a pill（吃一个药丸），和 take a tablet（吃一块药片）。又如，cause（引起）一般都是和不想发生的情景或事件（如 trouble, concern, problems, death, embarrassment 等）有关。

至于怎样改进我国词汇教学，桂诗春（2006）已有所论述，需要补充的是：词汇表的编制既然考虑教，又要考虑学；既要考虑语言理解，又要考虑语言产出；既要考虑语言形式的安排，又要考虑意义的组合；既要考虑词汇量的增加，又要考虑核心词汇的巩固和延伸；既要考虑单个词，又要考虑词汇短语；既要考虑常用的高频词，又要考虑通过高频词搭配而形成的各种意义；既要考虑词的意义，又要考虑不同意义所出现的语境；既要考虑一般英语学习者的词汇需求，又要考虑不同专业或职业的词汇需求；既要参考各种现成的词表，又要通过语料库方法收集更多词汇信息。总之，这将是需要做大量调查研究，集思广益、通力合作、浓墨书写的一篇大块文章。

3. 改善词汇学习策略

DV 可以说是词汇性短语的一种特殊的案例。为什么理解到的东西不能转化为产出？核心的问题是"注意"没有到位。从心理的角度看，注意是有限度的、有选择性的。在二语习得研究中，有限的注意资源首先是用来处理信息的意义（Van Patten 1990）。DV 结构本身的意义主要在名词上面，用什么动词对理解都无大影响，很容易受到忽略。但是，从产出的角度看，应该用哪些动词却有一定限制，不是随意的。这和教与学都有关系。从教的角度看，首先是教学大纲的问题。Lewis（1993：110）提出，在教学大纲里，有些高频的、虚化的词项可以用于范围广泛的型式里，生成能力很强，而它们本身却没有多大意思，如 have, get, put, take, make, do 值得受到词汇的而不是语法的处理。在我国英语教学大纲里，这些词语在初级课本里就出现，但是只是教了它们的核心意义，但是核心意义往往都不是虚化了的意义。在具体的课堂教学里，围绕虚化词项而组织的词汇练习也不多。从学的角度看，掌握 DV，和掌握其他的习语、块件、搭配一样，是需要记忆的。Pawley & Sydner 认为，本族语使用者之所以言语流利，是因为他们在记忆里保存有几千条现成的短语或句子，统称为"记住的序列"（memorized sequences），作为他们的语言知识的一部分。同样的，在二语学习者的记忆里也应该保存这样一个词语库（verbal repertoire），这个词语库的大小和学习者的二语（特别是口语）的流利性有密切关系。我国的英语教学越来越重视口语教学，但是光提出目标，而不研究达标的途径，就等于提出要渡河而不考虑搭桥一样，徒托空言。至于怎样建立这样一个词语库，和怎样学习词汇一样，可以有各种方法；但是死记硬背则收效不大，关键在于用。只学不用是无法巩固的，就等于我们在上面分析 DV 时所提出的，我们关注的是它们的使用。因为很多现成的短语或句子都是"预制件"，理解毫无问题，也无需把它们打散来一一研究，关键在于懂得在什么时候把它们用上。Pawley & Sydner（205）在观察了口语会话后提出，说话人自发性说话中有一个"创新量表"（novelty scale），在话语中完全创新的句子（指用熟悉的语法型式所形成的词项组合对说话人自己是新的）为数甚少，而有些句子则完全是熟悉的"记住的序列"，这些字符串是听话人和说话人都能有意识地组合和分析的，但在大多数场合里，都是作为整体或是作为自动地链起来的字符串而回述。在这两者之间则是在一个斜坡上的各种句子，部分是词项的新搭配，部分是记忆中的词汇和结构性材料。

附录

测试句（在实验中，这些句子的实际次序是随机安排的）

本文编号	测 试 句	目标词	实验编号
1	He is trying _____ to his journey to Africa.	make	9
2	I like to _____ recordings of my favourite songs.	make	20
3	Whatever she did, it _____ no difference.	make	3
4	I'll _____ a chicken soup for dinner.	make	23
5	Read this paragraph carefully and tell me if it _____ sense.	make	13

（续上表）

本文编号	测 试 句	目标词	实验编号
6	It is still too early to _____ a conclusion on this point.	make	6
7	I usually _____ a walk after supper.	take	15
8	You should _____ advantage of your stay in Guangzhou and learn some Cantonese.	take	2
9	I have never _____ a holiday since starting this job.	take	11
10	They _____ a lot of pictures on their graduation day.	take	18
11	I wave, but he didn't _____ any notice.	take	4
12	I'll like to _____ a talk with you.	have	1
13	Last night I _____ a dream of my childhood years.	have	10
14	I _____ no intention of asking him to help me.	have	7
15	She's a good teacher who _____ control of her class.	have	25
16	They are _____ a lot of trouble with the new computer system.	have	5
17	Let us _____ lunch next week.	have	14
18	Can you _____ me a favour?	do	17
19	On Sunday my roommates usually go down town and _____ shopping.	do	22
20	It is your turn to _____ the dishes.	do	21
21	Women _____ less crime than men.	commit	19
22	During the summer vacation, I'll _____ a teacher and earn some money.	be (come)	12
23	She tried to _____ attention to what he was saying.	pay	16
24	I don't quite understand what you mean, can you _____ an example?	give	8
25	During your university days, you should _____ as much knowledge as you can.	acquire	24

参考文献

[1] Altenberg, E. & H. Cairns. 1983. The effects of phonotactic constraints on lexical processing in bilingual and monolingual subjects [J]. Journal of Verbal Learning and Verbal Behavior. 22, 174 – 188.

[2] Biber, D., et al. 1999. Longman Grammar of Spoken and Written English [M]. London: Longman.

[3] Brinton, L., & Traugott, E. 2005. Lexicalization and Language Change [M]. Cambridge: Cambridge University Press.

[4] Doughty, C. 2001. Cognitive underpinnings of focus on form [A]. In Robinson, P. (Ed.), Cognition and Second Language Instruction [C]. Cambridge: Cambridge University Press.

[5] Elder, C. & A. Davies. 2001. Experimenting with uncertainty: essays in honour of Alan Davies [M]. Cambridge: Cambridge University Press.

[6] Granger S. Dagneaux, E., Meunier, F. 2002. The International Corpus of Learner English. Handbook and CD – ROM [M]. Louvain – la – Neuve: Presses Universitaires de Louvain.

[7] Griffin, D., & Tversky, A. 2002. The weighting of evidence and the Determinants of Confidence [A]. In Gilovich, T., Griffin, D., & Kahneman, D. (Ed.), Heuristics and Biases: The Psychology of Intuitive Judgment [C]. Cambridge: Cambridge University Press.

[8] Hasselgren, A. 1994. Lexical teddy bears and advanced learners: a study into ways Norwegian students cope with English vocabulary [J]. Internation Journal of Applied Linguistics. (4).

[9] Hastie, R., & Dawes, R. 2001. Rational Choice in an Uncertain World [M]. London: Sage Publications, Inc.

[10] Kahnamen, D., & Tversky, A. 1982. Judgment Under Uncertainty: Heuristics and Biases [M]. Cambridge: Cambridge University Press.

[11] Kahneman, D., & Tversky, A. 2000. Choices, Values, and Frames [M]. Cambridge: Cambridge University Press.

[12] Kellerman, E. 1979. Transfer and non-transfer: where are we now? [J]. Studies in Second Language Acquisition. (2).

[13] Lewis, M. 1993. The Lexical Approach [M]. Hove: Language

Teaching Publications.

[14] Nation, I. S. P. 2001. Learning Vocabulary in Another Language [M]. Cambridge: Cambridge University Press.

[15] Nattinger, J. D., J. 1992. Lexical Phrases and Language Teaching [M]. Oxford: Oxford University Press.

[16] Pawley, A., & F. Syder. 1983. Two puzzles for linguistic theory: Native – like selection and native – like fluency [A]. In Schmidt, J. R. R. (Ed.), Language and Communication [C] (pp. 191 – 226). London: Longman.

[17] Peters, S. & R. Ritchie. 1969. A note on the universal base hypothesis [J]. Journal of Linguistics. 5, 150 – 152.

[18] Prahbu, N. 1987. Second Language Pedagogy [M]. Oxford: Oxford University Press.

[19] Quirk, R., S. Greenbaum, G. Leech, & J. Svartvik. 1985. A comprehensive grammar of the English language [M]. London: Longman.

[20] Sinclair, J. 1991. Corpus, Concordance, Collocation [M]. Oxford: OUP.

[21] Van Patten, B. 1990. Attending to form and content in the input: An experiment in consciousness [J]. Studies in Second Language Acquisition. (12).

[22] Wilkins, D. 1976. Notional Syllabuses [M]. London: Oxford University Press.

[23] Willis, D. 1990. The Lexical Syllabus [M]. London: Collins ELT.

[24] 文秋芳，王立非，梁茂成．2005．中国学生英语口笔语语料库 [M]．北京：外语教学与研究出版社．

[25] 桂诗春．2004a．以语料库为基础的中国学习者英语失误分析的认知模型 [J]．现代外语（2）．

[26] 桂诗春．2004b．我国外语教学的新思考 [J]．外国语（4），2 - 9．

[27] 桂诗春．2005．中国学习者英语言语失误分析 [A] //杨惠中，桂诗春，杨达复（Ed.）．基于 CLEC 语料库的中国学习者英语分析 [C]．上海：上海外语教育出版社．

[28] 桂诗春．2006．英语词汇学习面面观 [J]．外语界（1）．

[29] 桂诗春，杨惠中. 2003. 中国学习者英语语料库[M]. 上海：上海外语教育出版社.

[30] 邓耀臣. 2005. 中国学习者英语虚化动词搭配型式分析[A]//杨惠中，桂诗春，杨达复（Ed.）. 基于 CLEC 语料库的中国学习者英语分析[C]. 上海：上海外语教育出版社.

英语词汇学习面面观
——答客问

问：最近电视里常看到这样的广告，家长们为孩子们的英语词汇量上不去而深锁眉头，最后用了一个记忆单词的玩意儿，孩子们的英语词汇量马上飙升，英语课的成绩就马上上去了。家长们都说这个玩意儿"神"了。请问您有什么反应？

答：家长们担心孩子们的英语课成绩上不去，可以理解。有这么一个"神奇的"玩意儿，当然有吸引力。但这使人想起另一个问题，学生感到学习有困难的不只是英语这个科目，语文、数学、物理等等科目也都各自有它的难点，为什么就没有一个神奇的玩意儿来帮助他们提高那些科目的成绩？就算有，恐怕也没有人相信。而英语（或任何其他一种外语）却不同，成绩上不去是因为词汇量太少，而提高词汇量的途径就是靠"背"，于是出现了各种冠以不同名称的帮助"背"单词的软件："我爱背单词""自由背单词""轻轻松松背单词""不知不觉背单词""争分夺秒背单词"，等等。这说明人们已经形成了一种信念：英语成绩←英语词汇量←背单词。我觉得这种理解有问题，起码有片面性。

问：那么词汇学习是否就没有什么用呢？为什么人们还是相信词汇在语言中的作用？

答：一般的看法是语言有三大要素：语音、词汇和语法。语音（文字）是语言的外部形式，而词汇和语法则是语言的内部结构。在这个结构里，词汇可以比喻为结构中的基本建筑材料（如砖石）；而语法则是把这些建筑材料黏合起来的黏合剂（如水泥）。所以，词汇是语言中的一个极其重要的因素，它和语音与语法是一种唇齿相依的关系。一个英国语言学家 Wilkins（1972：111）说过："没有语法而能传递的东西很少，没有词汇则什么东西都不能传递。"在 20 世纪初期，英国的 Palmer 在日本提倡口语法、美国的 West 在印度提倡阅读法，都以词汇为基础，由此出现了一个词汇控制运动。60 年代以后，由于 Chomsky 的影响，语言教学强调句法的作用。但是最近的 20 年，语言教学中又出现词汇法的回归，如

(Carter 1988；Lewis 1993；Nation 1990；2001；2002；Willis 1990)。我国对词汇教学历来都很重视，没有经过什么反复。我本人也一直对此感兴趣，上过英语词汇学的课程，进行过词汇量调查（桂诗春 1982；1985），也观察过猜测在词汇学习中的作用（桂诗春 1997）。我只是对下面两点表示怀疑：①背单词不一定是学词汇的好方法，更不是唯一的方法。②学习词汇是必需的，但也不是唯一的。词汇能力仅是语言能力的一部分。

问：原来词汇还是很重要的，那么怎样学习词汇呢？有没有比背单词更好的方法？

答：要回答这个问题，必须：①对词汇有一个的基本的认识，这是词汇的定义和描述；②词汇是习得的，储存和提取都和心理有关，那么作为客体的词汇和作为主体的心理词汇（mental lexicon）是一个什么关系？③用什么方法来进行词汇教学？让我们先谈第一个方面，研究英语词汇的是英语词汇学，这里无法详谈。但有些公认的基本数字足以帮助我们认识英语词汇。

（1）英语的词汇约有 54 万（Webster's Third International Dictionary①所收录的）词条，而一些中型英语词典，一般收词量在 20 万左右，最多的是 Chamber's Twentieth Century Dictionary（30 万）。供英语学习者使用的词典，就更少一些，如 Longman Dictionary of Contemporary English 收录了 8 万词条。从现代英语的语料库的统计来看，则要少得多。例如，美国英语的 BROWN 语料库搜罗了 100 万个词（叫词次，tokens），但是实际的词型（types）只有 86,741 个。英国的 BNC 收罗了一个亿的词，实际的词型是 839,028。美国的网上的 Wordnet，只收录实义词，有 155,327 条。

（2）词汇反映的是意义。根据对韦氏大词典的统计，有 40% 的词语是超过一个意义的。整本词典的主条目为 26.7 万，而意义则有 60 万个，平均一个条目有 2.3 个意义。其他只有一个意义的 60% 的词语都是低频词和专业词，或是派生词（abolitiondom, mispunctuate），或是复合词（butterfly clam, monsoon forest）。

（3）词典按词条来计算，但是什么是词条往往有不同的标准。有人

---

① 我们以 Webster's Third International Dictionary 为例，因为它是现代英语中收词最多的一本大词典，而且还有一些现成的统计资料。另一本 20 卷的 Oxford English Dictionary（OED）也收录了约 50 万词，估计收词量略多于前者，但那是按历史主义原则编写，收录了一些古词。

（如 Nation，2001）提出词族（word family）的概念，一个词族包括它的词干（如 think）和它的屈折变化形式（如 thinks，thinking，thought）、派生词（如 thinker，unthinkable）和其他的变异形式（如 t'ink）。Goulden（1990）等人对 Webster's Third 做过一个粗略的统计，它虽然号称有 45 万个词目，但是它把屈折变化形式都算上。根据 Dupuy 的估算（1974），把这些屈折变化形式除去，实际上有 26.7 万个条目。它们的分布如表 1 所示。

表 1 Webster's Third 的词目类型的总数和比例

词 型	估计词目数	词目的百分比（%）
词干	54,241	20.3
派生	63,773	23.9
专有	19,291	7.2
复合	67,177	25.2
其他	22,468	8.4
同型异义词	40,050	15.0
总计	267,000	100

由此看来，词干、派生词和复合词占了 69.4%，而后两者大部分可以根据词干来推测。同型异义词的形状是一样的，不过意义不同，学习者应该把注意力转移到意义差别上来。

（1）从学习和使用词语的角度看，还有所谓接受性（receptive）词汇和产出性（productive）词汇之分。亦有人称为被动型（passive）词汇和主动型（active）词汇。这两种说法是互换的，但都不很准确。这和接受性语言技能（听和读）与产出性机能（说和写）有点相似。接受性语言技能表示通过听和读从别人处"接受"语言输入，产出性语言技能表示通过说和写"产出"语言形式，以向别人传递信息。所以，使用接受性词汇指在听或读的过程中感知词语形式并提取其意义，而使用产出性词汇指通过说和写来表达意愿，并提取其口头或书面的词与形式。也有人认为这两种词汇应该还有一些更深层次的区别。Meara（1990）认为，主动型和被动型词汇的区别在于它们是词语联系的不同类型的结果：主动型词汇可以被其他词语激活，因为它们与其他词语有着许多输入和输出的连接；而被动型词汇则包括那些只能受外部刺激所激活的项目。Corson（1995）认为，被动型词汇应该包括主动型词汇和另外三种词汇——只部分认识的词汇、低频词和主动使用时避免的词语。这三部分词汇在某种程度上有所重叠。他从使用的角度上来看词汇，所以主张把词汇区分为主动型和被动型，因为有些词语（如粗口和骂人的话）人们也非常熟悉，但因为不去使用，所以始终是被动型的。这就是他所说的"词汇门槛"（lexical bar）。

按照一般的估计，接受性词汇和产出性词汇是不对称的。有的估计是接受性词汇比产出性词汇多1倍，有的估计是5倍。也有人认为两者的距离不是一成不变的，开始时距离比较长，后来会慢慢缩短。从二语习得的角度看，这可能和学习环境和教师所使用的方法有关，和目标语与母语的差别有关。例如，汉语和英语属不同语系，而教学目标是强调阅读，则接受性词汇会多于产出性词汇。如果教学目标是强调听说，则产出性词汇和接受性词汇的差别不大，但总的词汇量也偏低。

问：听您这么一说，英语的词汇量有那么多，我们要学英语岂不困难重重？

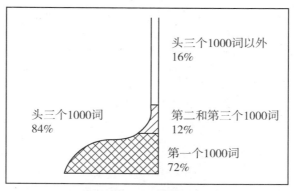

图1 头3000词的覆盖面根据Brown语料库（词目化）

答：词汇反映了我们所处的五彩缤纷的万千世界。随着社会的进步，新事物、新思想层出不穷，词汇也会跟着增加。好在词汇和任何有机体一样，都会新陈代谢，而词典收录的也只是那些经受过时间考验的词汇。Aitchison（1997：62）曾经说过，有一种流行的、但却是错误的观点，认为一个人的词汇量大概相当于莎士比亚戏剧的词汇量（3万个）的2/3，但是现在比莎士比亚时代多了很多词语，所以很多人可能知道比他多1倍的词语。她认为，一个受过教育的英国人起码懂得5万个词语。①

但是，我们却没有必要为此而担忧，一是因为我们是把英语作为第二种语言而学，有不同的目的和要求；二是所有语言的词汇分布（即覆盖面）是不一样的，有高频词（亦称常用词）和低频词（非常用词）之分。Nation（2001）认为，词汇应该分为四种：高频词、学术用语、技术用语和低频词。高频词的分布率最高，头2000个词覆盖了80%的文本。词频调查有很长的历史，词汇控制运动就是基于对高频词的认识。② 但是当时（20世纪20～30年代）限于技术水平，无法进行大规模的词汇调查。Thorndike and Lorge（1944）《三万词教师词汇手册》和West（1953）的《通用词表》都是人工收集和统计的。1967年Brown语料库（Kucera & Francis, 1967）问世，从此以后，就进入使用计算机统计词汇的新阶段。词汇分布的计算也就变得轻而易举。下面是Brown, LOB, AHI, Frown, Flob, CLEC③ 几个语料库的高频词覆盖面的统计数字（见表2）。

---

① 由于对词语的定义和测量的方法不一样，受过教育的以英语为母语的人的词汇应该有多大，历来是一个争议甚多的问题，而且结果也很不一样：以大学二年级学生的词汇量为例，最少的是1.5万个词，最多的是20万个词。Aitchison是根据较多的人的估算，但没有说明什么算是词。Goulden（1990）等人以词族为单位计算，是2万，这是一个粗略的估算，不包括专有名词、复合词、缩略语和外来词。Nation指出，词汇量调查的差异主要是来自包括什么项目和怎样定义词族的不同。

② 最早的是Palmer的估算，他认为第一个1000词覆盖85%，第二个1000词覆盖7%，第三个1000词覆盖3%。当时没有用计算机，后来陆续出现了不少语料库，根据精确的计算，实际的覆盖面没有那么大。

③ Brown是100万字的20世纪60年代美国英语语料库；LOB（Lancaster-Oslo/Bergen）是100万字的60年代英国英语语料库，使用了和Brown语料库相同的抽样方案，使两种语言变体得以比较。Frown和Flob是德国Freiburg大学按照原来Brown和LOB语料库抽样方案的1991年的美国英语和英国英语语料库。AHI（American Heritage Intermediate Corpus）是美国Carroll等人建立的500万字美国英语语料库，语料中包括美国学校3～9年级的读物。CLEC（Chinese Learner English Corpus）是桂诗春、杨惠中建立的中国英语学习者书面英语100万字的语料库。列在这里是为了比较学习者语料库和英美语料库在词频分布方面的差异。这几个语料库的词项都没有词目化（lemmatized）。例如，take, takes, took, taking, taken都作为单独的词项而计算，所以实际的覆盖面还要广些。以Brown语料库为例，第一个1000高频词原为68.86，词目化后为72。第三个1000为80.66，词目化后为84。第五个1000为86.24，词目化后为88.6。

表2　几个语料库的高频词频数分布　　　　　　（单位:%）

词汇量	Brown	LOB	Frown	Flob	AHI	CLEC
100	47.43	49.67	45.28	47.12	49	54.7
500	61.97	65.19	60.18	61.96	66.56	78.0
1000	68.86	72.25	67.63	69.22	74.03	85.9
3000	80.66	83.73	80.12	84.41	85.16	95.2
5000	86.24	88.76	85.85	86.73	89.36	97.6

可见,学习高频词是学习英语词汇的关键。这些高频词有些什么特点呢?

（1）它们都是派生能力很强的词干,也是可作为复合词基础的实义词。这些词大都是多义词。

（2）它们包括了全部的功能词,约有270个（176个词族）,覆盖了43%～44%的文本。单是I, and 和 the 就占了10%（the 一个词就占了7%）。这些功能词比较抽象,即使是本族语者,也难以驾驭。

（3）这些词的词长都比较短,多数为单音节和双音节词。以头一个1000词算,超过两个音节的词在2%左右。

（4）从第一个1000词开始,词汇量的增长率是逐步下降的。表3为词目化后的 Brown 语料库（Kucera, 1982）的统计。

表3　Brown 语料库（词目化）的覆盖面增长率　　　　（单位:%）

词汇量	覆盖面	增长率	词汇量	覆盖面	增长率
1000	72.0		2000	79.7	7.7
3000	84.0	4.3	4000	86.8	2.8
5000	88.7	1.9	6000	89.9	1.2
15851	97.8	7.9			

最后一个项目虽然比前一个增长了7.9%,但相距是9851个词,实际上每千字的平均增长率为0.8%。再看图2,频数增长是一条向上的斜线,但是距离却是100,500,1000,3000和5000。那就是说,从1000到5000的增长率相当于从100到1000的增长率。

（4）高频词是二语学习的首要目标，所以一些供学习者使用的英语词典都把高频词标出来，如 Junior Thorndike, Longman Dictionary of Contemporary English 等。

（5）从表2还可以看到中国学习者的英语语料库的覆盖面比英美人的语料库（它们之间是相当一致）的覆盖面要高很多。例如，他们的 5000 词的覆盖面为 97.6%。这说明他们所掌握的词汇量大大抵于本族语者，而表3告诉我们，覆盖 97.8% 的文本的词汇量为 15,851！

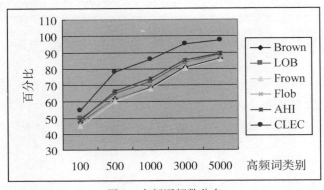

图2　高频词频数分布

问：经您这么一说，我是否可以这样理解：中国的英语学习者的词汇量需要增加，但增加的首先是高频词？

答：对！我在下面还要进一步讨论这个问题。不过在讨论这个问题前，让我们先观察一下词汇是怎样习得的。我们在上面讨论的是词典里的词汇，那是外部的、集体的、相对稳定的，而个人的词汇（叫作心理词汇或内部词汇）和它很不一样，不了解它，词汇的习得也无从谈起。心理词汇有下面一些特征：

（1）心理词汇不是像词典那样按字母（汉语词典则可能是拼音文字的字母、部首、笔画或其他的方式）排列的，有许多语义联系的实验的结果（Collins & Loftus 1975）表明，心理词汇是按语义网络的方式把词组织在一起。例如，父亲激活母亲、桌子激活板凳、苹果激活水果的时间短于父亲激活桌子或板凳激活水果的时间，因为在语义网络中，这些词的距离不一样。

（2）心理词汇必须兼顾大容量储存和有效提取两个方面。上面谈一

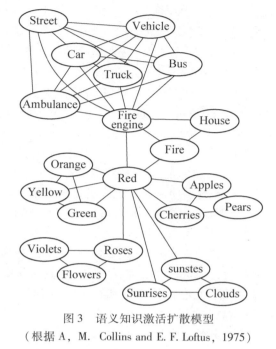

图 3　语义知识激活扩散模型
（根据 A，M. Collins and E. F. Loftus, 1975）

个受过教育的本族语者的词汇不下于 5 万个，它们都储存在记忆里，可是提取速度之快却很惊人。在一些词/非词实验中，只需要 1/5 秒就能辨认一个认得的词，半秒钟就能辨认一个不存在的非词。有人把这称为"熟悉程度效应"（familiarity effect）。

（3）心理词汇的内容并不固定，而词典收录的条目却是固定的，不能天天都改版。但是，心理词汇十分灵活，包括了一些临时做出来的词或用法（叫作 nonce words，"只用过一次的词"）。例如，在汉语中出现了"倒爷"这个词，刚好碰上一个进行倒卖的老太太，就有人顺口说"倒奶奶"。前美国总统 Eisenhower 是臭名昭著的反共议员，McCarthy 去世时说"McCarthyism is McCarthywasm"，McCarthywasm 是他临时把后缀 -ism 改为 -wasm，以表示麦卡锡主义已经完蛋。

（4）心理词汇比词典里的条目装载了更多的信息。例如，woman 就包含了很多词典未能收录的含蓄意义（connotative meaning），有肉体的（"双足动物""有子宫"）、有心理和社会特性的（"爱交际""受母性支配")、有延伸典型性的（"会说话的""烹调经验的""穿裙子的"）、有某个时代或社会所假定的（"意志薄弱的""爱哭的""懦弱的""动感情的""不讲理的""不一致的"）、有男性为中心的社会所强加的（"温柔的""有同情心的""敏感的""耐劳的"），等等。（Leech 1974：14）。心理词汇还包括一些词汇短语（也称多词项目），从复合词（Prime Minister）、动词短语（give up）、成语（kick the bucket）、固定词组（excuse me）到一些预制件（I'm a great believer in...），它们都被看成是单独的词项放在心理词汇里。

（5）心理词汇的大小和词汇知识的完整性都是因人而异的。高频词大都是多义词，即使是本族语使用者，也不见得全都了解。按照 Webster's Third，take 作为及物动词的意义有 21 大项，作为不及物动词的意义有 8 大项，作为名词的意义有 3 大项，每一大项又细分为小项，从 2 到 8。还有很多动词词组和复合词，有人统计过超过 100 个意义和用法。所以每个人对高频词的认识来说，都是一个从部分到完整的连续统。

问：原来保存在每个人心里的词汇和词典里的词汇还有这么多的差异，所以简单地把词典或词表里的词汇"背"记下来，也不能解决多少问题。那么，心理词汇又是怎样学到的呢？

答：问得好！刚好手边就有一个有趣的例子。19 世纪中叶，法国的拉丁文教师 Gouin 利用暑假到德国汉堡去学德语，他把教学生学拉丁文的各种方法都用上了（包括背词根、背语法规则、背句型、翻译名家作品），但是用了以后去课堂听课，都听不懂。他最后的一招是背词典，差不多把眼睛也弄坏了，也都无效。他最后心灰意冷地回到法国，却意外地发现他的一个 3 岁的侄儿，在他去汉堡前还不会讲法语，如今叽里呱啦地讲起话来。他于是细心观察儿童习得语言的过程，发现他们是用语言来观察并融入世界，而且是按事物发展的次序来学话。他们没有先学规则，再学单词，然后造句。于是他就创造了一种序列教学法（the serial method），并写了一本书叫作《语言教学艺术》，为后来名噪一时的直接教学法奠定了理论基础。

这个例子说明背词典或词表和建立心理词汇并不是一回事。建立心理词汇是一个心理过程，这个过程牵涉到两种学习机制：一是词语形式的习得，这包括它的输出和输入特征（输出牵涉到使用口和手来生成为声音和文字，输入牵涉到使用耳朵和眼睛来吸收声音和文字）、搭配、语法归类的信息等等。二是词语的意义和概念特征的习得以及把词语形式的标记映射到意义表征。前一个机制主要是无意识的（隐含的）过程的结果，而后一个机制则是有意识的（明示的）过程的结果。母语和二语的词汇习得过程大体上都经历过这个从词语形式习得到语义映射的过程。

但是，二语心理词汇的习得往往是在母语的心理词汇建立后才开始的，这意味着在二语学习者的头脑里已经有了一个包括形式和意义的表征的心理词汇。他们在习得二语的心理词汇时很容易把新学的语音或文字的形式映射到原来心理词汇的意义上面，所以母语的影响是难以避免的。例如，中国人的心理词汇里已经建立了一个 shuiguo 和"水果"的联系，再学英语的 fruit，就很自然把它和"水果"等同起来。但是，西方的水果店并不包括干果的。所以"水果"应该是 fruit and nuts。在汉语里，"度"这个单位可以和温度、酒、眼镜、电力联系起来，我们学了英语 at ten degrees centigrade，知道这就是"在10摄氏度"，就把 degree 和母语的心理词汇的"度"联系在一起。但是汉语中，眼镜的"度"应为 strength，酒精的"度"应为 proof 或 strength，而且算法也不相同。汉语的"一度电"指千瓦小时的电量，故应为 kilowatt-hour。这说明词语是存在于语义空间之中，两种语言的语义空间不完全相同。

这就引出一个很有意义的理论模型的问题：一个人学习另外一种语言时，新语言的心理词汇和母语的心理词汇在大脑里是分开的，还是共享的？心理语言学家提出了很多模型，意见也不统一。但从上面的讨论看来，词语和意义是两个既有联系但也是分离的系统，这可以从三方面来看：①一种语言的某些单词的某些意义不能直接翻译成为另一种语言。②不完全的映射。在任何一种语言里，都有一词多义和多词一义的现象，不是一对一的对应关系。③灵活性。在不同的上下文里，一个词可以有不同的意义。既然是分离的，我们就可能有一个统一的语义档，然后有不同的与之有联系的语音档和缀字档。学习一种新语言无非是把新的语音档和缀字档与语义档联系，这就是为什么母语词汇能够影响二语词汇学习的原因。对母语和二语心理词汇的关系感兴趣者可以看 Singleton（1999）。

问：原来学习词汇还有这么多的道理，那么究竟有些什么好的方法呢？上面说过，家长们为孩子们"背"不到英语单词而伤透脑筋。

答：学一种外语都要掌握这门语言的词汇，这是概莫能外的。但是我们必须首先明确为什么要学习词汇。词汇是语言的基本构件，掌握它是为了建造房子，即为了理解和产出语言。所以，词汇能力应该是语言能力的一个组成部分。但是，确实也有为学习词汇而学习词汇的，例如，有的人为了应付考试而突击记单词。这种方法能够一时提高词汇量，但是并没有提高词汇能力。新中国成立以后，曾有一次鼓励教科人员学习俄语的运动。使用的方法就是自学语法和突击单词，为时两周。我自己亲自用过这种方法，有过切身的体会。说来也好像很"神奇"，用了两个星期就能看懂《真理报》。但那是怎样"看"的？手捧一本语法书、一本词典。碰到不懂就翻书，为了看懂一句话，往往需要半个小时。如此坚持下去，阅读能力才慢慢提高，最后达到了能够参与翻译苏联科学院高尔基世界文学研究所《英国文学史》的地步。这是"文革"前的事，"文革"后出版社要出版该书，让我重新审阅一下。我只能老实地告诉出版社，经过"文革"的荒废，我已经丧失了阅读俄语的能力，让他们另请高明。那样的学习有一个条件，必须长期巩固。还有两个问题：①只能读专业书；②不能开口。

至于谈到学习词汇的方法，那倒是很多的，而且多数是互补的，不存在最佳的、最神奇的方法。总的来说是两大类：一种是明示的（有意识的），一是隐含的（无意识的）。两者是一个连续统，横亘其中的是各种各样的方法。最古老的教学法"语法—翻译法"就是使用明示法的代表，每一课书后都有词汇学习和练习。死记硬背单词是明示法的极端。隐含法来自对儿童学话的观察，二语中的交际法也属于这种。按照Sökmen（1997）的归纳，钟摆曾经是从明示法摆向隐含法，而现在却又摆回到中央。

因为两种方法各有优劣，我们不打算独钟于某一种方法，而主张归纳那些适合于我国学习者的方法。下面着重讨论两种有代表性的方法。但应首先指出，在词汇教学中，教师只是起到组织者的作用，他可以组织材料，讲解词项的形式、意义和内容，提供更多的上下文，介绍学习策略，等等，学习词汇的主体是学习者本身，必须通过他们的认知来建立心理词汇。

（1）记词表法①。这应该是最古老的办法之一。一般是制成卡片，一面是词的形式，另一面是词的意义。也有加一些图画或例句，以帮助理解。这种方法容易见功效。我在突击俄语时，使用所谓"循环记忆法"，在两周内就学会辨认 2000 多个单词。这种方法需注意：

（2）词汇的选择，主要是覆盖面很广的高频词（常用词），特别是第一和第二个 1000 词。Nation（1997）建议用《通用词表》的 2000 词，再加上他选定的有 836 个词的大学词表（University Word List，UWL）。词表应该是一些核心词（词干），因为其派生能力强。有些词表数目很多，但不少是派生词或复合词。意义并不大。有些供英语学习者用的英/英词典（如 Advanced Learner's，Longman Dictionary of Contemporary English）专门编制了给词典定义用的词汇（Defining Vocabulary），也值得参考，Longman 的词表也是 2000 词。我国有些词表是根据某些教科书出现的词整理而成的，有些词并非高频词（如 cenotaph，华表），因为使用不广，难以巩固。3000 词以上的词表的制定需要参考学习者不同的要求而定，例如，对生物专业来说，genocide 可能是常用词，但对别的专业来说，则是低频词。

词表的内容应该包括较多的关于语义、与词汇相关的句法（lexicogrammar）和用法的信息。要想方设法防止学习者产生母语和目标语一对一的对应关系。

科学安排重复的间歇率（spacing of repetitions）。集中重复（massed repetitions）效果不佳。例如，集中重复一个词 15 分钟，就不如先用 3 分钟，然后几小时后、一天后、两天后、一星期后重复 3 分钟。总共也是用 15 分钟，但是摊开来重复，巩固率较高。这就是所谓"一日七不如七日一"。Pimsleur（1967）提出一个记忆方案可供参考。

（2）学习构词法对记忆词语有帮助。但是记词表法也有一些问题，值得注意：

---

① 词表对编写教材和测试题目、了解学生的语言水平都很有帮助。这里谈的仅是记词表的学习方法。

表4　Pimsleur 方案

重复	间歇时间	重复	间歇时间	重复	间歇时间
1	5 秒	2	25 秒	3	2 分钟
4	10 分钟	5	1 小时	6	5 小时
7	1 天	8	5 天	9	25 天
10	4 个月	11	2 年		

因为汉语和英语属不同语系，用这种方法建立的是文字和意义的联系。语音的联系不易建立，所以它建立的仅是与阅读有关的接受性词汇。容易制造假象，以为读懂文章。能够辨认单词后，再去阅读材料时就不会一片漆黑，然后凭自己的客观世界的知识去猜测其内容。因为语法未过关，很容易造成错误的理解。

单词难以巩固。学了一个词语以后，必须在不同上下文里再"遭遇"（encounter）它，才能学到手。有不同的估计，少者5次，多者16次。所以记了词表后马上就检测，并不准确。单词的遗忘率是一个老大难的问题。

Nation（1997：12-13）也赞成用卡片来学词汇，但他明确地指出这仅是学习一个词语的开始阶段。这种脱离上下文的学习和结合上下文的学习是互补的。

（3）依靠上下文法。上面谈到词语，特别是高频词，都是一词多义的。这可以说是意义的上下文差异（contextual variability in meaning）。根据 Nagy（1997）的说法，这种差异有两种：一种叫意义选择（sense selection），有些同音词形式相同，而意义不一，要靠上下文来选择合适的一个。如名词的 bear 和动词的 bear 有不同的意思：前者是"狗熊"，而后者是"承受"。另一种叫指称特点（reference specification）。boy 这个词在同一篇文本里可能指两个人，会诱发不同的形象和联想，但我们却不能说它有两个不同的意义。一只"大"蚂蚁比一只"大"狗要小得多，而它们俩又比一匹"大"马小。我们没有必要说"大"根据所修饰的物体的不同而有不同的意义。这就是说，对特定的上下文里的词语的解释比储存在心理词汇里的意义要更为具体。心理词汇是有限的，但是一个词在不同上下文里的意义则可能有细微的差别。一个词对它所出现的上下文不可能有固定的心理表征，所以语言理解应该包括一种能够根据上下文而加工词语意义的能力。Johnson-Laird（1987）和 Ruhl（1989）等人认为真正的语义歧义比较少，词典里记录的差别多数是参照特点的差别，我们可以赋予词语一些单一的、普遍的意义，意义的差别可以用普遍的参照规则来解释：关于话语所指向的环境的知识。例如，take off 的意义是"突然离开"（He took off down the street.），但是也有飞机起飞的意思，（The airplane took off.）。其实它们在意义上的差别可以完全归结为上下文的因素，可以表示为一个单一的、更普遍的、更抽象的意思。别的人（包括 Nagi）则认为不是所有多义现象都可以用参照特点来解释，它们虽然有明显的关联，但却不是任何产出性形式的一部分，应该表示为固定的词汇条目。例如，book 可以表示它的物质形式（He handed me the book.），也可以表示书的内容（He memorized the book.）。这是参照特点。但是，在赛马中的 book（赌账）却不是一种产出性形式。这是语义的不规则性（semantic irregularity）和句法的凝固性（syntactic frozenness），体现在很多习惯用法上面。

这种方法强调要根据上下文来进行猜测。这也是本族语者学习词汇的方法。我们每天都看《人民日报》，但是碰到不懂的词语而去查词典的却绝无仅有。故 Goodman（1969）说，"阅读是一个心理语言学的猜测游戏"。要有效地进行猜测，Nation 提出必须懂得覆盖了 95% 文本的 3000 个词。这意味着在 20 个词（或两行）中有一个生词。他所提出的通用词表+大学词表大概是学术性文本的覆盖面的 86.6%。这里隐含着学习词汇的一条基本原则：必须以旧引新。这种方法的好处是手段和目标的一致性，因为大多数人学习词汇就是为了阅读。

猜测不是胡乱猜，而是依赖几方面的知识：①语言知识，包括句法知识（例如词类、句型）、词汇知识（例如前后缀）和语义网络（例如"奶牛"和"奶"）知识①。②世界知识。有人指出，不管什么信息，都会有助于解决一个词的歧义现象。阅读理解中有所谓熟悉程度（degree of

---

① Nation（1990）提出五步：①决定新词的词类；②再看它所处的子句或句子，寻找和词类相关的词，如名词就看和它搭配的动词以及修饰它的形容词，等等；③观察有新词的子句或句子和其他句子或段落的关系；④利用 1～3 所获得的知识，猜测新词的意思；⑤把它放到句子里，看句子的意义是否和上下文一致。

familiarity）的问题，指的是读者对阅读材料越熟悉，就越容易猜出其内容。还有所谓知识图式（例如，一旦建立了一个交通事故的图式，就会去寻找交通工具、事故的时间和地点、伤亡人数、救援情况），都是可以利用的世界知识。③策略知识。包括有意识地控制认知资源，自觉地从上下文去推导词义和无意识地附带的学习（incidental learning）。例如，用英语作为授课语言，讲解其他科目，也可以附带地学到一些新词。

不同水平的学习者使用不同的猜测方法。桂诗春（1997）的实验表明，在词汇中的猜测行为是学习者惯用的策略，但是猜测并非随机的，不同水平的考生有不同猜测路线：水平低的受试依赖他们对测试项目的表面知识（所以易受形式的干扰），而水平较高的受试则依赖其语义联系的知识（例如反义、同义和意义接近的词）。他们依赖语义联系的知识，正好说明他们依赖上下文来进行猜测。

使用这种方法可以增加阅读量，提高阅读能力。Nagi（1997）估计，如果一个学习者一年阅读100万词的材料，而其中有2%的词语是不懂的（即两万个词），假定学懂了其中的1/20，一年就增加了1000个词。100万词相比于4～5本大学本科的教科书，10～12本小说，25本Newsweek或65本不同水平的分级读物。从West在印度推行的阅读法开始，就出现了许多简写读物，历久不衰，间接地说明许多人都在通过阅读来增加词汇。

依靠上下文来猜测词义也有些问题：
1）它不像记词表法那么容易见效，必须假以时日才能见到效果。
2）完全靠猜测，所习得的词语往往不够准确，而且其意义也不够完整，必须辅以词典学习。要勤翻词典。
3）要加强语法的学习。

同样的，语音的联系不易建立，它建立的也仅是与阅读有关的接受性词汇。

问：谢谢您那么详细地介绍了词汇学习的种种情况，您最后能否对关心词汇学习的学生、教师和家长提出一些忠告？

答：下面几点可供参考。

（1）树立正确的词汇学习观，克服词汇恐惧症。词是有生命的，每一个词都有它自己的历史和故事。我们应该像交朋友那样亲近它、了解它、熟悉它，把新交变成挚友。词汇可以帮助我们认识世界、融入世界，是每个人智力成长的不可缺少的一部分。

（2）破除迷信，世界上不存在一种最佳的、唯一的学习词汇的方法。要找寻适合自己的词汇学习方法，多方位地接触词汇。

（3）词汇知识和能力仅是语言能力的一部分，词汇量的提高有助于语言能力的提高，但千万不要把提高学习成绩寄托在多记几个单词上。

（4）不管用什么方法来学习词汇，都要学以致用。只有在语言使用（包括听、说、读、写）中才能深化和巩固词汇知识。如果不用，学到手的词汇也会很快地被遗忘。由于汉语的语音系统大异于英语的语音系统，不管用什么方法学习，都要注意英语词语的语音形式，不要只靠眼睛，还要靠嘴巴学单词。

（5）学习词汇是一场"持久战""蘑菇战"，不能一蹴而就。要靠学习者自身的努力，自觉地学习。在学习词汇中往往会出现一些看似没有什么进步的台阶，称为"高原现象"，其实它显示词汇量处于从量变到质变的过程。要满怀信心地跨越它，走向新的高峰。

祝大家在学习英语、学习英语词汇中取得新的进步！

参考文献

［1］Aitchison, J. 1997. The Language Web ［M］. Cambridge：Cambridge University Press.

［2］Carter, R., & M. McCarthy. 1988. Vocabulary and Language Teaching ［M］. London：Longman.

［3］Collins, A., & Loftus, E. 1975. A spreading-activation theory of semantic processing ［J］. Psychological Review, 82, 407−428.

［4］Corson, D. J. 1995. Using English Words ［M］. Dordrecht：Kluwer Academic Publishers.

［5］Dupuy, H. J. 1974. The Rationale, Development and Standardization of a Basic Word Vocabulary Test ［M］. Washington, DC：US Government Printing Office.

［6］Goodman, K. 1969. Reading：A psycholinguistic guessing game ［J］. Journal of Reading Specialist (6).

［7］Goulden, R., Nation, P., & Read, J. 1990. How large can a receptive vocabulary be? ［J］. Applied Linguistics, 11 (4).

[8] Johnson-Laird, P. 1987. The mental representation of meanings of words [J]. Cognition (25), 189-211.

[9] Kucera, H. 1982. The mathematics of language [A]. In The American Heritage Dictionary [C] (Second ed.). Boston: Houghton Mifflin.

[10] Kucera, H., & Francis, W. N. 1967. Computational analysis of present-day American English [M]. Providence. RI: Brown University Press.

[11] Leech, G. 1974. Semantics [M]. Middlesex: Penguin Books.

[12] Lewis, M. 1993. The Lexical Approach [M]. Hove: Language Teaching Publications.

[13] Meara, P. 1990. A note on passive vocabulary [J]. Second Language Research (6).

[14] Nagy, W. 1997. On the role of context in first- and second-language vocabulary learning [A]. In N. Schmitt, & McCarthy, M. (Ed.), Vocabulary: Description, Acquisition and Pedagogy [C]. Cambridge: Cambridge University Press.

[15] Nation, I. S. P. 1990. Teaching and Learning Vocabulary [M]. Massachusetts: Newbury House.

[16] Nation, I. S. P. 2001. Learning Vocabulary in Another Language [M]. Cambridge: Cambridge University Press.

[17] Nation, I. S. P. 2002. Learning Vocabulary in Another Language [M]. Cambridge: Cambridge University Press.

[18] Nation, P., & Waring, R. 1997. Vocabulary size, text coverage, and word lists [A]. In N. Schmitt, & McCarthy, M. (Ed.), Vocabulary: Description, Acquisition and Pedagogy [C] (pp. 6-19). Cambridge: Cambridge University Press.

[19] Pimsleur, P. 1967. A memory schedule [J]. Modern Language Journal (51).

[20] Ruhl, C. 1989. On Monosemy: A Study in Linguistic Semantics [M]. Albany: State University of New York Press.

[21] Singleton, D. 1999. Exploring the Second Language Mental Lexicon [M]. Cambridge: Cambridge University Press.

[22] Sokmen, A. 1997. Current trends in teaching second language vocabulary [A]. In N. Schmitt, & McCarthy, M. (Ed.), Vocabulary: Description, Acquisition and Pedagogy [C]. Cambridge: Cambridge University Press.

[23] Thorndike, E., & J. Lorge. 1944. The Teacher's Word Book 30,000 Words [M]. New York: Teachers' College Press.

[24] West, M. 1953. A General Service List of English Words, with semantic frequencies and a supplementary word-list for the writing of popular science and technology [M]. London: Longmans, Green.

[25] Wilkins, D. 1972. Linguistics in Language Teaching [M]. London: Edward Arnold.

[26] Willis, D. 1990. The Lexical Syllabus [M]. London: Collins ELT.

[27] 桂诗春. 1982. 中国学生英语词汇量调查 [A] //桂诗春(Ed.), 应用语言学与中国英语教学 [C]. 济南: 山东教育出版社.

[28] 桂诗春. 1985. 我国英语专业学生英语词汇量的调查和分析 [A] //桂诗春(Ed.), 应用语言学与中国英语教学 [C]. 济南: 山东教育出版社.

[29] 桂诗春. 1997. 词汇测试中猜测问题新探 [A]. 现代英语研究 [C]. 上海: 复旦大学出版社.

以语料库为基础的中国学习者英语失误分析的认知模型[①]

一、背景

本文根据中国学习者语料库所提供的资源对中国学习者英语失误分析提出一个认知模型。该语料库包括了五种学习者：中学（st2）、大学英语4级（st3）、大学英语6级（st4）、专业英语低年级（st5）、专业英语高年级（st6）的书面语语料共100万词。语料库由计算机进行自动地语法标注和人工进行失误标注。语料库已经放在因特网上供公众使用，其网址为 http://www.clal.org.cn/baseinfo/achievement/Achievement1.htm。

整个语料库的失误标注根据我们所制定的失误标注表（表1）进行，共有11大类、61种失误。为了建立我们的失误分析的认知理论框架，我们只选用了那些频数大于总失误1%的失误，共21种。各类学习者语料的绝对数量不完全一样，因此我们对其进行标准化处理，以兹比较（桂诗春、杨惠中，2003）。这21种失误已经占了总失误的86.43%。

表1 中国学习者英语失误表（频数大于1%者）

失误类型	St2	St3	St4	St5	St6	总计	百分比(%)
fm1（拼写）	1929	2880	2113	1828	1691	10,440	17.40
fm2（构词）	349	449	439	227	332	1796	2.99
fm3（大小写）	1474	732	406	694	175	3481	5.80
vp1（及物性）	259	326	498	103	202	1389	2.31
vp3（动词一致性）	374	525	785	273	329	2285	3.81

---

① 本文发表在2004年第2期《现代外语》。

（续上表）

失误类型	St2	St3	St4	St5	St6	总计	百分比(%)
vp6（时态）	1166	356	312	380	216	2429	4.05
vp9（情态/辅助动词）	111	274	279	43	86	794	1.32
np3（名词一致性）	202	248	250	211	189	1099	1.83
np6（数）	374	654	481	359	357	2225	3.71
np7（冠词）	239	107	89	176	60	671	1.12
pr1（参照性代词）	82	236	205	90	20	633	1.05
wd2（词类）	326	930	773	227	251	2506	4.18
wd3（替代）	1102	1635	1815	758	387	5697	9.49
wd4（缺词）	586	830	444	403	436	2699	4.50
wd5（冗余）	411	613	518	266	178	1986	3.31
wd7（歧义）	262	431	261	229	220	1402	2.34
cc3（动/名搭配）	169	514	417	76	131	1308	2.18
sn1（不断句）	419	597	578	118	44	1757	2.93
sn2（句子片断）	426	395	303	133	80	1337	2.23
sn8（结构性缺陷）	1108	453	864	493	261	3178	5.30
sn9（标点符号）	862	574	337	650	324	2747	4.58
总计	12,230	13,759	12,167	7737	5969	51,859	86.43

二、认知框架的基本点

错误（errors）和闪失（mistakes）在传统上有所区别。Corder（1967：161～170）根据Chomsky的能力（competence）/运用（performance）两分法，认为错误和能力有关，而闪失则和运用有关。但是不少语言学家对Chomksy强化了能力/运用的区别有不同的意见（桂诗春2004）。Aitchison（1988：184）虽然广泛地介绍了Chomsky的观点，也觉得把能力和运用截然分开难以接受。"心理语言学对语言运用和语言能力同感兴趣。它们两者密切相关，任何人只注意其中一个因素，而忽略另外一个因素，是很古怪的。"语料库语言学的基本特征是研究以语言运用为依归的数据频数，除非我们有根据说明一个学习者反复犯同一个错误，我们很难断定这是（和能力有关的）错误还是（和运用有关的）闪失的问题。Johnson (1988：89～97) 也指出，学习者如果说错了或写错了一个语言形式，不是因为他们缺乏所需的知识（这是无知），就是因为他们在施展已有知识时，这知识是错的。在我们的研究里，我们主张用"失误"来笼统地表示错误和闪失。失误源于语言运用中的"不确切性"，而"不确切性"是一种有陡度的连续统的概率性行为。有各种各样的不确切性，均可追溯到认知①。例如：

错误类推：从 books, news 推导为 *knowledges*, *informations*

规则的不完全运用：把 develop + ment 应用到 *advantage + ment*

受汉语的冗余影响："这是一间三层高的建筑" > it was a three-story-*tall* building

过度概括：entered the classroom > *returned the classroom*

从涌现论（emergentism）的角度看，言语行为（包括使用及误用语言结构）是一种涌现的过程。语言习得的涌现观把语言看成是一种在相互影响的制约中出现的结构，就像海岸线在海洋潮流、底层地质、气候型式和人类建筑的压力下而成的形状。按照这种语言学习和处理的观点，我们经常用规则和符号来表征的行为来自别的简单而稳定的基本系统。在中国，英语学习是在一个非英语的社区里进行的，而汉语不是拼音文字，其声音和书面的形式（汉字）无甚联系。所以，中国学习者的英语失误是社会、认知甚至物质的因素交互作用的结果。按照与涌现论密切相关的竞争模型（MacWhinney 2000：69～90），语言处理（包括失误的出现）牵涉到提示（cues）的竞争。学习一个形式/功能映射系统取决于提示信度。足以影响提示权重的有四个维度：

（1）任务的频数。频数越多，提示的强度越大。例如，在英语里，每一个及物动词都有一个决定其动作执行者的任务。英语主要是靠语序，这在汉语也是一样的。所以，中国学习者要找出动作执行者并不困难。但是要决定动词的及物性则有问题，因为汉语里动词的及物性不像英语那么明显。例如：

---

① 这些失误可以从不同的角度来分类，但它们都来自"不确切性"。

I like listening all kinds of music.
I have lived this village for many years.
But no one came this island again.

（2）可用度（availability）。在执行某个任务时，提示的相对可用度不同。值得注意的是，提示是否有对照效应（亦称"对照可用度"），而不是有没有提示（亦称"简单可用度"）。在 The cat chases the dog 里，cat 与 dog 都是单数，所以动词的单数（chases）并不能告诉我们谁是主语。主语/动词一致性的提示只有简单的可用度，不如 The cat chases the dogs 那么明显。对照可用度对德国英语学习者比对中国英语学习者更有作用，因为德语靠形态变化来表示句法关系，而汉语和英语一样靠语序。但中国学习者在掌握主语/动词一致性时，则困难度较多。

（3）简单信度（simple reliability）。这是提示效度的最重要、最基本的维度。如果一个提示能导致正确的功能选择，这个提示就是可信的。对二语习得者而言，如果一个提示导致错误的功能选择，它也同样是可信的。因为它有好的预测力。

（4）冲突信度（conflict reliability）。一些提示如果面对某些特别的提示就会产生冲突，这就是冲突信度。在二语习得中，不同的提示有不同的强度，导致不同的失误。当一个学习者对某些表达方式没有把握，强度大的提示就会起作用。

在多数情况下，中国的英语学习者在学习另一种语言时，已经是建立了一个组织严密的神经语言系统的成人。MacWhinney（2000）认为，在二语学习开始阶段，其词汇和语音都是高度地寄生在母语的结构上。根据我们的观察，中国英语学习者有两个语言系统（一个较完整，一个较不完整）供他们使用，用哪一个系统取决于写作任务和他们完成任务的确切程度。当成人需要用目标语表达复杂的概念时，他们会试图使用他们新学的语言系统。如果这个系统的知识不完整时，他们就不得不求助于他们的母语系统。在命题写作中，这种依赖于任务的特点更为明显，因为学习者不能采取回避策略。所以"浪费了时间和精神"就变成了"*it is a waste of time and spirit*"，"不想增加人"就变成了"*don't want to add people*"。这就是 Schachter（1978）所说的"长驻失误"（resident errors）。

以上的例子支持了 Skehan（1998）的说法：二语习得好像也遵循母语习得的过程：词汇化（lexicalization）→ 句法化（syntaticalization）→

重新词汇化（relexicalization）。唯一的差别在于：对成人来说，一旦临界期过了，他们会更多地依赖范式（exemplar）的、以记忆为基础的系统，这样内在生成的句法化压力就不会起作用。换句话说，二语习得者存在着不能超越三个阶段的第一个阶段的危险。而在词汇化的阶段，母语影响会起更大的作用。

从认知的角度看，失误分为几个层次：

（1）词汇感知层。失误与感知表征特别是记忆有关，如"记不起来"和"记错了"。这些失误可以在单词的平面（single-word level）上识别，如拼写失误（fm1）和某些构词失误（fm2），或是观察相邻的单词如缺少冠词。James（1998：129～172）把这类失误称为"本体失误"（substance errors）。

（2）词汇—语法层。这类失误源于对目标语言的系统的错误理解。从这类失误看，很难把语法和词汇截然分开，因为语法不能单独存在。必须在词际平面上（inter-word level）识别这类失误，即观察单词和它的相邻的词。James（1998）称它们为"文本平面上的失误"（text-level errors）。

（3）句法层。在句子层面上的失误。James（1998）称之为"语篇层面上的失误"（discourse-level）。我们认为应该把"语篇失误"保留给另一个层面上的失误。二语学习者往往能够产生一些句法无误的句子，但是听起来不地道。正如Pawley与Syder（1983：191～226）所指出的那样，"操本族语者并不是那样说的"。从失误分析的角度来看，这个问题可以用另一个方式来提出："如果学习者把上述三个层面的失误都改过来了，他们的写作是否就和本族语者的写作一样？"答案当然是"不会"。这是因为在语篇层面上还有问题。所以我们把"语篇"保留下来供以后采用。①

作为上述讨论的小结，我们提出如下的失误分析的认知模型（见图1）：

---

① 目前我们的语料库并没有这个层面失误的标注，因为由多人来进行标注，很难有统一的标准。

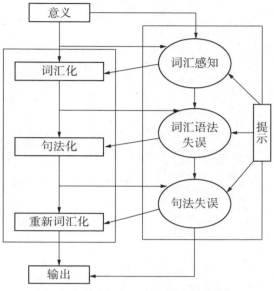

图 1　失误分析与二语习得的认知模型

三、模型的实证考察

我们现在用表 1 所列的失误频数来考察这个模型是否合适。

（一）验证性因子分析

我们使用 Lisrel 8.50 来做验证性的因子分析，明显地表明有三个因子，和我们所定义的三个层面很一致。路径分析表明，除了不断句（sn1）外，所有的参数（λ 值）都有显著意义。图 2 还显示词汇感知失误与词汇语法失误的相关系数为 0.80，而句法失误则和上述两类失误都没有什么相关。卡方值较大，说明数据和模型的拟合还不够好，可以根据修正指数来进行调整。但是，我们感兴趣是失误分类是否符合模型，所以就不再作进一步的分析。

为了进一步了解这三大类失误和五种学习者之间的关系，我们采用了 Statistica 6.0 中的对应分析法（correspondence analysis）。这是一种用图示来表示列联表的技巧（Lebart 等 1998：45～78），它可以用 Voronoi 散点图来表示行×列之间的关系（见图 2）。

Chi-Square=373.1, df=186, P-value=0.00000, RMSEA=0.206

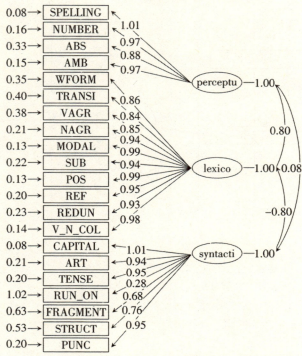

图 2　21 类失误的验证性因子分析

Number of variables (columns of the table): 5

Number of valid cases (rows of the table): 3

Eigenvalues: 0. 0490　0. 0155

Total chi-square = 3347. 33　df = 8　p = 0. 000

图 3 的 Voronoi 线分别按学习者类别和失误类别来划分，可见两条线的划分基本相似。st2 学习者和句法失误很吻合，而 st4 学习者则多犯词汇—语法失误。至于词汇感知失误则介于 st3、st5 和 st6 之间，最接近中央。

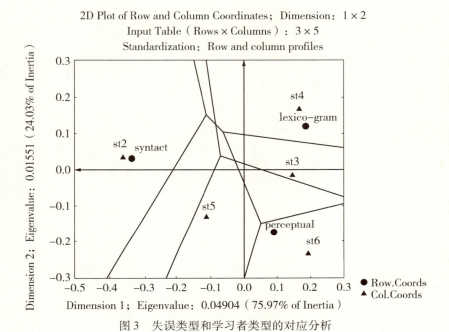

图3 失误类型和学习者类型的对应分析

（二）词汇感知失误分析

拼写失误是最典型的感知失误，可在单词层面上辨认出来。它是中国学习者犯得最多的失误。数、缺词和歧义基本上也可在单词层面上辨认（见图2）。

表2 词汇感知失误举例

失误类型	例
拼写（元音对调）	great > *graet*（10），cigarette > *cigeratte*（4），received > *recieved*（10）
（元音）	benefit > *benifit*（32），soldiers > *soliders*（18），signature > *signiture*（10）
（增加或减少元音）	mortality > *mortaility*（374），fresh > *freash*（9）；beautiful > *beatiful*（20），create > *creat*（16）
（辅音与辅音或元音对调）	etc > *ect*（32），first > *frist*（13），challenge > *chanllege*（9），environment > *enviorment*（14）

（续上表）

失误类型	例
（辅音）	modern > *morden*（37），realized > *realised*（20），William > *Willian*（11），emerge > *energe*（10）
（增加或减少元音）	develop > *develope*（24），college > *colledge*（24），can't > *cann't*（21）；government > *goverment*（46），environment > *enviroment*（40），studying > *studing*（31），knowledge > *knowlege*（30）
数	information > *informations*，circumstances > *circumstance*，*several test*/conflicts and war/ in ∧*noisy city*/ ∧*very good passage*
缺词（限定词）	the moon is ∧ brightest, my hope was ∧ same, I dressed myself in ∧ hurry
（介词）	*they went out* ∧ *the place*, *I sat back* ∧ *my chair*, *what is he thinking* ∧
歧义（迁移）	They were neck to neck（他们肩并肩）；China is one of the oldest of fours in the world；（中国是世界上四个最古老的国家）；on the 12*th of the third lunar calendar*（阴历三月十二日）

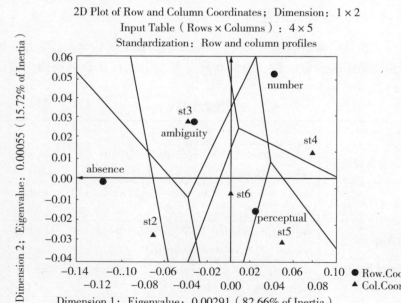

图4　词汇感知失误和学习者类型的对应分析

对应分析表明拼写失误最接近中央，水平较高的学习者都容易犯，因为写作任务要求用一些他们没有掌握得很好的词。st3 和歧义最吻合，st2 较接近缺词，st4 和拼写与数的距离差不多。

（三）词汇语法失误分析

词汇是词汇语法失误的核心。词项既有词汇意义，也有句法意义，所以必须联系语境（词际层面）来辨认。这个层面的失误是三个层面中最为突出的。它们处于词汇化和句法化之间（见图 1）。这个层面还可以分为三个次层面：

（1）第一个次层面多少与词汇感知层面有关。例如，动词和名词的形式（homeworks，ourself）、词类和词缀（harmness，bestly；unequality，unsimilar），它们可以在单词层面上辨认。但是这些生造的词多少表示学习者已经具备了一些二语的语法知识，所以我们把构词失误也算成这个层面的失误（见表 3）。

表 3 词汇语法失误第一个次层面（单词层面）举例

失误类型	例
构词（不规则动词）	*rised*，*hitted*
（-s）	*factorys*，*sangs*
（生造词）	*admirment*，*darkmen*，*beloved*，*bestest*，*attacktion*

（2）第二个次层面是最典型的失误，必须在词际层面上辨认（见表 4）。

表 4 词汇语法失误第二个次层面（词际层面）举例

失误类型	例
词类（形容词）	It is not *difficulty* that we can find... / a great deal of *raining* water.
（动词）	the people who *product* fake commodities/ we should *rich* our knowledge
（名词）	There is some *different* in this sport meets
（副词）	to write a word beautifully and *rapid*. / *painlessly* death
冗余（限定词）	At 7:00 am I have *a* breakfast. / devote themselves into some *certain* jobs of the society.
（名词）	*baby* infant mortality

（续上表）

失误类型	例
（动词）	The week <u>is</u> will pass soon.
（形容词）	in their own <u>given</u> fields
（介词）	So he lives <u>in</u> a happy life.
替代（迁移）	如果您碰到难题 > If you <u>match</u> difficult problem；接触各种人群 > <u>touch</u> all kinds of people；你必须有足够的条件 > you must have <u>enough</u> conditions
（词型）	Weather <u>effects</u> (=affects) us in one way or another. / Your company is <u>booking</u> (=looking) for a secretary.
（下义词）	People <u>take</u> (=pay) more attention to it. / We must <u>make</u> (=take) measures to deal with this.
（短语）	Make these new words <u>put in our hearts</u>. / The whole office was <u>in a noise</u>.

（3）第三个次层面的失误必须在更广的语境中辨认（见表5）。

表5　词汇语法失误第三个次层面（更广的语境）举例

失误类型	例
及物性 （及物与非及物）	Guangzhou was a good place to live. / But no one <u>came</u> the island again. / They <u>cause to</u> water pollution. / Let us <u>consider of</u> it further.
（补语）	I felt it <u>very cold</u>. / I began <u>felt</u> very tired.
动词一致性 （主语）	Cigarette smoking <u>do</u> a lot of harm. / I <u>has</u> graduated, so I hope I can have this chance. / Many young ladies or boys <u>likes</u> to stay in the western coffee shop. / Their outrage still <u>receive</u> severe punishment today.
(people, every, etc.)	People <u>argues</u> that euthanasia or mercy killing is humane. / Every player <u>were</u> very hard.

（续上表）

失误类型	例
情态/辅助词（不定式）	I *can became* a useful woman. / It *will brings* luck. / I *will to do* something for people.
（完成体）	I *have* never *see* it before.
（"能够、可以"的迁移）	Many good teachers *can* respect their students. / I *must can* do it well. / The student *may* consider that the teacher is too hard to get on with.
(to be)	Juvenile delinquency *is* increasingly *become* a focus of social concern.
名词一致性（名词）	It has two *door*. / In *a words*, practice makes perfect.
（其他名词词组）	We have to wash the clothes with our own *hand*. / You can find out the *meaning* of the new words.
动/名 搭配（及物性）	People like to *eat* Chinese *tea*. / They must *listen to* the *lesson* more carefully.
（语态）	When your friend or relative *entered* his *job*, your *work* was *arranged* at the same time.
参照（前指）	My *aunt* came to my home with *his* son. / As *a student* who majors in English, *we* can't just focus on the language itself.
(it)	If we do not use fresh water, we must shut *it* up. / I will remember to learn from our world from time to time and really put *it* into practice.

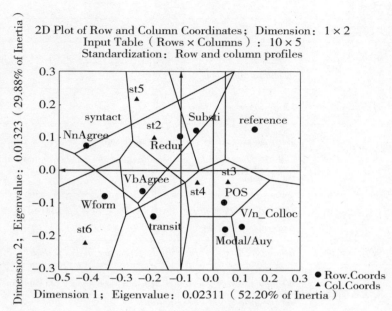

图 5　词汇语法失误与学习者类型的对应分析

这幅图有 10 个失误变量，5 个学习者变量，看上去较复杂。但我们可以看到 st2 较多犯冗余、替换、动词一致性等失误；st3 较多犯词类、情态/辅助词、动/名搭配、参照等失误；st4 较多犯及物性失误；st5 和 st6 与各类失误的距离较远。不过 st5 在名词一致性、冗余、替换等方面的距离相差无几，而 st6 则和构词失误较远。后者说明构词失误不能简单对待，它标志了学习者语法能力的发展。

（四）句法失误分析

这个层面的失误出现在句子或跨句子的语境。我们把大小写（fm3）和标点符号（sn9）都列入这类失误。有些失误较为简单，如：*I like Miss wu best，/... came to My uncle's house.* 甚至 *During the Spring Festival. I had a happy day*，这样的句子只牵涉到把句号改为逗号。但是这两类失误相互联系，可以从不同角度去改正。例如，*She talked well. first she let us listened...* 我们可以把 *first* 改为大写，也可以把句号改为逗号，然后插入 *and*。总之，我们必须把整个句子都看完，才能改正（见表 6）。

表6 句法失误举例

失误类型	例
大小写	... he learned English and Russian and <u>W</u>rote the Civil War in France. / ... the price is ＄2.50 for it. "<u>w</u>ell, can you make it a little cheaper?"
标点符号	When playing football or basketball. You might be using 400 calories an hour. / If we know nothing about it. How we will survive?
冠词	The question is I like English, and I want to enter <u>the</u> institute of foreign languages. / Till now, no one can find out the solution to <u>a</u> riddle of this hole.
不断句（从属）	If I am not famous, it doesn't matter, I don't mind this. / Since the first person appeared on earth, there have been conflicts and wars because of strife for living, while people are dreaming of living in a world full of happiness and peacefulness, however, now the history of human being has come to the 20th century, the dream has not been realized, the shadow of war still permeates in the world.
（并列）	They carry the lantern and run in the street, they sing songs, and shout happily, they make the festival more lovely. / The coverage of forest in the world is reducing rapidly, a lot of earth are being washed away, many acres of original fertile soil are becoming deserted, acid rain, air pollution appear in many places.
片断（从属句）	As they do more exercises and often think deeply. / But have something one day. / Relaxing with friends you feel more interested.
(because)	Because we look upon them as a different kind of people who are acceptable in no place except prisons.
结构缺陷（重写）	During I spent my holidays in Beijing about ten years ago,... / Can you exist in society without money? Be sure not to be.
（迁移）	世界上的战争使很多受苦的人无家可归，没有东西吃，没有衣服穿，没有水喝，甚至很多病 > fighting to all over the world causes a lot of suffering—people are homeless, no food to eat, unwearing and no water to drink, even full of illness

（续上表）

失误类型	例
时态（状语）	Last week I spend the whole Mid-Autumn night with my roommate. / Before the computers are invented, people use abacus to count. / In the future I do my best to get to know this society.
（短句）	you had hoped to work for a job, so that you can earn a little money to buy something you want. / When I studied in a high school, there are national physical competitions.
（跨句子界限）	When I arrived there, I was very pleasantly surprised. There are many trees and flowers in it. / This winter holiday I go back town home with my presents. I had so much lucky money from the relatives. I'll take the money back.

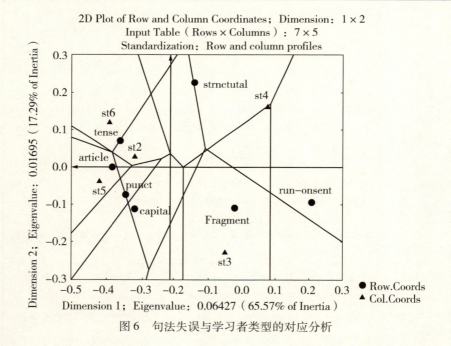

图 6　句法失误与学习者类型的对应分析

st2、st5 和 st6 比较接近，而他们多犯冠词、时态、标点符号和大小写失误，而 st3 和 st4 则是两个组合，和片断与不断句的距离差不多。st6

和 st4 则和结构缺陷的失误距离相若。

四、一些初步的结论

第一，总的来说，从三个层面上来区分失误似较符合我们所提出的认知模型。只有不断句归为句法失误没有显著意义，这也许是不能把不断句算成句法失误。它和标点符号失误有关，但实际上是语篇的问题。我们的失误分类是以我们所提出的失误标志方案进行的，目前并没有覆盖语篇层面上的失误，因为：

（1）很难定出像 Pawley 和 Syder 所提出的"像操本族语者的选择"（native-like selection）的标准来进行标注。

（2）让中国的失误标注者来执行这个标准就更难取得一致。

第二，失误的分类并非我们所想象的那么泾渭分明，同样的失误可以标注为不同类型的失误，而按语境不同，同样的失误也可能出现在三个不同的层面。我们只能说，这是大致的倾向。

第三，这些失误并非平面地分布在三个层面的，而是有分为不同等级的层次，图 7 是我们使用 Statistica 6.0 所做出的分层聚类分析，第一层面（词汇感知）和第二层面（词汇语法）的失误所处的层面较高，而且归为同一类型的失误基本上处于同一层面。

第四，在每一个层面上都可以看到语言迁移起了重要的作用。这是因为成年人学习者已经建立了（较为完善的）L1 语言系统，而且正处在建立另外一个语言系统（没有那么完善的）。作为成熟的学习者，当他们要表达复杂的思想时，他们很容易依赖他们所比较熟悉的语言系统。

第五，失误的产生和写作任务与学习者完成任务的确切程度有很大的关系。所以失误不完全是学习者语言水平的标志。大学英语的学习者在词汇语法上失误较多，因为他们的数据主要采集自 CET 写作考卷的作文。

第六，对应分析对失误类型和学习者类型的关系提供了一种好的视觉图形。但是，我们对图形的解释必须很小心，因为图形是按照失误的频数而做出的，距离较近只说明频数较多，这是相对而言的。而频数的多寡往往还取决于写作任务。我们所做的解释都是暂时性的，随着数据的增加，还会有所变化。

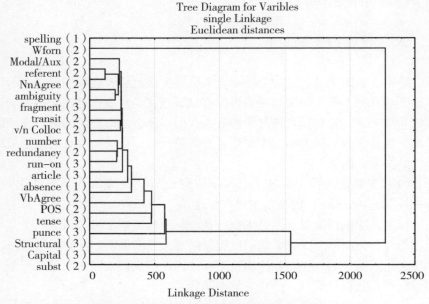

图7 对三种层面的失误类型所做的聚类分析

参考文献

［1］Aitchison, J. 1998. The Articulate Mammal：An Introduction to Psycholinguistics. The 4th Edition ［M］. London：Routledge.

［2］Corder, S. 1967. The significance of learners' errors ［J］, International Review of Applied Linguistics Vol. 5 No. 4. Reprinted in S. P. Corder (1981) Error Analysis and Interlanguage ［M］. Oxford：OUP.

［3］James, C. 1998. Errors in Language Learning and Use：Exploring Error Analysis ［M］. London：Addison Wesley Longman.

［4］Johnson, K. 1988. "Mistake correction" ［J］, English Language Teaching Journal. Vol. 42 No：2.

［5］Lebart, et al. 1998. Exploring Textual Data ［M］. Dordrecht：Kluwer Academic Publisher.

［6］MacWhinney, B. 2000. The competition model：the input, the context, and the brain ［A］. In P. Robinson. (Ed.) Cognition and Second Language Instruction ［C］. Cambridge：Cambridge University Press.

［7］ Pawley, A. & F. Syder. 1983. Two puzzles for linguistic theory: Native-like selection and native-like fluency ［A］. In J. Richards & R. Schmidt (Eds.) Language and Communication ［C］. London: Longman.

［8］ Schachter, J. 1978. Interrelationships between total production and error production in the syntax of adult learners ［A］. Papers in ESL ［C］. NAFSA.

［9］ Skehan, P. 1998. A Cognitive Approach to Language Learning ［M］. 89～92. Oxford: OUP.

［10］ 桂诗春，杨惠中. 2003. 中国学习者英语语料库［M］. 上海：上海外语教育出版社. 46.

［11］ 桂诗春. 2004. 以概率为基础的语言研究［J］. 外语教学与研究（1）.

第三部分 语言测试

桂诗春自选集

从社会视角看中国考试的过去和现在

一、前言

"中国是考试的故乡",这是国内外考试界的共识。中国科举考试从隋末(607年)开始,到晚清光绪三十一年(1905)年宣布取缔,经历过1300余年的盛衰,急需从社会变化、发展和更迭的角度来细加观察,"以史为鉴",从中获益。近年来,对考试的社会性思考十分活跃,说法很多:有的冠以"批判性",如 Shohamy(1998;2001;2004;2007)提出批判性语言测试(Critical Language Testing);有的直接点出其政治问题,如 Alderson 主编(2009)的论文集《语言教育的政治》(The Politics of Language Education);有的则把它称为"社会维度",如 McNamara & Roever(2006);有的从心理和教育测量的角度,把它归为效度的一个问题,如 Messick(1989)。这些思考也引起我们对引以为荣的中国古代一大发明——科举考试作重新认识。

根据 Fulcher(2009)的观察,如果追本溯源,从政治哲学角度看,考试的使用和产生基于不同的理念。一种理念是 Plato 在《理想国》里所提出的"国家大于个人",个人主义把国家置于解体的危险。个人"必须把其全部精力专注于其最特别合适的工作,国家与个人的完整和团结才能得以保存"。Plato 明白地指出测试在这种社会里的任务就是选好领袖。和他相对立的观点是 Thucydides 在《伯罗奔尼撒战争史·第二卷》里从 Pericles 在葬礼上的演说所提出的雅典民主原则:"在法律上人人平等。"个人主义可以加强民主,因为每个人都可以按照自己的能力无限制地作出贡献,有利于加强社会。Fulcher 认为,公元前4世纪政治哲学都是关于国家与个人的基本平衡,我们可以根据一种政治哲学在这两者中的倾斜来决定它喜欢哪样的政府和哪样的社会,从而解释(或预测)测试的使用。

由此看来,从考试所依据的政治哲学以及其使用的角度看,考试实际上有两种不同的传统:一种适用于中央集权制度的传统,Fulcher 称之为

"集体主义的"。以中国的科举考试为代表，它蔓延上千年，成为封建主义制度的一根主要支柱。历史学家曾经就中国的封建主义为什么比西方长得多，进行过许多讨论，原因复杂，这也许和科举考试制度不无关系。李约瑟（1990）在他的《中国科学技术史·第一卷》的《序言》里提出过这样的问题："欧洲在16世纪以后就诞生近代科学，这种科学已被证明是形成近代世界次序的基本因素之一，而中国文明却未能在亚洲产生与此相似的近代科学，其阻碍因素是什么？"郭齐家（1997：221）对这个问题的回应是："这种原因当然要归于中国的小农业与家庭相结合的自然经济难以打破；归结于建立在这种经济结构之上的封建专制政治的强固有力，封建典章制度的完备严密；此外，与社会经济相隔离、对科学技术采取粗暴贬斥态度的古代科举考试的长期实行，恐怕也是一个原因。"在封建社会里，科举把教育、考试和做官融为一体，统一于一个共同思想基础：从汉代董仲舒的"罢黜百家，独尊儒法"开始，科举考试内容都离不开四书五经。这种正统文化成为维系封建王朝的重要思想支柱。明代以后，八股文滥觞，更成为禁锢思想、阻碍科技发展的工具。另外一种传统是适用于地方分权制度的传统，Fulcher称之为"个人主义的"，那就是西方在经历过产业革命以后在19世纪建立的心理测量的传统。1863年，英国Francis Galton受到其表兄弟达尔文的《物种起源》（1859）的影响，开始从遗传学的角度来研究人类行为的共同性和个别差异，1883发表了他的著作《人类能力及其发展的探索》。1904年法国人Binet开始摸索建立智力测验。1916年，Louis Terman把它引进到美国。心理测试就开始和教育测试捆绑在一起，由美国三大机构（美国教育研究协会、美国心理协会、全国教育测量理事会）制定的《教育和心理测试标准》（简称《标准》，后同）从1954—1999年前后改了7版。美国的大学入学考试SAT就是这种理念的体现。SAT考的是学能（Scholastic Aptitude），而并非考生在中学学习过的知识（但考生需要提供其中学学习成绩作为录取的参考）。SAT包括三个部分：写作（语法、用法和用词）、数学（数字运作、代数及其函数、几何、统计、概率和数据分析）和批判性阅读（词汇、批判性阅读、句子水平阅读）。

其实，这两种传统是不同文明的产物，就等于有了很多城市病，不一定大家都要回到乡村去居住一样。Fulcher的说法当然不能简单地把考试传统和政治哲学等同起来，它只是受到当时统治思想的影响，因为一个考试有其诸多复杂的外部社会因素和内部心理因素需要考虑，而政治哲学无非是一些政治制度下所滋生的一些理念。在实施的层面上，考试和政治体制并无必然联系，就等于目前全世界有许多国家和地区具有不同政治体制，它们都必须实行统一度量衡标准一样。Spolsky（1995：356-357）曾经用可行性（feasibility）、可用性（usability）和可靠性（reliability）几个因素来比较传统考试和心理测量考试：传统的考试强调前两个因素，对可靠性则不大注重，只要考试"感觉公正"就可以。其考官主要受到人文科学训练，继承怀疑主义传统和接受多元主义（没有唯一的正确答案），他们由于制度需要或个人偏好，倾向于精英主义，相信考试分数是在人文主义的多元方式下取得的，绝对确定和准确。心理测量则强调技术发展的可靠性，即信度（如客观性考试），注意选择受过训练的考官（包括计算机技术的应用），以求达到一致性，并追求人类能力测量绝对准确；但却容易忽略考试效度。这两种考试的对立也不无好处，可以互相补充。但是，他认为还有一种可称之为"后现代"考试，它认为上述三个因素同样重要。第一次世界大战以来，心理测量的方法在美国得到很大发展，且很快推广到全球，使我们的注意力从更加严重的社会（或反社会）动机和影响中转移开来，但是"树欲静而风不止"，测试从一开始就是"被利用为控制和权力的方法——一种选择、驱使和惩罚的方法"。后现代考试从伦理上考虑考试在考生身上、在教学过程上和其他社会环境上所产生的不良影响，对考试做更多的社会学思考。Kunnan（2005）建议要在更广阔的背景下对测试作出对社会有利还是有害的估量，这个背景来自过去20年来的思考和研究，包括测试在一个社区运作的政治、经济、教育、社会、文化、技术和基础设施、法律和伦理环境。

二、制度化科举——盛衰、遗产和因袭

我们在讨论中国考试制度时，往往只看到它成为制度化科举考试的1300年，其实早在西周开始就已经有了其面向儿童和成人的教育，13岁开始就要学习"礼""乐""射""御"，20岁成人后进入大学（"辟雍"或"泮宫"），还要学习"书""数"，并建立起一套分年考试制度，7年结束，考试及格者为"小成"，9年结束，考试及格者为"大成"。只不过这个九年制的大学在西周并没有真正实行，而只是一种设想。如此说

来，中国的考试可以推前到西周，总共有 3000 多年［见杨学为等（1992）的《序言》］。美国 Dubois（1966）也采用了这个说法。

那么，科举考试制度建立前的考试又是以什么形式出现的呢？基本上是以荐举为主、考试为辅，这是氏族社会以来残余思想的反映。在传说里的氏族首领尧、舜、禹都是按照"天下为公，选贤与能，讲信修睦"（《礼记·礼运》），被推选出来的。西周教育只限于贵族子弟，在王畿内实行"乡里选举"，在王畿外则是"诸侯贡士"。两汉实行察举制、魏晋南北朝改为九品中正制，也都是在举荐的基础上进行考核。隋唐以后，一直到清，都在实行科举，成为中国古代考试制度的一个亮点。科举的盛衰和中国封建制度的盛衰紧密地联系在一起，对科举的记录和讨论已有不少，在这里不再赘述。

首先，我们认为科举是历史的产物，它经历过兴旺发达和衰亡的历史阶段；我们应该持唯物历史观，既不能把它神圣化，也不能把它妖魔化。在它处在上升期发展起来的一些优秀传统应该发扬，而在它衰亡期的许多糟粕应该扬弃。在新时代里对它的历史局限更应该结合我国的实际，予以认真思考和解决。邓嗣禹（1936：122）在介绍唐代科举时就说过："唐代科举，得人之盛，非后世所能及；晚年绩弊，亦开后世之先河，要而论之，得失盖参半焉。"

那么，从历史角度看，科举比它以前考试制度有些什么进步呢？在科举以前实行的是魏晋南北朝的九品中正制，这种制度主要是所选拔的多为豪门氏族子弟，目的在于支撑门阀统治，选官权力在于由朝廷高官的本籍人担任，为世家大族霸据中正官开辟道路，出现了所谓"上品无寒门，下品无世族"的现象。隋唐王朝（一般认为"科举肇基于隋确定于唐"。邓嗣禹（1936：8）开始时也试行过九品中正制以笼络各地豪强势力，但是，统治阶级发现这种选官制度不利于中央集权。为了限制异己势力，防止分裂，便在政治上推行与之相适应的科举制。科举于是成为维护中央集权的封建王朝的一种重要政治工具，较好地解决了加强中央集权和调动地方和个人积极性的关系。我国是一个多民族的国家，唐末五代和两宋时期的辽、金、元三个王朝以及取代明王朝的清王朝都是少数民族地主阶级集团占据统治地位。在他们统治时期都毫无例外地推广代表汉文明的科举制，所以这个维护统治阶级政权工具也起到多民族融和、建立统一的大中华的积极作用。由于各族的政治、经济、文化的差异，科举制也在不同程度地被改造。

西周东迁以后，王室倾危，贵族没落，所谓"礼崩乐坏"，"天子失官，学在四夷"，学术下移，世人流失。在社会上出现了一个"士"阶层和由此而触发的一个百家争鸣的文化高潮，这个"士"阶层是由衰落的贵族和上升的平民构成的一个特殊阶层，掌握了知识文化。以孔子为例，孔子原是殷商王族后裔，是春秋12个大诸侯国中宋国开创者微子启的后代，春秋五霸之一的宋襄公是他的十一世祖。只是到后来，孔子这一支衰落了，又从宋国迁到了鲁国，因此到孔子时，其身份就成为"布衣"，也就是平民。孔子曾经离开鲁国到各国去求学游说，谋求出仕从政，足迹遍布于陈、卫、曹、宋、郑、楚、蔡各地，前后长达14年之久。而秦统一中国以后，版图日益扩展，靠封建分封办法，出现捉襟见肘的局面，需要大量贤能（从乡里小吏到布衣卿相）来辅助君主治理国家。春秋战国的四大君子，如孟尝（齐）、信陵（魏）、春申（楚）、平原（赵），都"养士"过千。按《战国策·秦策三》载，"天下之士，合从相聚于赵，而欲攻秦，秦王忧"，可见"士"阶层的巨大能量，张仪、范雎、韩非、荆轲都是代表。察举制和科举制得以推行，说明"取士"已经具备了其社会基础，它既是社会的需要，也具有实施的可能性。各个朝代统治阶级都急需网罗人才来稳固其政权，故"贞观初放榜日，上（指唐太宗）私幸端门，见进士于榜下缀行而出，喜谓侍臣曰：'天下英雄，入吾彀中矣！'"（《唐摭言》）这句话充分表达了坐定天下皇帝们对于人才的态度，那就是要将人才都纳入到体制中，为我所用。怪不得赵嘏说"太宗皇帝真长策，赚得英雄尽白头"（同上）。

科举制又比察举制要进步。这主要是因为前者是外部运作，昭示天下，有一定透明度，而后者则是在内部运作，缺乏监督机制，无甚透明度。试从我们现在常说的"三公"（公开、公正、公平）几个方面略加比较（见表1）：

表1 九品中正与科举的比较

制度	公开	公正	公平
科举	根据皇帝勒令，科举日期有明确规定，每年一次，分科举行，分等录取。选拔程序要经过童试、乡试和会试三个阶段。考试内容也有所固定。皇帝是科举考试的最高负责人	庶民均可报考，"取士不问家世"，没有年龄限制，但对本人性别、品行（曾为官司科罚）、职业（如僧、道不得应举）则有一定限制	按成绩录取，对考卷进行匿名评阅。制定了一整套防止舞弊的程序。对有严重舞弊行为的考官甚至处以极刑
九品中正	不定期举行，也不公开宣布。一些自然现象（如地震、日蚀）往往是停止或举行察举的动因	全凭举荐人挑选其心目中候选人	中品官凭个人判断挑选其本籍人。结果权贵子弟多以人事得举

以科举为中心，把教育、选举和做官统一起来。科举是自上而下、竞争激烈的一种高风险考试，其考试内容自然具有强大反拨作用，对封建时代社会意识和价值观产生了巨大影响。宋真宗亲自写了一首《励学篇》："富家不用买良田，书中自有千钟粟。安居不用架高粱，书中自有黄金屋。娶妻莫恨无良媒，书中自有颜如玉。出门莫恨无随从，书中车马多如簇。男儿欲遂平生志，六经勤向窗前读。"而9岁稚子居然也能写出《神童诗》："天子重英豪，文章教尔曹。万般皆下品，惟有读书高。"可见读书做官的思想深入人心。这正好应了马克思和恩格斯在《德意志意识形态》（1955）里所说："统治阶级的思想在每一时代都是占统治地位的思想。这就是说，一个阶级是社会上占统治地位的物质力量，同时也是社会上占统治地位的精神力量。支配着物质生产资料的阶级，同时也支配着精神生产资料。因此，那些没有精神生产资料的人的思想，一般的是受统治阶级支配的。"一部《儒林外史》洋洋洒洒30余万字，刻画了在这种占统治地位的思想和价值观所支配下"儒生"的种种心态，入木三分。科举要求士子熟读四书五经，明朝以后盛行的八股文，不但专取四书五经内容来命题，而且还严格规定内容诠释必须以程颐、朱熹理学家的注释为标准，不能自由发挥。故邓嗣禹指出："忠君尊孔思想支持中国政治千余

年，果何由乎？曰：由于考试。"当然，官有好坏之分。从历史上看，科举既选了不少良相、清官、忠臣，也选了很多庸臣、贪官、污吏。关键问题在于它培育了一个以官本位意识为核心的封建官僚阶级，成为封建主义制度的顶梁大柱。科举考试和应试教育的核心内容是儒教，它告诉民众要崇官、敬官和做官，"学而优则仕"，形成了"官本位"的价值导向。而封建制度实行中央集权体制，从中央、州、郡一直到县，像一个金字塔，非要通过官来集权，但是在这种体制下，官就是权，而权可以腐蚀人。所以，绵延3000多年封建社会是"官本位"的土壤，而科举则是灌输"官本位"思想的有力工具。

在漫长的中国封建社会里，有过不少的朝代更迭。每一个朝代都有从繁荣发展走向衰微的阶段，这和科举制度的完善和败落，不无关系。

宋代是科举进一步系统化的朝代（先后有范仲淹和王安石的改革）。但到南宋，国是日非，考场舞弊越加严重；秦桧当权，把科举考试变成为结党营私的工具。御史汤鹏指出："今科举之法，名存实亡，或先期出题目，或临时以取封号，或假名以入试场，或多金以结代笔，故孤寒远方士子不得预高甲，而富贵之家子弟常窃巍科，又况时相预差试官，以通私计。前榜省闱殿试，秦桧门客、孙儿、亲旧得占甲科，而知举考试官皆登贵显，天下士子归怨国家。"（转引自郭齐家，123页）

明朝伊始，急需人才，朱元璋断然打破了三年一试的老例，"令各省连试三年"，并采取荐举与科举并用的手段。经过比较，洪武十七年（1384）后决定以科举为主，进一步把学校和科举结合起来，学校成了科举的必由之路。科举制度比唐、宋以来的科举制度更加完备。在考试内容上把考试经义的方法发展成"八股文"〔始于明宪宗成化二十二年（1486）〕，其目的是把考试的内容和形式划定在固定范围，使评卷趋向于标准化和客观化，但却带来了科举制度的日益僵化。故顾亭林说："八股之害，等于焚书，其败坏人才有甚于咸阳之坑。"明末崇祯亡国后，有人在北京庙堂大门上写了一张"大字报"："谨据大明江山易座，崇祯夫妇二个，奉申贽敬。晚生文八股顿首拜。"鲁迅（鲁迅1933b）也曾经批判过八股文："八股原为愚蠢的产物。一来是考官嫌麻烦——他们的头脑大半是阴沉木做的——什么代圣人立言，什么起承转合、文章气韵，都没有一定的标准，难以捉摸。因此一股一股地定出来。算是合于功令的格式，用这种格式来'衡文'，一眼看得出多少轻重。二来，连应试的人也觉得又省力,又不费事了。这样的八股,无论新旧,都应当扫荡。"鲁迅对科举的弊端有切身感受,他的祖父本来也是进士,做过知县和京官,但却因为科举贿考舞弊而导致家道败落。

清代开始,虽然全国尚未统一,顺治二年(1945)即举行乡试,翌年春二月便举行会试。其目的是通过科举来笼络知识分子。当时的浙江总督张存仁说得很清楚:"速遣踢学,开科取士,则读书者有出仕之望,而从逆之念自息。"[《钦定大清会典事例》卷330,转引自房列曙(2006:280)]清代科举沿用明制,也采用八股文。但是,为了拉拢关内知识界名流,为己所用,开设博学鸿词科,以扩大其统治基础。只要是"学行兼优、文词卓越","不论已仕未仕"均可入选,然后到京师参加考试。康熙、雍正、乾隆等代均有举行。另外,在科举中还增加一个翻译科。在清代科举中的舞弊行为比明代更为剧烈,陆续制定了一系列防范措施。可是到了18世纪中叶以后,世界格局发生了很大变化,首先是18世纪60年代英国产业革命,然后是美国宣布独立(1783)、法国大革命(1789),导致资本主义兴起,而中国则沦为半封建半殖民地社会。鸦片战争(1839—1842)以后,外患纷至,暴露了科举选拔的官僚难以适应安邦治国、抵挡外国船坚炮利的要求。光绪二十一年(1895),清政府因为甲午战争败于日本,而议定《马关条约》,康有为和梁启超正在京准备参加会试,于是联合18省举人1300名"公车上书",康用一日两夜时间写了18,000字,痛陈八股的危害:"今日之患,在吾民智不开,故虽多而不可用。而民智不开之故,皆以八股试士为之。……今群臣济济,然无应事变者。皆由八股至大位之故,故台、辽之割,不割于朝廷而割于八股;二万万之款,不赔于朝廷而赔于八股;胶州、旅大、威海、广州湾之割,不割于朝廷而割于八股。"光绪二十七年(1901),清廷诏令废除八股文;光绪三十一年(1905)终于诏令废科举、兴学校。宣统三年(1911),清帝逊位。被历史埋葬的不但是科举,而是整个封建王朝。

由此可见,科举制度无非是一种为经济基础服务的上层建筑,它在各个历史阶段的作用不同:在历史发展上升期,它为统治阶级搜罗人才,加强国家的治理;在历史发展没落期,经济基础削弱,败象丛生,它也无能去维护摇摇欲坠的政权,而成为历史发展的绊脚石。对科举不能抽象地进行评估:它有什么好处或坏处。邓嗣禹在讨论废科举的原因时提出两点:"一为八股文之反动,二为外患之刺激"(299),而且进一步指出:"科举之制，表面尊崇，实已败坏殆尽，晚年痛恨科举者遍天下，亦物必先腐而后虫生，非仅其时外患之刺激也。"（357）房列曙也列出清代科举选拔人才的弊端有6条：选拔人才的单一性，选拔的人才数量有限，选官的限制很多，所取人才没有真才实学，科举考试的本质不是为了选拔人才，而是为了牵制人才，严于取而宽于用。（322-326）用现代测量学的话来说，科举制度到了晚清，已经丧失了其当初所宣称的"选拔人才"的效度，它的种种弊端到了鸦片战争后凸显，因为封建社会在内忧外患的压迫下，已沦落在半殖民地半封建社会。Messick在他的讨论到效度的文章里，特别强调构念效度（construct validity）及其社会效应的作用，他认为传统的测试往往忽略了社会效应，而"［构念效度的］核心问题是：测试的解释和使用的潜在的和实际的社会效应是否支持原来的测试目的，而且和别的社会价值相一致。……测试的社会效应估量可以纳入为构念效度的一个方面"。我国科举的衰亡正是构念效度缺失的一个实例。当然，Messick的出发点是考试效度，强调要从实际社会效应的角度来衡量考试是否达到原来设定的目的，他并没有涉及考试的开发者或考试的使用者，更没有从考试开发者的角度再把考试的管理层和考试的设计者区分开来。

总的来说，科举在封建社会的积极作用是：①作为上层建筑，它通过建立选拔各级管理官吏的制度来取代世袭制度，以加强国家的政治和经济系统；②建立了封建制度下选拔官吏的标准和提供了一套完备的考试方法及严格的惩戒舞弊制度；③建立了公平、平等的原则；④建立了一套把学校和入仕结合起来的选拔制度；⑤为庶民子弟入仕提供了在公开、公平和公正原则下进入仕途的机会；⑥调节和稳定国家政治和民族团结。

但是，科举的消极作用也是明显的：①强化了仕人的官本位思想，把官、权、利捆绑在一起。②考试内容只是儒家经典，没有自然科学，使我国科技得不到发展。科技也是一种生产力，是社会发展的动力。③考试方法照搬八股文，钳制思想。④科举的社会权重过大，科场腐败难以抑制，所谓"树欲静而风不止"。

由于历史的局限，科举也有一些时代局限：①在封建社会里，它不可能具有民主化管理体系来保证其公平和公正实施；最高统治者往往凭个人意志和喜爱来"钦定"前三甲，而各级考试都掌握在官吏手中，科场腐败难以避免。②由于中国幅员广阔，各个地区的经济、文化、教育的发展情况不一。从宋开始，就有所谓"分路取材"（司马光）和"凭才取人"

（欧阳修）之争。司马光曾举出宋仁宗时国子监与开封府平均 4 个举人取 1 人，而陕西府百余人取 1 人，因为"在京举人，追趣时好，易知体面。渊原渐染，文采自下。使僻远孤陋之人，与之为敌，混同封弥，考较长短，势不侔矣。"（司马光《乞贡院逐路取人状》）欧阳修则持相反意见。"窃以国家取士之制，比之前世，最号至公。盖累圣留心，讲求曲尽。以为王者无外，天下一家，故不问东西南北之人，尽聚诸路贡士，混合为一，而惟材是择。又糊名誊录而考之，使主司莫知为何方之人，谁氏之子，不得有所憎爱薄厚于其间。"邓嗣禹则认为两种说法都各有道理。"两种途径，至于今日尚成问题。"这个问题仍然困扰着中国的现代考试，但那是经济和文化教育发展不平衡的，而不是考试本身造成的；不从根本上解决，任何措施都是苍白无力的。③从考试方式来说，不管是策问、时文、诗赋，还是八股文，都是现代考试学所说的主观性考题的评分，考官所评的分数或级别，不可避免地带有一定的主观性，而且科举之时，人数众多，阅卷草率，易于遗才。清代著名学者钱大昕说过："湖南应试举子四千余人，三场之卷凡万二千有奇。合经书、经义、策书计之，不下五万六千篇。臣等自阅卷之始，至于撒棘，计十八昼夜。文卷浩繁，而时日有限，谓所去取者，必皆允当，而无一遗才，臣诚未感自信也。"（《潜研堂文集》卷 23）这就导致考试的信度不高。王德超（1984）谈到明清士子为应试贪图近功，唯知读诗文选本、巾箱论策，而置经书史籍于不顾。更有意思的是，"这些以选文与课读为专业的老生宿儒，大都是遷于举业而困于场屋的诸生"，自己无法中举，而靠背读这些坊科诗文的考生却获中。这是对科举考试的一大讽刺。

三、现代测试理论的兴起和传播

作为一种社会权力精英遴选机制的科举，对近、现代各国政体中的文官制度的形成和发展起了十分重要的作用。科举西传可以追溯到 16 世纪，明末葡萄牙和意大利耶稣传教士来华，他们目睹和记录了牵动朝野的科举盛事，并在西方广为流传，于是英、法、美等国都陆续建立其文官考试制度。这也是政治发展需要。这些国家在推行文官考试制以前，已经开始进入资产阶级革命，但官吏任用制度仍受封建恩赐的影响，或实行个人瞻徇制，或实行政党分肥制。国家治理水平低下。科举考试公平竞争、择优录取的原则，正好适应了政治改革需要。但是，西方各国的新式文官制度的形成并没有全部照搬中国科举的做法。

（1）在考试录用对象方面，主要是技术或职业官吏，他们不参与政党政治，以保证因为政党更迭而引起周期性的政治震荡。在最先模仿中国考试制度的英国，只有事务官须经考试，各部门行政首长，则仍由政党提名。钱穆指出："西方人懂得此层，采取中国考试制度之一枝半截，成为他们今天的文官制。"

（2）西方的选拔制的考试内容和方式方面，并不是四书五经、诗词歌赋和八股文，而是应试者的逻辑思维能力、材料组织能力、书面表达能力、知识面的广度和实际操作能力。所以孙中山（1928）在谈到科举对西方文官考试的重大影响时也指出："其实考试之法极良，不过当日考试之材料不良也。""材料"其实指的是考试内容。

（3）西方的文官考试制度的社会权重不如科举那么大，这是因为西方当时已经进入资本主义阶段，社会竞争虽多，但创业机会也很大，不像封建主义中国仕人那样，只有科举那样的独木桥。

（4）西方文官考试制度和学校教育并不如科举那样捆绑在一起，分三级进行。欧洲从 12 世纪开始，陆续建立了不少大学，开设了许多专业，培养了许多人文科学、自然科学、社会科学的俊秀，他们的创造发明，成为社会前进的巨大推动力。在引进文官考试制的同时，英国教育在 1856 和 1857 还建立其牛津大学和剑桥大学的入学考试，称为地方考试（Local Examinations），而文官考试则首先用于招募去印度工作的海外公务员，1858 年的第一次印度公务员考试只有 67 人，入选 21 人。至于美国，哈佛大学建于 1636 年，1650 年已有规定学生每年都要参加一次考试。1790 年美国已建立公开考试。

西方文官考试制度多在 18 世纪末和 19 世纪初（英国在 1854 年、法国在 1835 年、美国在 1883 年），其时西方正在兴起心理学和心理测量学的研究，在这个时候和第一次世界大战以后所发展起的测试技巧免不了也会被引进文官考试里面来。如在美国，1922 年，O'Rourke 被任命为美国人事管理部新建立的研究部主任，手下有一个庞大的技术班子。

心理测量的目标是描写人类行为，其注意点首先是行为的一致性。因为要观察所有受试行为的共同性，就必须把他们置于标准化的条件下来进行，在它发展的过程中依托了实验心理学和统计学的许多成就，这就为考试注入了许多新元素。随着科举的取消和现代教育的兴起,心理测量也被引进中国,但只作为我国教育学系和心理学系的一些科目而传授,并没有在大规模的考试中充分应用。

(1) 常模(norms)。任何一个测试的原始分都没有很大意义,因为原始分和试题难度挂钩。难度决定了分数值:一道过易的题目,大家都答对,就是满分(100);反之,过难的题目,没有人能答上,就是0分。所以分数必须参照一个标准化样本的测试结果的常模来解释。而这些结果的分布通常和钟形正态曲线相一致。例如,美国的SAT从1926年到1941年的分数都是按照一个正态量表来表示,而1941年则是根据当时11,000个考生参加当年考试的分数排列而构成一个常模,从200~800分,500分为平均分(即500分以上和以下各占50%),一个标准差为100。一个得到600分的考生意味着他比84.13%的考生要好。根据这个标准化的常模,就可以转换成百分位表。这就是所谓标准分。标准分实际上是试图把分数和试题难度脱钩。世界上任何大型的公开考试莫不使用标准分的制度。

(2) 信度(reliability)。信度表示相同的考生在不同时期(或不同测试条件)使用同一个考试,或使用平行试题(经过等值处理)的考试,所获得的分数的一致性。信度的概念来自一个考生分数往往受到种种不相关的、偶然因素所影响,存在于一些测量误差。他所得的分数不是真正的分数,而是考试的实际分数+测量误差。信度有多种,用得较多的是内部一致性信度。根据Kuder-Richardson 20的公式计算,信度系数的高低决定于整份试卷的题目数(即测试内容)和方差(即差异性),题目越多,方差越大,信度系数就越高,而一个考试的信度系数在0.90以上才能被接受。换句话说,一个考试的测试内容比较单一,而考生的差异性又不大,其信度系数就不可能很高。导致测量误差的原因有多种:①来自考生自己(他们的心理素质、注意力、遗忘和疏忽等等)。②环境因素(包括测试环境和试卷的适应度)。③阅卷员的癖性和主观性,对主观性的自由作文,难以统一和掌握一致的标准。④工具性因素。有些计算需要使用电子和机械设备,其程序的编制和操作也会产生误差。

(3) 效度(validity)。一个测试的效度指的是它有没有测量它所声称要测量的东西。这可以从两方面来理解:一个是测试测量了什么。这就是内容效度(content validity)。另一个是测量的好坏,它是否达到了预定的目标。这就是效标关联效度（criterion-related validity），它可以是共时性或预测性的。如果以文官考试而言，那就是它是否考了做文官所需的才能。它是否选拔了该选拔的文官？以科举而言，在清朝的考试中，注重书法而不考文理，故学识渊博的龚自珍在进士朝考中作文"洒洒千余言，直陈无隐"，但终因"楷书不中程，不列优等"，断送了他进入翰林院的希望。故钱穆说："而到中叶以后，进士入翰林，专重小楷，更属无聊。"主张维新改革的李鸿章在其致总理各国事务衙门函（同治三年）说："中国士大夫沉浸于章句小楷之积习，武夫悍卒又多粗蠢而不加细心，以致所用非所学，所学非所用。"均针对科举而言，说明其内容效度的问题。科举的根本目的在于求贤，但如果录取的却是庸碌之才，甚至贪官污吏，那就是效标关联效度的问题了。检查前者通常是在考试前根据考试目的而进行审题，而检查后者则要看选拔录取以后的官员的作为。还有一种效度称为构念效度（construct validity），主要是为了一个测试是否测量了它所声称的理论构念或倾向。效标关联效度和构念效度通常使用的统计方法是相关分析或因子分析。

（4）项目分析（item analysis）。项目分析有助于测试用户对公开使用的考试进行评估，对建立非正式局部考试也很有帮助。它使用了量化的统计手段来检查试题的项目是否有效，对命题人员提供了有用的反馈信息。分析的内容是项目的难度、分数的分布是否符合考试的目的。项目有没有足够的区分度（discrimination）。例如，一道四选一的选择题，除了有一半考生选了正确答案（其难度就是50%），其余选项（称为干扰项）的人数应该平均分布在其他三个干扰项（各为17%）。如果有一个干扰项只有个别人选，这个干扰项起不了干扰作用，即无效；如果有一个干扰项选的人虽然低于50%，但也较为集中（如40%），这个项目干扰性过强，也可能是正确答案。项目分析适合于客观性试题的项目，用手工来做比较繁复，现在一般都是通过计算机来完成。项目难度和项目区分度可以同时表现为一条项目—测试的回归曲线。这条曲线比较粗糙和有局限，但却引发起一种更为精细的、复杂的项目分析——项目反应理论（Item Responsive Theory）。项目反应理论又称为项目特征曲线理论（Item Characteristic Curve Theory），这种理论的基本特色是：项目的成就与考生的"潜在特征"（latent trait），称为 θ（theta），它并非一个可以独立存在的心理或生理的实体，在认知测试里，潜在特征一般就是测试所测量的能力。项目特征曲线有三个参数，一个是区分度（ai），那就是曲线的斜边，即能力（θ）连续统所展开的距离成逆向相关。一个是项目难度（bi），它是 θ 轴线在概率 0.5 所处的位置。第三个参数是（ci），即猜测因素，它表示一个项目答对的概率，在曲线中表示为最低渐近点。在统计上，这几个参数需要使用迭代或不断逼近的方法来获得，往往不能产生很好（如低于 0.1 或 0.5）的结果。故有的测试改为单参数的模型（The Rasch Model），即只用难度参数，寻找项目难度和考生能力的关系。也有使用两参数的，即加上区分度参数（ai）。对三参数模型则作出一些限制，原因是在最低渐近点的考生较少，而斜率的陡度又不够高。Lord（1975）提出，只要 $bi - 2/ai > 3$，才可以估算 ci。

四、中国考试的现代化

科举和它的建立者——封建王朝历代统治者一样，都经历过同样盛衰的命运。作为一种历史遗产，应该扬其精华，弃其糟粕。但是，我们必须注意：

（1）科举（选拔官员的制度）仅是选拔性考试的一种，不能在科举和考试之间画等号。在科举取消以后，民国时期和新中国成立后一直都在组织各种各样的考试。这都是社会和教育的需要，因为考试无非是一种测量工具。

（2）研究考试的科学就是教育测量学，它在心理测量学和统计学（特别是计算机的应用）的支撑下一直在蓬勃发展，在理念上和实际运用上已经远远超出了科举，我们也不要因为科举当初提出的一些原始而朴素的理念而洋洋自得，就等于指南针也是国际公认的中国一大发明，我们也没有什么理由躺在这个发明上而不去研究和使用雷达和遥感技术一样。鲁迅（1933a）曾经联系我国的"国民性"来谈一些中国古代发明："外国用火药制造子弹御敌，中国却用它来做爆竹敬神；外国用罗盘针航海，中国却用它来看风水；外国用鸦片医病，中国却拿来当饭吃。"

（3）高风险考试社会权重很大，科举如此，现在的高考或国考亦如此。中国社会如此看重这些考试，喻作"千军万马过独木桥"，均源于中国的国情。中国人口众多，而地域的经济和教育发展又很不平衡，所以竞争就会十分激烈。这个土壤依然存在，权重就不会减轻。考试仅是一种测量工具，其责任就是公平地、准确地测量出被测量人的学识、能力和水平。它们无法缓解经济发展不平衡的问题，把一些社会发展中未能解决的矛盾都归咎于考试，是一个错误命题。美国 Bill Gates 考上哈佛大学，即当今中国媒体追逐的所谓"状元"，他在哈佛念到第三年就自动辍学去创立他的微软公司，终成世界的首富。这可能是中国人无法想象的。这是因为美国和中国的社会结构不同：作为发达的资本主义国家，竞争机会较多，而考试和取得学位的社会权重也没有那么重。所以他被称为"哈佛大学历史上最成功的辍学生"。

往者已矣。中国考试要赶上世界的潮流，面临的任务是现代化。笔者（桂诗春 1982）在恢复高考（1978）后的 1981 年底曾经在广东省高等院校教学经验讨论会上指出，我国要实现考试现代化，需要"四化"——从领导体制上实行制度化、从组织上实行专业化、从方向上实现标准化和从技术上实现电脑化。1987 年成立国家教委考试中心，在制度化方面迈出了一大步，并把标准化考试作为考试改革的核心，列入国家教委教育科学"七五"规划，在全国范围内进行大规模试验，广东省还接受国家教委的委托进行这四个方面的改革。经过 10 年的实践，笔者（1995）曾写了一篇《对标准化考试的一些反思》。文章指出，标准化考试需要制度化的支持，而标准化考试本身也需要完善，但是它不可能克服考试所有的弊端，因为一个考试的权重是社会赋予的。当时仅是根据观察考试所引起的种种反馈情况（如应试教育对考试的影响）而提出的一些朴素的看法，并没有从批评性的高度来全面讨论考试的各种政治和社会因素。下面我们将联系我国实际来讨论几个值得注意的问题。

测试是一种测量行为，这种行为牵扯到两个方面：一个是测量工具，其核心价值在于统一性和公正性。我国秦朝商鞅变法的一个主要内容就是统一秦国各地的度量衡，而且制造了标准的度量衡器，要求秦国人必须严格执行，不得违犯。这是稳定社会秩序所必需。过去我们常说的一些地主老财的"大斗入，小斗出"的恶行，就是破坏了统一性和公正性。和测量工具有关的是它的制造者都是受到法律保护的。如国际上有国际度量衡委员会，我国有国家质量监督检验检疫总局、中国计量科学研究院、中国测试技术研究院，负责研究和制作统一的度量衡工具。在测试里，就是测试开发者（test developers），他们负责研制有效、可信、有区分度的工具，并把测量结果和有关数据公诸于世。另一个是测量工具的使用者（test users),他们是广大的公众,包括有关的组织、机构、个人、个人的父母或监护人等等。为了保证统一性和公正性,理想的状况是测量工具(如磅秤)的开发和制造者与它的使用者应该分离,贸易才能顺利进行。这就等于立法和执法一样:如果执法者自行立法,那就导致混乱。他们双方都应该受到法律的保护。但是,考试的情况却比较复杂,某些组织和机构因为某种目的(如选拔人才)而设立某种测试工具(如科举取士),那样,负责制作考试工具的专业人士和主持考试和解释考试结果的人士却没有明确界限。这就产生一种情况:"考生、家长和监护人、立法者、决策者、媒体、法庭和公众普遍希望对测试数据的明确解释。他们常常会将正面或负面的某种结果(包括组别差异)归结于某个单一因素,或归结于某个社会机构——最常引用到的是家庭或学校的环境条件。这些测试数据,消费者常急切要求对仅仅是部分基于测试分数所做的决策有明确说法。"[见《标准》(American Educational Research Association et al. 1999:111)]所以,在该《标准》的第三部分《考试使用者的责任》里,《标准》11.1里规定:"在采取和使用一个公开测试之前,测试使用者应该学习和评估测试开发者所提供的资料。那些归纳测试目的、规定主持考试程序、适应于那些测试使用者和讨论关于考试效度和信度数据所获得的分数解释,尤为重要。"《标准》11.2则进一步提出:"当一个测试没有或很少文件说明其目的时,用户要负责获取关于该测试能够实现其目的有关效度和信度的证据。"

目前我国的情况是,一些非一次性的考试(如高考)本应是一种常摸参考性考试,却在"放权"的名义下,把测试的开发权和使用权一起下放(已有18个省、市),但是很多大学都是面向全国招生,所以考试分数就不可比,而各地和单位所开发的考试却几乎没有提供必要的文件来解释考试的分数,提供效度和信度的有关证据。分数不可比,对实行异地高考也带来同样的难题。如果工具是统一的,分数也是统一的(如标准分),阻力就减少,异地参加高考后仍可以回原地录取,使用原地录取额度。如果异地高考包括异地录取,就会牵涉到教育资源、录取额度分配和两地考生的矛盾等一系列一时难以解决的问题。其实,为了达到同一目的(如选拔)而使用不同测量工具来进行测量,在世界上其他国家也有,像英、美等国也有几个性质相同的考试。但是,①考试使用者不直接参与考试开发,考试由独立的考试委员会进行开发和组织,每个考试都有详细的手册来解释其分数含义，提供有关其效度和信度的数据；②考试使用者（如高等学校）有权决定接受哪一个或几个考试成绩，如果觉得有需要进一步了解考生情况，可增加一些项目（如口试）；③如果有几个同样类型的考试，要有专门机构来提供性质相同的考试对比报告（Comparability Reports）供考试使用者参考。按道理说，同一类型的考试应该使用统一的标准（即使用同一测量工具），得出客观的、可比的分数。但是，测量结果的使用权则应该下放，让各个学校有权在监督下决定怎样使用考试的结果。监督至关重要，不然就会为一些自行录取的学校提供贪污舞弊的机会，造成了考试更不公平。北京某著名大学的录取办公室主任就非法获取过亿元暴利。

我们十分高兴地看到，中共中央第18届三中全会的决定对考试改革描绘了一幅令人兴奋的蓝图。"决定"第42条指出："推进考试招生制度改革，探索招生和考试相对分离、学生考试多次选择、学校依法自主招生、专业机构组织实施、政府宏观管理、社会参与监督的运行机制，从根本上解决一考定终身的弊端。义务教育免试就近入学，试行学区制和九年一贯对口招生。推行初高中学业水平考试和综合素质评价。加快推进职业院校分类招考或注册入学。逐步推行普通高校基于统一高考和高中学业水平考试成绩的综合评价多元录取机制。探索全国统考减少科目、不分文理科、外语等科目社会化考试一年多考。试行普通高校、高职院校、成人高校之间学分转换，拓宽终身学习通道。"

总之，我国的考试正处在从无序到有序的过程，我们以往所实施的一些改革和措施大都是权宜性的，"决定"对我国教育和考试作出一个通盘考虑，令人鼓舞。我们不但需要一个有法律保障的、健全而公平的考试制度，而且还要考虑很多技术支撑来保证制度的实施。例如，正在进行的"多次选择"的"社会化考试"，意味着同一类型的考试多次举行，就牵涉到一个十分庞大的系统工程，从命题、预测、等值到建立题库和防止题目外泄，以保证测量结果的统一性，等等，如果没有技术的支撑，使多次选择的结果不一致，那么考试结果就不能反映考生的能力变化，而只是反映题目本身的变化（过难或过易），这就等于鼓励考生不去放弃"多次"机会，对正常教育的形成冲击。其实"社会化考试"等说法并没有一个很好的科学定义，国外一般分为外部（external）考试和内部（internal）考试，那是针对学校体制以外和以内而言的，内部考试指学校内的学业成绩考试。而"社会化考试"应该是外部考试或公开考试（如高考、国考、驾驶执照考试等等），它应有如下几个特点：

（1）考试必须是由权威考试机构设计和主持的，并通过市场竞争而得到社会认可和采用。

（2）考试必须有多种需要，多次举行；所提供的不是一次性的标准，而是能力的评价。

（3）考试必须有现代教育测量学的技术支撑，以保证每次所提供的评价是一致的。

（4）考试的开发者和使用者都必须得到国家的法律保护。

从科举时代到今天，我国的国情仍然是地域广阔，发展不平衡，竞争激烈，影响了就业机会，给考试增加了很多附加值。考试的高风险程度增加，自然会对社会的安定团结起重要的积极或消极作用。所以，对建立考试制度的种种复杂社会因素，绝不能等闲视之。

早在1981年，Messick（1981）就指出，考试并非孤立事件，它们和一系列心理、社会、政治变量相联系，对教学大纲、道德伦理、社会阶层、官僚制度、政治和语言知识均有影响。考试既牵涉到对人的能力和行为的测量，又牵涉到各种政治和社会因素，人都生活在社会里面。考试牵涉到两部分人：一部分是考试的开发者（包括考试的设计者、具体科目的命题者）；另一部分是考试的使用者（从决策者、组织者到学校和考生），他们侧重于从考试使用及其社会影响的角度考虑问题。这两部分人往往体现为"政治上限制和专业上建议"之间的一种紧张关系（Davies 2009），需要互相沟通、谅解、支持，取得一种新的平衡，有人（如Alderson）则认为，"测试就是一种妥协"。

这种妥协是可以达到的，因为两部分人都有一个共同目标，就是建立考试的公正和公平（fairness and justice）。公正和公平的意思其实很相近，按照Kunnan（1997）的看法，公平更加强调是从社会平等和法律挑战的角度来看问题。我们常说的"在分数面前人人平等"，其实包含了两层意思：一层是考试所给的分数是公正的，都是用同一种测量工具量出的结果，这里隐含的意思是测量工具是可信的，工具本身没有造假；第二层意思是对待测量出来的结果是人人平等的，不能因为性别、种族、语言、国籍等关系而受到歧视。这应该受到法律的保护。公正就考试内部关系而言，公平就考试的外部关系而言。所以《标准》专门设一部分来谈公正的问题。而美国几个大教育、心理和测量协会还专门就公平考试实践成立了一个联合委员会，制定《教育中公正考试实践准则》（Joint Committee on Testing Practices 2004）（简称《准则》，下同）。《准则》就四个关键领域分别对考试开发者和考试使用者提出7–9条细则：①适合测试的发展与选择；②测试的主持和评分；③测试结果的报告和解释；④对测试使用者的通知。

以第一个领域（即适合测试的发展与选择）而言，对测试开展者和考试使用者分别就责任和评估不同角度来提出细则，现按细则把两者合在一起，并结合我国现状做出一个粗略的估计（用方括号表示）。

（1）考试开发者应该就一个考试测量什么、推荐用途、考试优点和局限（包括测试分数准确程度）提出证据；而考试使用者应该对考试目的、要测试内容与技能和适用于考试使用者进行定义。在对所能获取信息进行透彻评估基础上，选择和使用最合适的考试。[基本做到，但选择余地不大]

（2）考试开发者应该描写测试的内容和技能怎样选择，测试怎样开发；而考试使用者则应该按照考试内容、所测试的技能和内容覆盖面对考试目的之适宜性来评估并选择考试。[基本做到，但选择余地不大]

（3）考试开发者应该对适用该考试使用者提供该考试特征的详细说明；而考试使用者则应该评估测试开发者所提供的资料，选择那些提供清晰的、准确的、完整信息的考试。[基本做到，但不够详尽]

（4）考试开发者应该对考试进行合适评估、选择以及对所需技能、知识和训练提供指引；而考试使用者则应该通过一个包括具有适合于知识、技能和训练者的过程来选择考试。[基本做到]

（5）考试开发者应该对考试能否达到所设定的目标提供技术质量（包括信度和效度）证据；而考试使用者则应该评估考试开发者和任何独立的评估者所提供的技术质量证据。[一般都没有]

（6）考试开发者应该对有资格的考试使用者提供测试项目或测试练习、方向、答卷纸、手册和分数报告的代表性样本；而考试使用者则应该在参加考试前，评估测算项目或练习测试、方向、答卷纸、手册和分数报告的有代表性的样本。[基本做到]

（7）考试开发者应该在发展测试项目和有关材料时避免使用冒犯性内容和语言；而考试使用者则应该评估考试开发者所使用程序和材料以及

所产出的考试，以保证那些冒犯性内容或语言得以避免。［没有什么考虑］

（8）考试开发者应该对需要特殊服务的残疾人提供合适的、经修订的考试形式和管理程序；而考试使用者则应该选择那些为需要特殊服务而提供的合适的、经修订的考试形式和管理程序的考试。［基本做到］

（9）考试开发者应该对考试使用者获取不同组别的考试成绩提供证据，尽力获取适合组别分析的样本。评估证据以保证成绩的差异是和被评估的技能有关。而考试使用者则应该评估关于不同组别成绩的证据，决定成绩差异在多大程度上是由于与测量的技能无关的因素所引起的。［没有］

第二个领域是考试的主持和评分，也可从考试开发者和考试使用者的不同角度来对待。

（1）考试开发者应该用一种标准化方式来提供对考试主持详细过程一个清楚明白的描述；而考试使用者则应该用一种标准化方式来遵循考试主持所建立的程序。［基本没有］

（2）考试开发者应该对需要特殊服务的残疾人和不同语言背景的人所使用的合理程序提供指引；而考试使用者则应该对需要特殊服务的残疾人和不同语言背景的人所使用的合理程序提供证据。［基本做到］

（3）考试开发者应该对考生和考试使用者提供关于回答测试项目的测试题目格式和程序（包括可使用任何需要的资料和设备）的信息；考试使用者则应该对考生熟悉测试题目格式以及在考试中使用任何资料和设备提供机会。［基本做到］

（4）考试开发者应该建立和执行程序来保证在开发考试、主持考试、评分和报告成绩所有阶段的安全；而考试使用者则应该对考试材料保密，包括版权和减少考生通过欺骗手段获取分数。［基本做到，但只限于考前］

（5）考试开发者应该对考试的评分过程、考试评分过程准确性的监督提供程序、资料和指引。如果考试评分的责任在考试开发者身上，应该对阅卷员提供合适的训练。对考试使用者而言，如果考试的责任在他们身上，对阅卷员要提供合适的训练，保证并监督评分过程的准确性。［基本做到］

（6）考试开发者应该对影响分数解释的错误进行纠正，并迅速地把

改正后的结果传递出去;考试使用者则应该纠正影响分数解释的错误,并迅速地把改正后的结果传递出去。[基本做到,但不透明]

(7) 考试开发者应该开发和执行保证分数保密性程序;而考试使用者也应开发和执行保证分数保密性程序。[基本做到,但不透明]

限于篇幅,我们对其他几个领域的细则不拟介绍和讨论。光从这两个领域来看,考试开发者(包括考试管理者)和考试使用者对考试公正的利益是一致的,不过角度有所不同。从我国情况来说,对他们都有些应该注意的地方,才能取得一致和默契。

对考试开发者来说,应该充分认识考试的社会功能及其巨大的反拨作用,力求在考试内容、题型、格式、评分方式、分数解释等方面向考试使用者提供更多信息,包括指引性手册。在应试教育的强大影响下,考试使用者往往会采取各种应试策略,如猜题、押题策略,需要在考试开发时认真考虑。例如,语文科考试里,作文题目占分数比重很大,而对付它的策略是"近现率效应",即针对政治、社会热点事先写好文章,并经老师批阅和改正,然后背下来。这对写作能力的评估当然会导致不公平。如果要在哪一方面进行改革,必须先经过实验,然后进行推广,并在考试指引手册里详加说明。考试开发者也应该积极参与考试政策的制定。他们不应该只熟悉所参与命题的专业,还必须熟悉心理和教育测量的基本知识。从批判性考试角度看,则更应注意考试结果的社会诠释。

考试使用者有不同的层次,从考试决策者、管理者、学校一直到考生、考生家长。对高层次的考试使用者而言,他们总应该懂得一些测量学的基本理论和原则,不然怎样才能管理考试呢?例如,我国近年来把原来统一的高考逐步下放到各个省(市),由各省(市)自行组织班子去命题,而各省(市)考试的管理阶层就以为只要是有关专业的教师就有能力命题。其实,专业素养固然很重要,但也还要懂得一些测量学的知识,两者缺一不可。而且对命题人员采取"入闱"方式,结果没有专业教师愿意每年都参加命题,于是命题班子无法稳定,试题质量和难易度无法得到保证。

在这里,我们需要指出,考试的决策者、管理者的地位比较特殊。他们一方面是考试的使用者,另一方面又是考试的开发者,两者合于一身。这是因为一些考试,特别是高风险的公开考试(如高考、国考)是受很多政治和社会问题所决定的。高考又受全国和各地的高等教育发展水平所限，每年都有一定招生额度，不能随意地增加或减少。它们对考生的反拨作用甚大，往往会影响考生终身。这是领导通过录取分数线来实施"权力和控制"的工具。他们是最高层面上的考试使用者，但是他们的决策和指令又对考试的开发也起了重要、关键作用，如对题目难易度的控制。

就我国目前的考试情况而言，科举悠长的历史为我们建立了一些传统，但也带来很多因袭。进入现代社会以后，本应经历一个心理和教育测量的阶段，可是由于种种原因（例如新中国成立后曾一度误以为心理学就是唯心主义，停止在大学开设心理学的课程），心理测量那一整套理论和方法并没有得到普及，对考试开发者和考试使用者都是十分陌生的。这表现在几个方面：

（1）分数神圣化，在"分数面前人人平等"。一些高风险考试都有一定的选拔性目标，对考试开发者和考试使用者来说，考试结果无非就是一个分数，按照分数来划线。一场考试下来，只要按分数来把考生区别开来，就算完成任务。分数神圣化充分显示了考试使用上的强大力量，特别是在考生中造成有害的影响。Shohamy（2001）指出："考试的这些用途可以创造赢家和输家，成功和失败，拒绝和接受。在决定人们的分级水平、准予发给证书和奖励、能否进一步学习、从事什么职业、参加特殊教育班级、优等班级、接受更高的职位和获取工作方面，测试分数往往成为主导指标。考试成绩好的可以进入最好大学、受到良好教育；成绩差的只能进低水平大学，挡住了接受更好教育可能性。成绩好的可以得到奖学金；成绩差的意味着要更加努力地工作。成绩好的可以选择自己喜欢的职业；成绩差的只能接受一份自己不愿做的工作。成绩好的可移民到一个新国家，开展一种新生活；成绩差的就只能停留在他不愿意停留的某个地方。成绩好的意味着他可以获得奖励或奖学金；成绩差的意味着在他继续学习前必须有足够的时间去工作。成绩好的会被人视为成功者；成绩差则会被人看成是失败者。"所以，在一时一地的一个单一考试成绩会导致不可抗拒的、影响深远的、高风险的决策。其实，这些考试所造成的影响并不限于考生，还波及整个中等教育。高风险性的程度一天不降下来，应试教育就不会停止，各种不正当的舞弊行为也就无法压制。Mandus（1990）说："测试反映了测试制作者、测试使用者和政策制定者的价值观，具有持续造成当前社会和教育不公平的潜力。"

那么分数代表什么，谁也讲不清楚。统计学家 Cattell 说过："给大学生的分数有些意义，但那是什么意义却有待决定"，而且"通过一个书面考试来决定学生是否适宜于学习大学课程几乎是不可能的"［转引自 Spolsky（1995：26-27）］。心理测量学通过常模、标准分和百分位的概念来解释分数。分数可以从两个不同的角度来解释，一个是答对率。按我国的传统，在一份按百分制评分的试卷里得 60 分，就是及格，即答对了 60%。但为什么 60 分就是及格呢？58，59 分就不及格呢？这就说不清楚了。而且答对 60% 全看试题的难易，难题的 60% 和易题的 60%，其含义就很不相同。所以分数是试题难易的反映，它往往表示的是一个难度值。让一个高中毕业生去参加一个"小升初"的考试，他虽然全答对，也不能说是能力高。反之，让一个小学生去参加高考，答对率自然很低，也不能说他能力低。所以，反映考生能力的高低的分数必须和考试内容挂钩，才能有意义。另一种做法是参照一个常模，那就是不看题目难易，而看其他考生答同一试卷的表现。那么，一个考生的成绩居中，就是比 50% 的考生要好，西方往往把 50 分定为及格。把参加同一试卷的考生加以比较和排列高低，那是科举时代就已经执行的做法，问题在于过于简单化。在世界各国大规模的、高风险的考试，往往都采取标准化的办法，那就是把不同类型的考生成绩加以比较。我国高考也采取标准化的程序，实际上给学生的分数是一种排列次序，那就是标准分。但是，标准分的制度实行了多年后，却又退回到原始分（即卷面上的分数）。原因并非技术上的，而是社会性的。其一是考试的管理者只满足于把考生按一个简单的分数区分开来，就算完成考试的目的，不愿再花时间去对公众做更多的宣传教育，有些领导自己也弄不明白什么是标准化。偌大的一个高考都没有发表过一个用户手册，分数的透明性就很低。其二是公众（包括舆论）对标准化也有疑问，甚至在诚信上对考试结果产生怀疑，宁愿采取原始分，可以核对考生的成绩。有的媒体甚至把恢复原始分作为考试改革的一个"进步"而加以报道。

（2）目前，我国高考所采取的做法把考试的各个科目的得分（原始分）相加，合成为一个总分，然后根据历年的招生任务来划录取线。这其实是隐含着巨大不公平的一种落后做法。上面已经讨论过原始分的高低是和试题的难易度挂钩的。像高考有几个科目的试题，它们的难度不可能是一致的，就相当于金融贸易中的货币一样，有人民币、美金、欧元、日元，不可能把各种货币的单位加起来就合成为一个总分，而必须把一种货币作为结算单位。标准分无非是分数相加的一种结算单位，只不过这个结算单位不是答对率，而是参照其他考生的答对率而定出的位置。用原始分来相加就会出现容易的试题在总分里占的分量较重，而难的试题则相反。所以，有一年的高考政治试题较易，而物理的试题较难，结果就出现报考物理专业的考生要靠在政治试题上得分，而在物理试题上考得不错的考生因政治试题得分较少却因此而不能上线。总的来说，过难和过易的试题的区分度都比较差，一份难度值在 0.2 的试题，意味着它对 80% 的考生没有区分作用，它只适合于挑选少数人进"精英"大学，对哪些人可以进一般大学，甚至大专却无能为力。在大规模的考试里，整体考生的成绩呈正态分布的状态，即两头小，中间大。过易的试题也是一样，对选拔也会造成同样的困难。但是试题的难度，非要在考试后才能确切知道。事前审题虽然有点帮助，但是预测性并非很强。仍以上述的物理试题为例，是因为考试内容包括了一些物理学里的一些操作性的知识，初中都已经学过。所以成绩偏低是因为应试教育的错误导向，这是事先难以得悉的。

这样一来，在以答对率为基础的原始分制度上又实行以排列次序为基础的标准分制度，当然会产生很多失误和误差，就等于把几种货币按"元"为单位强加起来进行富豪榜排列，不可能是一种理性比较。把原始分相加后再用标准分录取，就会把原始分的误差带到标准分去，造成很大不公平。例如，语文科作文分数评定，阅卷员多给或少给一到几分是常有的，但是把这些分数加到总分后再划一条录取线，那么一个科目的一大题的得分（包括其误差），就足以影响一个考生终生。其实，标准分制度的道理很简单。1992 年广东省在使用了标准分后 10 年曾向全省大中学教师、调研员、招生干部、中学生发出调查高考标准分制度的问卷，结果是完全理解、一般理解的人数占 80%，有 13 道关于标准分的知识性题目，平均答对率为 62.5%。83.5% 的人认为标准分比原始分更能反映考生水平。82.6% 的人认为标准分录取比使用原始分更合理，83.7% 的人认为使用标准分后，各科之间进行比较较原始分的比较更科学（桂诗春 1995）

（3）传统考试和心理测量性测试各有不同的特点，也都有自身的问题：传统考试侧重在效度，题型多为主观性（指阅卷员对试卷的评分）的写作题，而且覆盖面较窄，但其反拨作用则较好；心理测量性测试侧重在信度，题型多为客观性的选择题，覆盖面较宽，反拨作用较差。多数考试都考虑它们的互补性，如美国"托福"英语考试以客观性试题为主，但却有一道写作题。同样性质的英国"雅思"则强调听、说、读、写的语言能力，除"阅读"有一些客观性试题（包括选择题、短答案题），其他能力都主要用主观性试题，多数英语国家的大学都承认两种考试的成绩。两个考试都由独立的机构开发和主持，录取线由录取单位自定，他们都采用标准化的办法来报告成绩，而且都发表分数报告，供用户使用。对分数的计算办法亦有详尽说明，并提供不同类型或地区的考生的百分位表。这两类考试虽然体现了不同的传统，但它们都能取长补短，发挥其各自的特点，受到用户的接受和欢迎。这说明考试已经成为一门专门的学问——教育测量学。所以，考试的开发者必须掌握这种专业性的知识，用科学性来促进和保证公正性，用科学性来改正和延续考试。一些普通的用户（包括教师）也应多懂得一点教育测量学的知识，以了解考试所使用的分数制度。有一些考试部门的领导更不能甘居外行，心中无数，老是提出一些权宜甚至是没有连续性的对策。其实，标准分（包括百分位）的做法并不是什么神秘而又讲不清楚的东西，笔者曾看过一些初中的数学课本，都看到有对百分位的解释。例如，有一年国家组织的统一研究生英语考试，因为题目出得过难，考生多数不及格；而当时的教育部门领导曾发过指令，外语不及格，就不能读研究生。这就不能完成招生任务，结果只好颁发文件指令，把所有考生的英语成绩加5分。其实这个问题用标准分就能迎刃而解，而都加5分也不符合考生的正态分布的状态。另外，我国的考试只顾完成一个简单的分数划线的目的，结果考试的质量不可能提高。虽知这么大规模而有高风险的考试，考试前后都有许多工作要做，如考试前预测（pre-testing）甚至建立题库，考试后公布各类学生的分数百分位表甚至同类考试的比较报告。不同年度的平行试卷还必须采取等值的办法，保证试卷难度的一致性，才能比较历年考生的教育质量。目前我国采取的逐步下放独立自主招生的方法不无可商榷之处。因为这种方法把招生和考试混为一谈，招生应该是独立自主的，但是考试所使用的尺码则应该是在合理平衡的基础上进行统一。现在实现高考的同一目标的考试有几种，包括教育考试中心统一命题的（约13省）、各省自行命题的高考试卷［约18省，另外还有各高等学校独立自主的考试（包括笔试和口试）分为两大联盟（共有80个学校）］。这里耗费了很多的人力。这些命题人员还往往不固定，经常轮换。他们按道理都应该是既懂得所参与命题科目，又懂得一些测量学知识的老师。这就凸显了专业化的重要性。考试下来,进行改卷和评分,又牵涉大批的人力。我们可以说,考试改革既需要顶层设计,又需要有一支稳定的、既懂得考试专业、又懂得本身专业的教师队伍参与管理和实施(从系统工程管理、建立题库、试测、项目分析到命题)。考试改革的目标极具挑战性,它们的成功与否取决于管理层和专家的智慧,因此制度化和专业化都同样重要,制度化应该建立在一个稳固的科学基础上。

当然,专业化并不是哪一种具体的考试制度或方式,如传统考试或心理测量方法,而是确认其科学地位,继承、学习、应用和发展它,与时俱进。美国的国家教育测量委员会和美国教育委员会从1951年开始出版的《教育测量》已经出了4版,分别由 Lindquist(1951)、Thorndike(1971)、Linn(1989)和 Brennan(2006)主编,都约请著名测试专家来评述教育测量理论和实践的新发展,就是一个明证。就以社会视角而言,有些高风险的考试不但牵涉考试内部的问题(如怎样保证考试的公正性),而且还牵涉到考试外部的问题(如社会和教育的不公平),我们必须厘清问题的根本,才能对症下药。以当前的应试教育而言,表面上这是一个考试的内部问题,但从内部又不容易解决。因为这些考试对考生反拨作用巨大:你怎样考,他就怎样对付。解决问题的关键,在于增加更多的教育资源,提供更多公民受教育和发展的机会。考试再怎么改革,也难以从根本上解决问题。

参考文献

[1] Alderson, J. (Ed.). 2009. The Politics of Language Education: Individuals and Institutions [C]. Bristol: Multilingual Matters.

[2] American Educational Research Association, American Psychological Association, & National Council on Measurement in Education. 1999. Standards for Educational and Psychological Testing [M] (6th ed.). Washington, DC: American Educational Research Association.

[3] Davies, A. 2009. Professional Advice Vs Political Imperatives [A]. In Alderson, J. (Ed.), The Politics of Language Education: Individuals and Institutions [C] (pp. 45 – 63). Bristol: Multilingual Matters.

[4] Dubois, P. 1966. A Test-Dominated Society: China 1115 B. C. – 1905 A. D. [A]. In Anastasi, A. (Ed.), Testing Problems in Perspective

[C] (pp. 29 – 36). Washington, D.C.: American Council on Education.

[5] Fulcher, G. 2009. Test Use and Political Philosophy [J]. Annual Review of Applied Linguistics. 3 (20), 3 – 20.

[6] Joint Committee on Testing Practices. 2004. Code of Fairness Testing and Practices in Education. Retrieved, from the World Wide Web: http://www.apa.org/science/FinalCode.pdf.

[7] Kunnan, A. 2005. Language Assessment from a Wider Context [A]. In Hinkel, E. (Ed.), Handbook of Research in Second Language Teaching and Learning [C] (pp. 779 – 794). Mahwah, NJ: Lawrence Erlbaum Associates, Publishers.

[8] Kunnan, A. (Ed.). 1997. Fairness and Justice for All [C]. Cambridge: Cambridge University Press.

[9] Lord, F. M. 1975. Evaluation with Artificial Data of a Procedure and Item Characteristic Curve Parameters [J]. ELT Research Bulletin. (75), 33.

[10] Madaus, G. 1990. Testing as a Social Technology. The Inaugural Annual Boise Lecture on Education and Public Policy [M]. Boston, MA: Boston College.

[11] McNamara, T. & C. Roever. 2006. Language Testing: The Social Dimension [M]. Malden, MA and Oxford: Blackwell.

[12] Messick, S. 1981. Evidence and Ethics in the Evaluation of Tests [J]. Educational Researcher. (10), 9 – 20.

[13] Messick, S. 1989. Validity [A]. In Linn, R. (Ed.), Educational Measurement [C] (2 ed., pp. 13 – 103). New York: American Council on Education/Macmillian Publishing Company.

[14] Shohamy, E. 1998. Critical Language Testing and Beyond [J]. Studies in Educational Evaluation. 24 (4), 331 – 345.

[15] Shohamy, E. 2001. The Power of Tests: A Critical Perspective on the Uses of Language Tests [M]. London: Longman/Pearson Education.

[16] Shohamy, E. 2004. Assessment in Multicultural Societies: Applying Democratic Principles and Practices to Language Testing [A]. In

Norton, B., & K. Toohey (Ed.), Critical Pedagogies and Language Learning [C]. Cambridge: Cambridge University Press.

[17] Shohamy, E. 2007. Language Tests as Language Policy Tools [J]. Assessment in Education. 14 (1).

[18] Spolsky, B. 1995. Measured Words [M]. Oxford: Oxford University Press.

[19] 马克思, 恩格斯. 1955. 德意志意识形态 [A]. 马克思恩格斯全集 [C] (第3卷). 北京: 中共中央马克思恩格斯列宁斯大林著作编译局.

[20] 王德超. 1984. 清代科举制度研究 [M]. 北京: 中华书局.

[21] 邓嗣禹. 1936. 中国考试制度史 [M]. 台湾: 商务印书馆.

[22] 李约瑟. 1990. 中国科学技术史 [M]. 北京: 科学出版社/上海古籍出版社.

[23] 房列曙. 2006. 中国历史上的人才选拔制度（上）[M]. 北京: 人民出版社.

[24] 桂诗春. 1982. 开展教育学测量学研究, 实现我国考试现代化 [J]. 现代外语 (1).

[25] 桂诗春. 1995. 对标准化考试的一些反思 [J]. 中国考试 (3).

[26] 郭齐家. 1997. 中国古代考试制度 [M]. 北京: 商务印书馆.

[27] 孙中山. 1928. 宪法为立国之基础———宴请国会及省议会议时的演说 [A] //中国社会科学院近代史研究所中华民国史研究室, 中山大学历史系孙中山研究室, 广东省社会科学院历史研究室 (Eds.), 孙中山全集 [C] (第4卷, pp. 330-331). 北京: 中华书局.

[28] 杨学为, 朱仇美, 张海鹏. 1992. 中国考试制度史资料选编 [M]. 合肥: 黄山书社.

[29] 鲁迅. 1933a. 电的利弊 [A] //鲁迅 (Ed.), 鲁迅全集 [C] (第5卷, pp. 12-13). 北京: 人民出版社.

[30] 鲁迅. 1933b. 透底 [A] //鲁迅 (Ed.), 鲁迅全集 [C] (第5卷). 北京: 人民文学出版社.

语言测试的回顾
——访谈录（何莲珍、亓鲁霞）文豪[①]
Gui Shichun: Founding Father of Language Testing in China

Professor Gui Shichun, a well-known figure in the academic field in China, is credited with being the first scholar who introduced applied linguistics studies into China. He has established several other records of "the first in China," hence has long been called "the brave pioneering explorer" in his field in his country. For example, he established the first applied linguistics (AL) MA program in 1978, the first AL certificate program in 1980, and the first AL Ph. D. He also established and Qi Luxia and held the first national symposium on applied linguistics and English teaching in 1980 and the first international symposium on foreign language teaching in China in 1985.

Further, in 1978, he also started advocating the application of international mainstream language testing theories and established the nation-wide English Proficiency Test (EPT) in China.

According to Li (Dong & Wang, 2001),[②] the establishment of EPT is significant in at least three aspects: First, it was the first time in Chinese testing history that language testing was regarded as an autonomous area of scientific enquiry; second, the test results of the EPT were soon admitted and accepted by a certain range of institutions in the United States and Canada; third, through the establishment of this test, a group of testing specialists, who later became major forces behind other new tests, were trained. Generally regarded as the

---

    ① Correspondence should be sent to He Lianzhen, School of Foreign Languages, Zhejiang University, 388 Yuhangtang Road, Hangzhou 310058, People's Republic of China. E-mail: hlz@zju.edu.cn

    ② Dong, Y., & Wang, C. (2001). Research and application of linguistics in China. Shanghai, China: Shanghai Foreign Language Education Press.

founding father of language testing in China, he is also the advisor of the National College English Test committee. Over the years, he has supervised many MA students as well as Ph. D. students who are now very active in the field of language testing and applied linguistics. The two interviewers, He Lianzhen and Qi Luxia are both his students. The interview was conducted on September 4, 2008, in Professor Gui's home and audiorecorded. Audio files were then transcribed by the two interviewers, and during the writing process, the two interviewers have been in close contact with Professor Gui through phone calls and e-mail, clarifying the points made in the interview and adding things that the interviewers consider important. Professor Gui has been very supportive during the whole process, and the interviewers feel deeply thankful.

He: Professor Gui, could you please tell us something about your career history?

Gui: Well, my career history is really simple and straightforward, in connection with two academic institutions. I graduated from the Western Languages Department of Zhongshan University—also known as Dr Sun Yat-Sen University—in 1955 with a degree in English Language and Literature focusing on literature. Since then I had been teaching at the same department as teaching assistant and lecturer, then I was appointed vice director of the department and had been working there until 1963. 1 moved to Guangzhou Institute of Foreign Languages in 1970 after the amalgamation of foreign language departments and institutes in Guangzhou. Since then I had been working at the institution—now known as Guangdong University of Foreign Studies—as associate professor and full professor.

I had been working in the administration as Vice Deart of Studies, Director of English Department, Vice President, and President until I retired from administrative work in 1988. After that, I had retained my full professorship and devoted myself to research and supervision of Ph. D. candidates of Linguistics and Applied Linguistics until 2007 when I was appointed Professor Emeritus of the university.

He: So you actually had a literature background. What courses did you teach during your early years of teaching?

Gui: Quite a lot, mainly undergraduate courses, like Intensive Reading, Extensive Reading, Grammar, Writing, History of English and American Literature, Selected Readings of English and American Literature, History of World Literature, Literary Theories, etcetera. To teach the literature courses, I had to read many original works; some of them are very lengthy and time-consuming, but rewarding as well.

He: I see. You specialized in literature in the early days. But we all know that you're the first scholar who introduced applied linguistics into China; we'd like to know what made you decide to switch to applied linguistics.

Gui: I was drawn into applied linguistics by sheer chance. When applied linguistics became a recognized discipline around the middle 1960s, China was deeply caught up in the socalled Cultural Revolution, and she was kept away from the rest of the world. In 1973, almost ten years after the formative years of applied linguistics, China sent out a delegation of English teachers to Britain, as a sign of improvement of Sino-British relationship.

I was a member of the delegation and we were well received by our host, the British Council. In Britain, we were told that the Crown had lost her past luster, and there were only two precious gems that she could boast of: one was the Concorde [jet], and the other was English language teaching. By the time we got there, the supersonic Concorde didn't seem to be very successful, but English language teaching remained to be an attractive and promising enterprise. We met many local English speakers taking short-term courses in language schools so that they might be able to find jobs as English teachers abroad.

He: Then you must have learnt a lot during your visits.

Gui: Well, yes and no. That was really an eye-opening trip, but we couldn't learn much in a one-month tour. Through the arrangements of the British Council, we had a bit of everything. They invited a number of famous applied linguists to come to Colchester where we stayed, and gave us lectures on different topics. They were Pit Corder, P. Strevens, A. Spicer, L. Alexander, etcetera. In the Colchester English Study Centre, we saw the practical application of ESP, and had some on-the-spot experiences with the Language Laboratory. We also attended classes in different types of schools on our visits to

London, Oxford, and Cambridge. There were also some sightseeing tours, so that we could get a feel of British culture.

He: So your visit to UK was actually a turning point in your academic life.

Gui: True. Although we had just a few glimpses of applied linguistics, they offered much food for thought. Frankly speaking, I had been seeking for myself some reorientation of my career, because I was a bit disillusioned by the way we handled literature. Before the Cultural Revolution, the training of English majors followed the pattern of "literary approach," whose final goal was comprehension and appreciation of literary works, often at the risk of affecting their language skills training. And the teaching of literature itself followed the Soviet model, which emphasized the social role of literary works and ignored their artistic values. In such a dilemma, applied linguistics came forth and offered a helping hand to pull me up. I realized that applied linguistics was potentially more useful to my country in which there was a great demand for English users and that it was also more related to my job as a teacher of English. I made up my mind to switch over to applied linguistics.

He: Was that a smooth switch?

Gui: Oh, by no means. Due to my educational background, I did not have a solid foundation in natural sciences and my math was poor. So I worked out sort of a "self-education" program, but it was hard to start it. I started out by comparing the curricula of the applied linguistics programs of different British universities and picked out several core subjects like applied linguistics, sociolinguistics, psycholinguistics, and research methodology for my self-education. The Edinburgh Course in Applied Linguistics in four volumes set me up for the journey.

He: Then how did you set up the first MA program for applied linguistics in your institute, which is also the first of its kind in China?

Gui: We established the program in 1978. The work was not undertaken single-handed. In the capacity of the Department Director, I was able to pool both internal and external resources. After the amalgamation, we had a team of teachers who were well trained in different linguistic disciplines, like phonetics, semantics, grammar, pragmatics, etcetera, though they were not so aware of the rise of applied linguistics. They needed an injection of new thinking, so we invited scholars from the UK, US, Canada, and Australia. Among the scholars we invited were Ted Rodgers, Gloria Sampson, David Ingram, Wendy Allen, Nina Spada, Roger Gannon, David Cooke, Ian Martin, etcetera. We ran a number of diploma courses in applied linguistics lasting from a few weeks to a year. We also held the first national symposium on applied linguistics and English teaching in 1980 and the first international symposium on foreign language teaching in China in 1985. After 1978, we managed to run the program entirely by ourselves when we had trained enough teachers. In 1986, we were accredited by the Ministry of Higher Education① to offer the first linguistics and applied linguistics Ph. D. program in China.

He: The year 1978 seemed to be an important year in your academic career. In the same year you started working on the nationwide English Proficiency Test [EPT] in China. Could you please tell us something about that?

Gui: EPT was developed under the auspices of the Ministry of Higher Education by a group of professors from Beijing, Shanghai, and Guangzhou, with the assistance from the Hong Kong Examinations and Assessment Authority [HKEAA]. After the fall of the "Gang of Four" in 1976, China began to send her professionals abroad to make up for lost time. They were sent to different language institutions like ours for language refresher courses. EPT was designed as an English proficiency test that could serve the purpose of predicting TOEFL scores of the trainees, and determine if they could immediately go abroad or they should stay longer for more training. And we found a correlation index of 0.86 between EPT and TOEFL.

He: How did you manage to do that?

Gui: For our experiment, we asked the trainees to sit for EPT one week before TOEFL, and calculated the correlation after the arrival of TOEFL results. When we were quite confident with EPT, we administered the test before the application for TOEFL, and told the trainees what score they would likely get in

---

① The present-day Ministry of Education was called Ministry of Higher Education at that time.

TOEFL, so that they could take the TOEFL when they were ready and save the trouble of taking the tests several times to get the score that was required by the university applied for.

He: You mentioned the HKEAA; in what way did it come into the picture?

Gui: Yes. To learn more about testing, a small delegation was sent to Hong Kong by the Ministry of Higher Education, the delegation was headed by Fu Ke, director of the foreign language section of the Ministry of Higher Education. Chen Rongzhao was the Secretary of the HKEAA at that time, and Rex King, the English Subject Officer, Richard Young of the British Council in Hong Kong, were also there. We visited the HKEAA and exchanged information in language testing. We told them the design of EPT, the purpose of the test, and asked for suggestions for improvement, and they offered some valuable suggestions. I remember that Richard Young talked about the tension between reliability and validity. They also offered to help us with pretesting EPT items in Hong Kong.

Qi: Doing pretest in Hong Kong?

He: Pretest for EPT?

Gui: Yes, pretest is a prerequisite to a good test, but we couldn't do that in China, because there was no way to protect test security. Our Hong Kong colleagues helped us with that by administering the test to Chinese learners of English who had more or less the same proficiency level. In order to advance the development of testing in China, the higher education department of the Ministry of Higher Education organized a seminar on English testing in Yantai, Shandong province, in 1981. Scholars and experts from HKEAA and universities in Hong Kong—Rex King, Richard Young, Zhang Risheng, Miao Jin'an, and some others—were invited to share with us their expertise in item writing. In their lectures they used the items of EPT and data of the pretest for analysis and discussion.

He: Could you just give us an example?

Gui: Yes. I remember we spent some time on discussing the technique of setting multiplechoice [MC] questions. At first we believed it was not difficult to follow the MC format, just a stem with a few options, including a correct answer and a few distractors. Among the MC questions we set, some were about uses of modal verbs. It was easy to find a stem with a modal verb like can, may, must, should, going to . . . , we deleted it and used other modals as the distractors. The paper was administered in Hong Kong to both Chinese students and some native-speakers. They found it hard to answer the modal-verb items because the information provided by the stems was so little that nearly all the distractors could be the key.

He: How many people took part in the seminar?

Gui: About forty; they were the entire team of EPT test-setters, some officials from the Ministry of Higher Education, and also some other English teachers from various parts of China. It was the intention of the Ministry that all these people would eventually become the backbone of the English testing enterprise in China.

Qi: You wrote items for EPT every year?

Gui: Yes, the whole team of EPT did, and I was one of them. After the seminar in Yantai, more people were involved.

Qi: Did Yang Huizhong go to the seminar in Yantai?

Gui: Yes, as member of the EPT team. He and I both went to the International Symposium on Large-Scale Testing organized by Hong Kong University in 1982. 1 gave a talk on the survey of English vocabulary size of Chinese learners, and Yang gave a talk on EPT based on the statistics gathered from my institute; you know, I couldn't possibly give two talks at the same symposium.

He: I heard that EPT was later accepted by some universities in other countries. Is that true?

Gui: Yes, after its administration for several years, EPT got to be known by other countries and some universities in the UK and the U. S. actually accepted the EPT scores. In other words, in China people did not have to take TOEFL in order to go abroad. I guess some universities in the West didn't want to be too committed to TOEFL at that time. But soon afterwards EPT was stopped.

He & Qi: Why?

Gui: I'll talk about that later. When EPT was stopped, I foretold that it would be resumed very soon and things turned out as I had predicted. It was replaced by the English Test in the WSK [Waiyu Shuiping Kaoshi; literally they stood for Foreign Language Proficiency Tests], which remained the same in terms of the test structure. Later, the test went through further reform and became the highest level test in the Public English Test System [PETS 5]. But we—all the former EPT team members in my institute—were no longer involved in that, because we had something else to do.

Qi: All right, the motive behind the design of EPT was the need to send leading scholars to study abroad. And we know that you were also the initiator of the Matriculation English Test [MET]. What was the motive behind that?

Gui: Well, that partially explains why we didn't want to go on with EPT. As an applied linguist I had been worrying about the approach to foreign language teaching in China and I was thinking of changing the situation. Professor Li Xiaoju—also an EPT member—shared the same view and she dedicated herself to compiling a textbook for English majors known as CECL [Communicative English for Chinese Learners]. English teaching in China had been following the traditional grammatical syllabus, so language was taught and tested as a body of knowledge. In our search for ways of changing this old thinking, we thought of the strong backwash effects of testing. We tried to introduce MET in the name of testing reform.

Qi: How did you start all that?

Gui: Towards the end of 1981, there was a conference jointly organized by the Province of Guangdong and the National Ministry of Higher Education in Beijing. Testing reform was one of the main topics, because China had just resumed the enrollment of tertiary students in 1977. I spoke at the conference on the importance of educational measurement and the modernization of testing and examination, emphasizing on the need for four aspects of modernization: "institutionalization", "specialization", "standardization", and "computerization." After the conference the National Ministry and the Provincial government approached me and asked me "to go ahead" with reforming the English test paper in the university entrance examination battery

[UEE] under the general heading of "standardization reform". So the next year, that is 1982, we turned out the first set of MET to be used in Guangdong Province on a trial basis.

He: Just a set of test papers?

Gui: By no means. We introduced the first OMR [Optical Mark Reader] and designed GITEST, a computer program that could not only handle the data turned out by the OMR, but also do item analysis. We also used standard scores to replace raw scores. So it was a reform in terms of our concept of four modernizations.

He: Was it successful?

Gui: I believe so, judging from the fact that more and more provinces decided to join in the experiment, the number grew with each year from two to four, seven, and twelve. Finally MET became a component of the nationwide University Entrance Examination in 1992 and it was renamed the National Matriculation English Test [NMET].

He: That sounds nice and smooth.

Gal: No, not at all. The administration liked the idea of machine scoring, because that saved them the trouble of employing too many markers. But the public had no idea of what was meant by standardization. A general misunderstanding was that standardization stood for multiple-choice questions, no wonder you could find lots of books lining up on the shelves of bookstores, with the label of "standardized English test battery". So we had to launch publicity campaigns, both Professor Li Xiaoju and myself visited different provinces and spoke to the English teachers on the ideas behind our reform. I also made video-tape recordings of my talk and had them distributed to all the examination bodies throughout the country. Finally in 1986, 1 published a booklet known as Standardized Testing-Theories, Principles and Methods. The first 10,000 copies were immediately sold out, so another 10,000 copies had to be reprinted.

Qi: What else did you do in your experiment?

Gui: Guangdong was supposed to be the experimental plot of the nationwide reform, so we were fully supported by the Provincial government. We tried to develop some pattern for the equating of testing papers in China. The MET was a subject of the UEE, which meant that it was going to be repeatedly used every year. But because of the vast expanse of China, there was practically no way to protect the security of the test paper, so we had to produce a new paper every year. The trouble was that these "parallel" tests could never be the same in terms of contents and difficulties. In one respect, the switch to the standardized scoring system could alleviate the problem, because it was unlikely the general proficiency of the candidates as a whole would change greatly in one or two years, but in the long run, due to the influence of various factors, changes would be inevitable.

Qi: Then how did you do equating in the Chinese context?

Gui: Well, in Western countries, the testing papers were protected by law and jurisdiction. So the common items—or link items—were often implicitly included in the testing papers, or they were kept in an item bank for further use. We couldn't do that in China. So we set up a number of anchor points—testing centers in middle schools—in our Province, and asked the candidates to take a mock MET paper a week before the UEE. This paper had 85 MC items, and 35 of them were used as common items. So we had the results of the common items both in the mock test and in the MET by the same group of candidates, and the difficulty value of the MET was equated with that of the previous year. Finally we were able to convert the items' difficulty values into the abilities of the candidates, and we worked out a conversion table for the rest of the candidates in the Province. In order to carry out the project, we had to use Item Response Theory, which put the difficulty value and the ability value on the same scale.

Qi: When did you start this project?

Gui: Actually we had started collecting data based on IRT since 1986, the year we worked out the mock MET paper. From 1988 onwards, by using the same mock paper, we had been able to equate the MET results of each year to those of 1986. We were quite successful, because the mock paper had been treated as confidential. Every year we dispatched the same persons to the anchor points, and administered the test themselves. And I personally changed a few link items if they had very low correlations with the genuine MET results and worked out the conversion table. We compiled a special program to do that, and that was later integrated into GITEST.

He: You're also involved in other large-scale tests such as CET4 and 6 in China, right? Could you tell us something about your work in and views about them?

Gui: Not very much. CET has undergone rapid development; it has now millions of candidates every year. The CET team has become very professional, and they have their own specialized test-setters, supervisors, and statisticians. I had been their advisor until a few years ago. We often shared our experiences in large-scale testing. CET is different from the NMET in some respect; it is an internal rather than external test, which means only students who are currently studying at universities and colleges can take it, while for the NMET any one who has graduated from a middle school can take it. The primary purpose of CET is to provide a standard of English proficiency for all the non-English-major students in tertiary education. But due to the dense population, China has become very competitive, and people are drawn into the test because of its social weight. A university graduate with a CET certificate will be likely to have more job opportunities. An educational institution with more students who have passed the CET will be likely to get a higher position in university and college rankings. All these lead to a greater emphasis on test preparation to boost CET scores rather than on proficiency training. Eventually any sharp measurement instrument, let alone the CET and the NMET, will become blunt.

So on the one hand, the test itself needs resharpening, and on the other hand, the public should be aware of the effects of test preparation on the evaluation of proficiency levels. The trouble is the public put all the blame on the test.

He: I wonder if you could give us an example.
Gui: Certainly. A test measures the candidates' abilities at a certain point of time, but the learners' language abilities will not remain the same, it keeps on changing for better or worse. This becomes even more conspicuous if the candidates use the method of rote memorization of decontextualized wordlist to

boost their vocabulary. Psycholinguistic researches have shown that the semantic approach plays a greater role in language comprehension; if the learners know the word meaning of the questions in the te6t paper, they can at least make some guesses. I've heard many a candidate passing on their experience: before taking the test try to memorize as many words as you can. The trouble is that most of the words they picked up this way will soon be forgotten. That perhaps accounts for the phenomenon of "high score, but low abilities" of Chinese students.

He: I've also heard about this type of experience, applying "shock tactics" of learning the vocabulary. Can they really learn a large number of words by rote memorization?

Gui: It is not a matter of remembering the words, but a matter of maintaining them in your memory. In the middle 1950s, there was a campaign of learning Russian by the shock tactics in China. I tried this method all by myself. I remember that I was able to finish this course, including some basic Russian grammar and about 2,000 words in two weeks. After that I started reading Pravda with the help of a Russian-Chinese dictionary, and then began to participate in the translation of the History of English Literature—in Russian—into Chinese. I had no chance of refreshing my Russian during the Cultural Revolution. After that the publisher intended to publish the Chinese translation and asked me to revise my own part; I simply told them, "I've lost my Russian, please ask someone else to do the job." On the other hand, I've been learning and using English for more than 70 years, and I've never tried to memorize any wordlist.

He: What, in your opinion, are the problems we're facing today in the field of language testing in China?

Gui: Well, China is a big country with a long tradition of the examination practice—known as Ke'ju, the imperial examination—dating back to some 1,402 years ago. From its very beginning, the system had a very strong tie with the politics of the feudalist regimes for selecting the backbones—officials—of the Empires. The Emperor of each dynasty considered himself to be the God Father of examination, and he supervised the entire process from appointing the chief examiner to personally presiding over the last round of examination, known as the court examination. In Chinese history, there were several alien regimes, whose ruling classes came from the western or north-eastern parts of China, consisting of very good warriors. But once they became conquerors, they need administers to help them rule the country, mainly those well-educated Confucian scholars from the South. In order to bring other nationalities under control, the Emperor made a show of conciliation. Ke'ju became a tool of appeasement, so he was very particular about test fairness, and to protect against test leakage, capital punishments were often used. At the court examination, the Emperor himself had the final say in determining the rank list. Recently in China there have been some controversies over the pros and cons of the system of Ke'ju, but both sides seem to ignore one important point—its failure to separate the test-users from the test-makers, and I believe that this has become the legacy of Ke'ju that is difficult to get rid of. Here we have a good example of power and testing.

Qi: Can you explain why you think it is very important to separate the test-users from the test-makers?

Gui: OK. It didn't seem to be so important in the case of Ke'ju, because as a procedure of selecting public servants, the test-makers and the test-users were one—the state. When it comes to the NMET or CET in present-day China, it is essential to differentiate the users from the makers. A test is a tool of measurement, and its main goal is to guarantee the measuring standards remain objective, fair, and constant. The job of the test-makers is to sharpen the tool. But testing in a modern society has become an industry, and it has a large number of stakeholders, who are trying to reap profits from it. So testing bodies should be independent and protected by law and jurisdiction. On the other hand, testusers are many and varied, they should not be involved in test making so as to free the test from bias, but they should have good faith in the test, and be free to use the test results for their decision making. Do you remember the EPT case? EPT was run by the Ministry of Higher Education for selecting scholars to go abroad for further studies. At that time there were quite a number of Ministries under the State Council such as the Ministry of Health and the

Ministry of Finance which had their own colleges and universities that wanted to send their own scholars. These Ministries were not happy with using the EPT standards for selection. They believed that they would be in a better position if they could both make and use the test. In other words they wanted to "change" the standards or even have their own standards. So a number of mock EPTs cropped up, these tests followed the EPT formats without using its statistical procedure; because the test-makers were teachers of English without any training in education measurement. Actually the administrators were interested in making use of these tests rather than making good and reliable tests. If you remember what I've said earlier, you can consider this as a matter of institutionalization. Above all, there should be a law to preserve test independence, so that the test-makers can freely make use of their resources and expertise to improve the reliability and validity of the test, and the security of the test should be well-protected.

Embezzlement of testing papers has been very popular in China. The examiners and supervisors are kept on tenterhooks throughout the test, for fear of leakage. The general practice is that before the administration of a test, the test papers are sealed and classified.

But as soon as the papers have been distributed to the test takers in the test room, they are no longer protected by the law. Some evening newspapers even went to the extreme of devoting full pages to cover the test administered in the morning. Sometimes, it's publicized even before the test is over. People outside the test rooms can easily get the test paper, and find some teacher to work out the answers, and pass them to the candidates by mobile phones, such as 1 is A, 2 is B, and so on. Actually it is not very difficult to sort out the problem. We can postpone by law the declassification of the test paper to others except the testees during the test, or prepare multiple forms of the same MC paper and have them distributed to the test takers randomly. All these have to be realized at the institutional level.

He: That reminds me of the four aspects of modernization of Chinese testing and examination you mentioned earlier.

Gui: Yes, but actually I didn't realize that institutionalization is of much greater importance than the rest. Any test has to handle both external and internal relations. Externally it stands for the interest of a certain sector of the public; internally it is committed to the performance of a good test. Institutionalization mediates between these two. Take the UEE as an example. It is a nationwide examination held every year. The examination used to have several tests of different subjects, and all the test papers were centrally set and administered throughout the country at thousands of testing centers on the same dates.

After the examination, each province would be responsible for scoring all the papers, and finally determine its own cut-off points simply by summing up the raw scores of all the papers without considering the difference of difficulty values of test papers, and without considering measurement error. For example, in one year the physics paper tried to make some improvements by testing procedural knowledge, it became very difficult because the candidates were unaware of this change, more than half of the candidates did not get the passing mark. On the other hand, the politics paper was very easy, most of the candidates got very good marks. Finally when it came to the enrollment period, the chance of the candidates who wanted to study physics depended very much on their performance on the test of politics.

Qi: That is a good example to illustrate the important role of the difficulty values of different papers. Then how about measurement error which is a more technical concept?

Gui: The reasoning is the same. For example, in a certain province the cut-off point of 580 is set for the application for a certain type of university or college. A candidate whose total score is 579 can't apply for it. But 580 and 579 are not different if measurement error is taken into consideration. This becomes even worse when the cut-off point is a simple summation of all raw scores. The measurement error of a particular paper consisting of some essay-type items (Chinese, for example) will be carried over to the total. So the minor difference of the total score depends very much on the degree of severity of the markers of subjective items. If a certain marker is more severe, and gives one mark less to the composition of a certain candidate, and the total score of that candidate is on the borderline, it will make a world of difference to his or her future.

He: What is the rationale for using unitary papers, but different standards in different provinces?

Gui: I think it is due to the uneven development of education in China; each province can make its decision in its own right. This is a measure to guarantee that the middle school graduates of the less-developed provinces can also have the opportunities of going to college. But this creates two problems: first, irrespective of the fact of using the same test papers, there are no unitary standards; second, the candidates of the same level of achievements in some of the more developed provinces may be deprived of their right of going to college. All these are closely connected with the permanent residence system in China; middle school graduates are not allowed to apply for UEE across provinces! Recently there has been a tendency to let each province make its own test paper, which means another step in the direction of giving up the unitary standards and maintaining the provincial standards.

Qi: That will be a great waste of human resources.

Gui: Not only that, in terms of testing technology, some provinces may not have the expertise to do so. For one thing, they don't realize that only teachers of English with some training in testing can turn out English testing papers; for another, the test-setters of each paper should remain stable in order to ensure test consistency. To my knowledge, it is even difficult to have the same group of test-setters across different years. This is because the test-setters have to be "confined" until the moment when the test is administered each year for fear of leakage, but they are not professional test-setters, and they have their own business to attend to. This is an example to show that institutionalization and specialization are mutually supportive.

He: What sort of improvements should be made to shape the future of Chinese testing and examination?

Gui: Educational measurement is a branch of scientific enquiries that seeks to achieve social justice by specialized technology. It is essential for the leadership to realize its scientific status and make "scientific decision." Lack of scientific knowledge often leads to adoption of some ad hoc measures in face of public criticism. So testing becomes the scapegoat and the administrators do not have the professional audacity to defend themselves. Legislation of testing and examination at the provincial and national levels, and protection of the independence of examination bodies are the next indispensable steps. I would consider them as essential prerequisites to the introduction of a series of measures to legislate against discrimination in the Chinese context.

Qi: Then how about testing research?

Gui: Well, research in general should be in line with the solution of practical problems, especially in the case of large-scale testing. I'm no longer involved in any large-scale testing, so my research interests are confined to a few topics that I can handle myself under no time constraint. At the macrolevel, I would like to look into the social aspect of testing, the reciprocal effect of society and testing, from a historical perspective. To the Chinese public, I believe that praise is more acceptable than critical testing. At the microlevel, cognitive language testing is another area that is worthy of attention. The evaluation of language testing is based primarily on "right" or "wrong," but language use is probabilistic in nature, in terms of choosing the appropriate term, the feedback after the decision, and the time to make the decision, etcetera. Mind you, I am no longer a testing man; I've other academic interests—like applied linguistics, psycholinguistics, and corpus linguistics—as well.

ACKNOWLEDGMENTS

Both authors contributed equally to this article. This interview has been supported by a Ministry of Education project of the Center for Linguistics and Applied Linguistics of Guangdong University of Foreign Studies, the National Social Science Foundation of China (Grant No. 10BYY 031 and No. 10BYY092).

对标准化考试的一些反思[①]

广东从 1984 年起酝酿标准化考试改革试验,已有十载。1987 年国家教委考试中心成立后,又把标准化考试作为考试改革的核心,列入国家教委教育科学"七五"规划,在全国范围内进行了大规模试验。这个试验牵动了数以万计的考试命题和考务工作人员以及更多的中学教师、考生、家长,"十年辛苦不寻常",理应作回顾和反思,因为"鉴往可以知来",会更有利于我国考试事业的发展。

一、标准化和制度化

笔者 1981 年底在广东的一次全省教学经验交流会上针对我国当时考试的一些弊端,提出实现我国考试现代化的四个方面:从领导体制上要实现制度化、从组织上要实现专业化、从方向上要实现标准化、从技术上要实现电脑化。其后,广东接受国家教委的委托,在广东开展考试改革的试验,正是从这四个方面入手。回顾起来,我国考试事业在这几个方面确实取得了很大的进展,这是有目共睹、毋庸赘述的。

我国考试改革以标准化为核心来展开,有它的历史必然性。一是这是我国教育测量专家的共同认识,二是以它为核心易于入手,可带动其他方面的改革。

标准化的概念并非考试独有。凡有社会人群活动的地方,都有标准化的问题。标准化指的是大家约定使用统一的标准,以便于交往。19 世纪后期,为了克服各地区使用太阳时所造成的混乱,人们约定统一使用格林尼治标准时间;科学的新发现和新进展使新术语大量产生,这些术语必须进行标准化处理,才能进行学术交流;在工业生产中,一些产品的零部件的规格要有统一标准才好配套;各国进行贸易,也必须有统一的货物单位和货币计算手段;在测量科学中,人们所使用的度量衡单位,不但要在一

[①] 原文发表在 1995 年第 3 期《中国考试》。

个国家内统一，还要与国际衔接（如使用公制），不然信息交流就会受影响。

在教育测量中，为了保证考试的信度、效度和区分度，我们往往需要对考试作标准化处理，但处理的程度可不同，有的考试是局部性的（如某一个学校、某一个地区），有的是范围较广的（如某一个省，乃至全国）。处理程度的大小取决于考试的用途。像奥林匹克数学、物理竞赛是在全球范围内统一处理的，我国出国留学人员的外语选拔考试是在全国范围内统一处理的。高考虽然在全国范围内举行，命题也是统一的，但考试的组织和试卷的评阅，甚至考试分数的使用（即标准化处理）却是以省或地区为单位的。在某种意义上说，标准化考试和考试的集中管理有密切的关系，在一个范围内进行的标准化考试所建立的标准，就是这个范围的标准。我们要在什么范围内建立标准，就要在这个范围内进行集中管理。在这个范围内分散建立的标准不可能成为在全国范围内的统一标准。

10年实践的结果表明，标准化的旗帜确实是起了作用，深入人心。但是随着考试改革的发展，制度化已成当务之急，而我们对在中国这么一个大国内怎样建立一个符合我国国情的标准化考试管理体制还缺乏周密的考虑和部署，这就使标准化难以深入。例如，标准分制度至今还未能在全国铺开，这固然有认识和技术问题，但更重要的是缺乏一个从中央到地方步伐一致的考试管理体制。我们目前在省或地区一级管理考试的是各地招生办公室，招生办公室是考试的使用单位。按各国通例，考试的使用单位和考试的管理单位应该分开。让考试的使用单位去主持考试，难以保证考试的公正性。现在有的地方已将招生办公室改为考试办公室，但这不应是名称的改变，而应该是职能的改变。标准化的很多措施未能实行，是因为缺乏制度化的保证。制度化应该成为考试改革更为重要的核心，考试的管理不但要有个健全的制度，而且要有一套法规。

二、标准化考试还要不要完善

就考试的内部关系而言，我国高考的标准化改革虽然迈出了可贵的一步，但仍有许多问题有待完善。标准化考试在我国一般指三个方面的标准化处理。

（一）试题的标准化处理

　　试题的标准化处理，其根本目的是使考试的内容、方式、试题的难度尽量保持一致。试题标准化处理其实就是保证考试的效度，使考试确实考了要考的内容，尽量减少考生因为不熟悉题型而考不出其知识和能力。就一份试题而言，其实没有什么标准化与非标准化之分，所谓试题的标准化处理，是尽量使一份试题和同一种考试中的其他试题（即平行题）保持一致，使考试结果的评估有一个稳定的标准。在这方面尚有不少问题需研究：

　　（1）我们曾强调必须有个公诸于众的考试大纲（或说明）作为标准化的法定文件，它既是保证试题一致性和评估标准稳定性的依据，也是指导考生复习应试的依据。大纲要力求稳定，不轻易改变；就是要改变也要提早出告示。执行的结果说明考试大纲确实在标准化考试中起了作用，但也出现一些值得注意的问题。有的人不去仔细研究考试大纲所规定的考试内容，而是盯着考试题型，甚至想在大纲以外打听到一些什么独家消息，作为指导考生复习的依据。所以每年都有些地方开什么"高考信息交流会"，都有些什么"小报"登载"高考最新信息"，把道听途说的东西互相传递，以讹传讹，大大地干扰了考生的正常复习。看来考试大纲是需要的，但是大纲不但要充分反映中学的教学要求，而且要有较大的灵活性。灵活的考试大纲可以使考生和他们的教师把目光集中在教学的基本要求，而不是去紧扣某一些题型，大搞应试训练。

　　（2）我国幅员广阔，难以做到试题保密，用后就作废，便测量工具"钝化"。这就要求我们不断地探索能够更好反映考生水平的新题型，提高命题人员驾驭试题的能力。目前，社会上有些人常把试题的标准化处理和客观性试题（特别是选择题）混为一谈，以为标准化考试就是选择题。其实，试题仅是标准化处理的一个环节，还有其他的环节。选择题确有其缺点，主要是效度低，对教学的作用不良，但也不能把它废弃，因为它信度高，便于机器阅卷，可省去大量的人力。像高考那样的牵动几百万考生的大型考试有很多制约，必须全面考虑，而不能抽象地讨论哪一种题型的优劣。还有些人认为选择题鼓励考生猜题。其实不管什么题型，在考试前和考试中都会有人猜测，但猜测情况因人而异，因题而异，凡是懂得做的就不会再去猜，所以水平越高的考生就越不会去猜题，水平越低的人就越靠猜。关键的问题是一个水平低的考生能否靠猜题来取得高分。根据统计学二项分布的原理来推算，一份有50道四选一的试题，一个全然不懂的考生要猜对一半的可能性为0.000085，已接近于零，要猜对更多题目的可能性就更低。其实，经过现代考试的多年实践，人们对题型已有一些共识：客观性题目和与它对立的主观性题目各有优缺点，不能偏废，至于两者的比例如何，取决于具体考试的性质、目的、要求和规模，而且不同的科目应有不同的比例。另外，客观题也不限于选择题，如填充题也有较高的信度，但它不能用机器阅卷。随着现代技术的发展，我们也应探索使用机器来处理其他类型的客观题。

（3）对试题标准化处理的一大难题是试题的等值处理问题。严格来说，一个定期举行的考试，每次所使用的试题如果不经等值处理，这个考试就说不上标准化。每次考试的试题难度不能绝对一致，这就出现各次考试的测量尺度不一的问题。目前我国高考的试题并没有等值处理，是和我国标准化考试的两级管理有关的。换句话说，等值必须在省或地区的范围内进行，而各省或地区的招办或考办对等值的必要性的认识是很不一致的。我们在广东省高考的英语科进行等值试验已有5年之久，也摸索出一些符合我国国情的模型，但一直未能推开，这也是因为缺乏制度保证。

（二）实行标准分制度

用标准分来代替原始分（即卷面上的分数）是标准化改革中的重要措施。在广东省进行高考标准化试验中，坚持标准分制度已有10年了，效果良好，也逐步为大家所接受。使用标准分是为了更准确地反映一个考生的成绩在整体考试成绩中的位置；在选拔性考试中，这是保证择优录取的重要措施。使用标准分是世界各国考试通常使用的制度，因为在一个每年都举行的大规模考试里，使用原始分制度弊病较多：卷面上的分数和试题的难度直接联系，而每年的试题难度不一样，考生的水平也不一样，故原始分缺乏可比性。原始分转换为标准分后，起码各年考生的位置是可比的。这等于在金融和贸易上要使用统一的计算单位来结算一样。使用标准分制度后，未经等值处理的试题的矛盾可以得到缓解，而且每年高考的分数线可以根据全体考生数和高校招生数进行预测，起到安定民心的作用。但是，在使用标准分制度的问题上，也有不少疑虑和误解，使它不能顺利推广开来。例如，标准分和原始分的标准不一，会造成一些差异，有人对此有意见。其实，就一门科目的考试而言，原始分高的，标准分也高（即考生在全体考生中的位置也排在前面），考生按原始分和标准分的排列次序是完全一致的。问题是把几门科目考试分数组合成为总分，有些考生的总分有些差异。其实两者的次序也是基本上一致的，差别不大。只是在录取线附近的分数会有一些变化，但变化的比例不大。我们曾在广东省进行抽样比较，在1978年的5233名理科考生中，原始分上线而标准分未上线的为47人，原始分未上线而标准分上线的为48人，有差异的合计为95人（1.82%）。

为什么会出现差异呢？根本原因是我们目前所采用的分数相加、按总分划线以决定录取的办法并不很合理，原始分相加就更不合理。因为原始分和试题难度相联系，哪一个科目的试题容易，得分就高，进入总分的权重就大，所以某一年政治科的试题偏易，而物理科的试题偏难，就出现报考物理科的考生的上线率取决于政治科分数的现象。转换成标准分后的变化是对这种不合理情况加以调整，使之趋于较合理。出现的这些差异就是对不合理的情况进行调整的结果。使用标准分后，相加的是考生在每个科目的得分排列中的位置，排除了试题偏难或偏易的情况。但是这并没有完全克服分数相加、按总分划线的弊病（如没有考虑测量误差的问题，以一分之差来决定上线与否），还有必要继续进行改革。例如，我们可以考虑采取更大的举措，不统一划录取线，只给单科成绩（证书），由录取单位决定哪些专业需要哪些科目，以及科目的上线标准。

标准分反映的是考生的位置，这在选拔性考试中是必要的，但考生的绝对水平的信息却丢失了。怎样建立一个更完善的分数制度还可以进一步研究，但是标准分制度不能退回到原始分制度，就是使用原始分来反映考生的绝对水平，也必须以提高试题信度（如对试题进行等值处理、改善主观题的评分方法）为前提，否则绝对分数也是不可靠的。

有人认为转换标准分太麻烦，增加工作量，群众又不易理解。这个问题要全面看，从数据的整理和转换来说，丝毫不麻烦：目前各省均采用计算机进行分数统计，转换标准分无非是在程序里作一点改变，根本无需手工操作。从宣传标准分制度来说，则确实有很多工作要做，问题在于我们是否充分认识到分数制度改革的必要性。凡是必须做的东西，人们不会觉得麻烦，就是麻烦也要去做。吃饭比不吃饭麻烦，谁也不会因为怕麻烦而不吃饭。其实经过宣传教育，标准分制度并不难懂。1992年广东省曾向全省大学和中学教师、调研员、招生干部、中学生发出调查高考标准分制度的问卷，结果是完全理解、一般理解的人占80%。为了检查其是否真正理解，问卷中有13道关于标准分的知识性的题目，平均答对率为62.5%。83.5%的人认为标准分比原始分更能反映考生水平，82.6%的人认为使用标准分录取比使用原始分更合理，83.7%的人认为使用标准分后，各科之间进行比较比原始分的比较更科学。

也有的人由于对标准分不理解而产生错误的看法。如使用了平均分为500、标准差为100的常模后，有人认为"这是分数贬值"。其实500分表示的是考生成绩在全体考生成绩中的位置，即有50%的人（一半的人）得到这个分数，500分只是一个校标，它可以是50，也可以是100或120。不管用哪一个校标，一个考生得到它都意味着他的成绩刚好处于全体考生成绩的中间位置。使用500分有两个好处，一是考生的分数中没有小数点，减少运算中的麻烦和错误，二是考生的分数中没有负值。

（三）考试组织管理的标准化

这是往往为人所忽略，但却是至关重要的一项标准化措施，其根本的出发点是让所有的考生都在大致相同的条件下参加考试，进行公平竞争。高等学校招生入学考试之所以在群众中有较高的声誉，这和考试组织管理的标准化不无关系。因为上述两方面的标准化是靠考试的统一组织和严明管理支持。试想一想，如果考试的组织管理漏洞百出，舞弊现象严重，试题出得再好，分数制度做出更彻底的改革，这个考试仍然是无效的、不可信的。谁也不会说它是标准化考试。

从考试的组织管理方面来看，怎样防止回答选择题时的舞弊行为，是一个值得考虑的问题。除了改进考场管理外，试题和答卷应尽量复式，使每个考生的试题和答卷与他附近的考生的都不一样。这一点，我们还没有完全做到。

尽量减少主观题的评分误差，也是一个值得研究的问题。主观题效度高，但信度低，目前还找不到十分有效的办法来提高其信度，因为误差来自阅卷员，阅卷员人数越多，就越难以统一评卷标准。

考试的标准化组织和管理对其他两方面的标准化改革也是一种制约。例如，主观性题目虽然效度较高，能够考出考生的能力，而且对教学也能产生良好的影响，但在组织评分和保证全国各大考区使用同一客观评分标准方面却出现很多困难，所以试题中不能全用主观性题目。几年来，我们也听到很多来自中学的对高考改革的建议，大都言之成理，从出题角度来看应予采纳。但从组织和管理方面来看，却难度甚大，只能等待时机成熟，才能实行。例如，英语科要不要在全体考生中考听的能力，这不是应不应该考听力的问题，而是能否保证在全国范围内让考生在相同的条件下进行听力考试的问题。

三、标准化考试能否克服考试的所有弊端

考试制度是社会制度的一个组成部分，有许多考试的外部关系问题，并非标准化考试本身所能解决的。这一点是我们参加了多年标准化考试试验后才认识到的。

我国是世界上最早建立考试制度的国家。从西周至春秋奉行世官制，春秋末年采用荐举的办法，连政治思想保守的孔子也主张"举贤才"。到两汉时代，荐举制发展成为"察举制"，因为发现光推荐容易产生弊端，应辅以考察，这已具有考试的雏形。到魏晋南北朝，"察举制"又为以"评定"为主的"九品中正制"所取代，因为察举先选后考，也不健全。科举考试制度建立于隋唐，一直延续了1300年，到清末才废止。举荐也好，考试也好，没有绝对的优劣之分，都是种鉴别和选拔人才的手段。它们共同的问题：从内部关系来说，这种手段既牵涉到鉴别者和鉴别标准，又牵涉到被鉴别者，这是个不断变化和发展的因素。因此，对人的评估必须依靠长期的客观公正的考察。从外部关系来说，这种手段在社会中实施受到很多社会的制约和影响。例如，各考试的权重大小是社会赋予的（如考试及格就可以升学、留洋、做公务员），权重越大，社会上各种对付手段就应运而生，投其所好。高考提出标准化改革以来出现了很多冠以"标准化"字眼的书目和提法，有兜售书籍的、有办班的，鱼目混珠，扰人视听。如什么"标准化复习""标准化训练""初（高）中标准化指导""分级标准化阅读""××科标准化自测"……不一而足。试问，复习、训练指导怎样能标准化？而且标准化还能分级，还可以自行测量，也属闻所未闻。这引起了考试的组织者和广大的教师、家长的忧虑。但是这个问题不是标准化考试本身，而是社会赋予这个考试的权重所造成的。即使没有标准化考试，只要考试的权重不变，也还是照样有人去对付它，只

不过在商品化的社会里，这个问题尤为严重。这好比有名牌商品，就会有假冒伪劣商品一样。这些"模拟试题集""训练班"所引起的恶劣作用也如同假冒伪劣商品一样，它不但治不了病，反而会害死人。

上述问题在现代社会里都存在，但我们又不能因噎废食，像"文革"时期那样取消考试，而只能采取各种手段去防止它的负面影响。说到底，这也是从宏观上建立一个符合我国国情的考试制度的问题。

作为教育部门和人事部门的领导者来说，对考试这个测量工具的使用必须十分谨慎。注意发挥其积极作用，防止其消极影响。考试不能滥用，过了头就会走向其反面。考试权要集中管理，不能层层下放。要注意腐败风气对考试的腐蚀，现在已有这样的苗头，先把考试权拿到手，然后就随之收费办班，训练考生参加考试，变相地卖证书。对已有的考试也需整顿，建立一些审查考试质量的规范。

禁止出版模拟试题集之类的应试材料。国家教委等几个部门已有明文规定，甚至比打击假冒伪劣商品的文件还要早颁布。但是诲尔谆谆，听我藐藐，形形色色的试题集仍充斥着市场，在应届毕业生的书桌上也堆积如山，成为一种社会公害！这个问题如不及时解决，对高考和中考都会产生不良影响。有人就把模拟试题集的问题看作是标准化考试改革的问题而向我们提意见。其实，从高考改革的角度看，我们最反对这些模拟试题，它们只是外形上相似而实质上大异，并不能反映考试的要求，反而对学生给予错误的导向。这主要是有法不依，打击不力。

探索更有效的测量人才的手段。"一次考试定终生"，大家都觉得不妥，能否采取更多的方式来测量人才，这也是世界各国都在探索的问题。有的国家已把中学的成绩计算在高考成绩之内，当然怎样计算其权重，怎样防止分数掺水分……，都要研究。有的教育学家提倡所谓"连续考试"，有的测试专家强调面试的重要性，等等，都是想补一次考试的不足。这些做法不一定能够适合我国的情况，但我们应结合我们的特点探索更多的手段。

题型训练要适可而止，为了帮助考生熟悉高考的考试方式，做一些题型训练是有必要的。这是为了使考生心中有数而不至于临场慌乱，考不出其原有的水平。应该指出的是，题型训练只能使学生发挥其本身的水平，而不能提高其水平。题型训练不要冲击正常的教学，更不能代替正常的教学。搞题海战术更有害无益，这是很多高中毕业班教师的经验之谈。题型训练过多，舍本求末，适得其反，使学生精力花在应试能力，而不是学科能力的提高上。而应试能力无非是一些答题的技术，与学科所要考的内容无关。有的学生在题海战术中给弄得晕头转向，对题型麻木不仁，反应迟钝，参加高考反而考不出自己的水平。题型训练要重视质量。有的教师只顾让考生多做题，而不注意对答题结果进行分析，帮助考生找出症结，结果考生也难以提高。因此，题型训练不能"放鸭子"，任其自流，而应该加强指导，特别是针对考生的薄弱环节来有目的地组织训练。每次训练后都要有针对性地进行评讲，而且评讲应是分析学生错误的根由，而不是告诉学生一些什么答题"窍门"。

附录

桂诗春主要著述索引

著作类

2013 年

［1］《多视觉下的英语词教学》，上海外语教育出版社 2013 年版。

［2］《桂诗春英语教育未了集》，高等教育出版社 2013 年版。

2011 年

［3］《什么是心理语言学》，上海外语教育出版社 2011 年版。

2009 年

［4］《基于语料库的英语语言学》，外语教学与研究出版社 2009 年版。

2007 年

［5］《桂诗春英语教育自选集》，外语教学与研究出版社 2007 年版。

［6］《桂诗春自选集》，广东人民出版社 2007 年版。

2005 年

［7］《基于 CLEC 语料库的中国学习者英语分析》，上海外语教育出版社 2005 年版。（与杨惠中、杨达复合著）

2003 年

［8］《中国学习者英语语料库》，上海外语教育出版社 2003 年版。（与杨惠中合著）

2000 年

［9］《应用语言学研究》，世界图书出版公司 2000 年版。

［10］《新编心理语言学》，上海外语教育出版社 2000 年版。

1996 年

［11］《语言学方法论》，外语教育与研究出版社 1996 年版。（与宁春岩合著）

1992 年

［12］《中国学生英语学习心理》，湖南教育出版社 1992 年版。

1991 年

[13]《实验心理语言学纲要》,湖南教育出版社 1991 年版。

1988 年

[14]《应用语言学与中国外语教学》,山东教育出版社 1988 年版。

[15]《应用语言学》,湖南教育出版社 1988 年版。

1986 年

[16]《标准化考试——理论、原则与方法》,广东高等教育出版社 1986 年版。

1985 年

[17]《心理语言学》,上海外语教育出版社 1985 年版。

1960 年

[18]《英语语法入门》,商务印书馆 1960 年版。(与王宗炎、周光耀合著)

[19]《英语动词》,商务印书馆 1960 年版。(与王宗炎、周光耀合著)

[20]《英语句法图解》,商务印书馆 1960 年版。(与王宗炎、周光耀合著)

论文和文章类

2015 年

[1]《反思中国英语教学——理论篇》,《现代外语》2015 年第 2 期。

[2]《反思中国英语教学——实践篇》,《现代外语》2015 年第 3 期。

[3]《从社会角度看中国考试的过去和现在》,《语言测试社会学》,上海外语教育出版社 2015 年版。

2012 年

[4]《语言与交际新观》,《外语教学与研究》2012 年第 5 期。

[5]《面向交际的外语教学》,《现代外语》2012 年第 2 期。

[6]《此风不可长——评幼儿英语教育》,《中国外语》2012 年第 2 期。

2007 年

[7]《不确定性判断和中国英语学习者的虚化动词习得》,《外语教学与研究》2007 年第 1 期。

2006 年

[8]《英语词汇学习面面观》,《外语界》2006 年第 1 期。

2005 年

[9]《外语教学的认知基础》,《外语教学与研究》2005 年第 4 期。

[10]《当前外语教学的几个误区》,《中国外语》2005 年版。

[11]《发掘语料库的潜能》,《语料库的理论和实践》,2005 年版。

[12]《中国学习者英语言语失误分析》,《中国英语学习者英语分析》2005 年版。

[13]《中国学习者英语介词使用概况》,《中国英语学习者英语分析》2005 年版。

[14]《认知与言语失误》,《中国英语学习者英语分析》,2005 年版。

2004 年

[15]《我国外语教育的根本出路》,《中国外语》2004 年第 1 期。

[16]《我国外语教学的新思考》,《外国语》2004 年第 4 期。

[17]《以概率为基础的语言研究》,《现代外语》2004 年第 1 期。

[18]《我的双语教育》,《外国语》2004 年第 1 期。

[19]《以语料库为基础的中国学习者英语失误分析的认知模型》,《现代外语》2004 年第 2 期。

2003 年

[20]《世纪回眸,风采依旧》,《现代外语》2003 年第 1 期。

[21]《潜伏语义分析的理论及其应用》,《现代外语》2003 年第 1 期。

[22]《跃马扬鞭学英语》,《大学英语》2003 年第 5 期。

[23]《记忆和英语学习》,《外语界》2003 年第 3 期。

2001 年

[24]《语言学与语文测试》,《语文测试的理论与实践》,香港商务印书馆 2001 年版。

[25]《谈英语学习》,《英语学习》2001 年第 10 期。

2000 年

[26]《20 世纪应用语言学评述》,《外语教学与研究》2000 年第 1 期。

[27]《语用与记忆》,《语言文字应用》2000 年第 1 期。

[28]《我的治学道路》,《应用语言学研究》2000 年版。

[29]《中国学生英语分析》,《在全国语言学研讨会上宣读的论文》2000 年版。

[30]《外语教学研究与实验方法》,《中山大学学报社会科学版》1999 年

第 4 期。

1999 年

[31]《再论语言学研究方法》,《山东师大外国语学院学报》（创刊号）1999 年版。

[32]《标准化考试辩》,《中国考试》1999 年第 5 期。

1998 年

[33]《发展我国应用语言学的几点想法》,《语言文字应用》1998 年第 1 期。

[34]《在接触中学习英语》,《狂飙英语》1998 年第 3 期。

1997 年

[35]《谈王宗炎先生的治学道路》,《语文研究群言集》1997 年版。

[36]《词汇测试中猜测问题新探》,《现代英语研究》1997 年版。

[37]《我们命题人员究竟是怎样想的》,《中国考试》1997 年版。

[38] Research Methodology and the Foreign Language Teacher,《外国语》1997 年第 1 期。

[39]《语言学研究方法》,《外语教学与研究》1997 年第 3 期。

[40]《信息社会·互联网·英语教学》,外语教师上网手册,《现代外语》1997 年版。

1996 年

[41] A Contrastive Study of the Short-term Recall of Sentences. *ELT In China* 1992.《论文集》1996 年版。

[42]《我所认识的许国璋先生》,《许国璋先生纪念文集》1996 年版。

1995 年

[43]《对标准化考试的一些反思》,《中国考试》1995 年第 3 期。

[44]《从"这个地方很郊区"谈起》,《语言文字应用》1995 年第 3 期。

1994 年

[45]《应用语言学的系统论》,《外语教学与研究》1994 年第 4 期。

[46]《语言使用的研究方法》,《现代外语》1994 年第 3 期。

[47]《关于计算机辅助外语教学的若干问题》,《外语电化教学》1994 年第 4 期。

1993 年

[48]《应用语言学与认知科学》,《语言文字应用》1993 年第 3 期。

[49]《语言起源问题新探》,《国外语言学》1993年第1期。

[50] A Study of the Mental Lexicon of Chinese Learners of English. *Pemberton, R. & Tsang*, E. (Eds.) *Studies in Lexis*. Language Centre, HK University of Science and Technology, 1993。

1992年

[51]《认知与语言测试》,《外语教学与研究》1992年第3期。

[52]《认知与外语学习》,《外语教学与研究》1992年第4期。

[53]《"外语要从小学起"质疑》,《外语教学与研究》1992年第4期。

1991年

[54]《题型的分类、应用、评估与制约》,《题型功能与考试命题》1991年第1期。

[55]《题目反应理论在考试成绩等值上的应用》,《中国考试》1991年第3期。

[56]《认知与语言》,《外语教学与研究》1991年第3期。

[57]《谈大学英语教学改革》,《大学英语教学》1991年版。

1989年

[58]《题库建设讲话》,《现代外语》1989年第4期—1990年第4期。

[59]《语言测试：新技术与新理论》,《外语教学与研究》1989年第3期。

[60]《英语标准化考试试验的回顾与总结》,《英语标准化考试与中学英语教学》,广东教育出版社1988年版。

1988年

[61]《应用语言学研究方法：原理篇》,《外语教学与研究》1988年第3期。

[62]《应用语言学和我》,《外语教学往事谈》,上海外语教育出版社1988年版。

1987年

[63]《语言测验的测量和评估》,《现代英语研究》1981年第1期。

[64]《英语教学法十项原则》,《山东外语教学》1987年第1期。

[65]《编写英语教材的原则与方法》,《应用语言学与中国英语教学》1987年版。

[66]《什么是应用语言学》,《外语教学与研究》1987年第4期。

[67]《外语学习时间越早越好吗——从宏观上考虑中学英语教学改革》，《外语教学与研究》1987年第1期。

1986年

[68]《1986年英语标准化考试总结》，《英语标准化考试与中学英语教学》，广东教育出版社1988年版。

[69]《我国英语专业学生社会心理分析》，《现代外语》1986年第1期。

[70]《"语言"观与外语学习》，《科技英语学习》1986年第1期。

[71]《电脑与标准化考试》，《外语电话教学》1986年第4期。

[72]《中学英语教学改革之我见》，《课程·教材·教法》1986年第9期。

[73]《中国学生英语阅读能力诸因素分析》，《外国语》1986年第5期。

1985年

[74]《电脑技术在外语教学和科研中的应用》，《外国语》1985年第4期。

[75]《我国应用语言学研究的广阔前景》，《外国语》1985年第1期。

[76] Social Psychological Aspects of English Language Learning in China, *Papers Presented at the International Symposium on Teaching of English in the Chinese Context*. 1985。

[77]《我国英语专业学生英语词汇量的调查和分析》，《现代外语》1985年第1期。

1983年

[78]《中国学生英语词汇量调查》，《公共外语教学研究文集》，上海外语教育出版社1983年版。

1982年

[79]《开展教育测量学研究，实现我国考试现代化》，《现代外语》1982年第1期。

1980年

[80]《冗余现象与英语教学》，《外国语》1980年第1期。

[81]《我国应用语言学的现状和展望》，《现代外语》1980年第4期。

1979年

[82]《一份英语初级教学大纲的分析》，《现代外语》1979年第1期。

[83]《从速溶咖啡到超音速飞机——英语新词集锦》，《现代外语》1979

年第 1 期。
- [84]《现代英语词汇的简短化倾向》,《现代外语》1979 年第 2 期。
- [85]《米勒的〈心理语言学入门〉》,《现代外语》1979 年第 3 期。
- [86]《心理语言学的研究与应用》,《外语教学与研究》1979 年第 2 期。
- [87]《开展应用语言学研究,努力提高外语教学质量》,《外国语》1979 年第 1 期。
- [88]《非什曼的〈社会语言学〉》,《现代外语》1979 年第 4 期。

1978 年
- [89]《要积极开展外语教学研究》,《光明日报》1978 年 11 月 9 日。
- [90]《社会语言学与英语教学》,《现代外语》1978 年第 1 期。
- [91]《英语某些新词的产生及其社会背景》,《现代外语》1978 年第 2 期。

1961 年
- [92]《资产阶级"人性论"对批判现实主义创作方法的影响》,《中山大学学报》1961 年第 1 期。
- [93]《〈奥德赛〉主题初探》,《中山大学学报》1961 年第 4 期。
- [94]《人·人情味·人性论》,《羊城晚报》(文艺副刊第一期)1961 年。

翻译类

1992 年
- [1] Zurif.《语言与大脑》,《国外语言学》1992 年第 3 期。

1991 年
- [2] Tanenhaus.《心理语言学概述》,《国外语言学》1991 年第 1～2 期。

1986 年
- [3] 苏联科学院高尔基文学研究所.《英国文学史》(1832—1870,第 1、2、5、6 章),人民文学出版社 1986 年版。

1981 年
- [4] 格雷厄姆·格林.《棋逢敌手》,陈继文等,译,《最危险的狩猎》,花城出版社 1981 年版。

1979 年
- [5] 曼彻斯特.《1932—1972 年美国实录(光荣与梦想)》,商务印书馆 1979 年版。

1977年

[6] 罗斯.《拿破仑一世传》,商务印书馆1977年版。

1962年

[7] 霍桑.《海德格医生的实验》,《作品》1962年新一卷1期。

1959年

[8] 阿尼克斯特.《英国文学史纲》,人民文学出版社1959年版。

1951年

[9] 法斯特.《新的尺度》,《大公报》(香港)1951年2月4日。

1949年

[10] 高尔基.《同志》,《春泥丛刊》1949年。

杂文类

1960年

[1]《当人类凝视天空的时候……》,《羊城晚报》1960年1月5日。

1959年

[2]《革命者的胸襟》,《羊城晚报》1959年11月1日。

[3]《秋夜随笔》,《羊城晚报》1959年10月21日。

[4]《猿猴与本质》,《羊城晚报》1959年10月21日。

[5]《历史的脚步声》,《羊城晚报》1959年9月21日。

[6]《黑白之间》,《羊城晚报》1959年8月6日。

[7]《多一点传记文学作品》,《羊城晚报》1959年7月3日。

1958年

[8]《应当怎样对待群众运动中的缺点》,《广州日报》1958年12月23日。

[9]《从"老子天下第一"说起》,《南方日报》1958年7月28日。

1952年

[10]《死无葬身之地》,《世界知识》1952年8月21日。

1951年

[11]《美国文化精华》,《武汉报》1951年1月13日。

1950年

[12]《美国的畅销书》,《大公报》(香港)1950年7月16日。

[13]《风起云涌的非洲民族解放运动》,《文汇报》(香港)1950年6月

22日。
[14]《"推"的补遗》,《文汇报》(香港)1950年6月12日。
[15]《哭丧的面谱》,《文汇报》(香港)1950年5月29日。
[16]《豪语的威风》,《文汇报》(香港)1950年5月20日。
[17]《杀人与救人》,《文汇报》(香港)1950年5月15日。
[18]《读广告》,《文汇报》(香港)1950年5月10日。
[19]《新的阿Q精神》,《文汇报》(香港)1950年5月5日。
1949年
[20]《新形势下的方言文学》,《周末报》(香港)1949年9月3日。
[21]《谈华南军中文艺》,《周末报》(香港)1949年8月。